Christian Giordano, Jean-Luc Patry (Hg.)

Fragen! Antworten?

Freiburger Sozialanthropologische Studien
Fribourg Studies in Social Anthropology
Etudes d'Anthropologie Sociale
de l'Université de Fribourg

herausgegeben von/edited by/édité par

Christian Giordano (Universität Fribourg, Schweiz)

in Verbindung mit/in cooperation with/avec la collaboration de

Edouard Conte (Universität Bern),
Mondher Kilani (Université Lausanne),
Véronique Pache Huber (Universität Fribourg, Schweiz),
Klaus Roth (Universität München),
François Ruegg (Universität Fribourg, Schweiz)

Band 39

Christian Giordano, Jean-Luc Patry (Hg.)

# Fragen! Antworten?

Interdisziplinäre Perspektiven

LIT

Umschlagbild: Sokrates-Skulptur. Foto von Cherry X
http://commons wikimedia.org./wiki/File: Louvre

Gefördert von der Stiftungs- und Förderungsgesellschaft
der Paris-Lodron-Universität Salzburg
Gefördert von der Universität Fribourg, Konvention Fribourg-Salzburg

Gedruckt auf alterungsbeständigem Werkdruckpapier entsprechend
ANSI Z3948   DIN ISO 9706

**Bibliografische Information der Deutschen Nationalbibliothek**
Die Deutsche Nationalbibliothek verzeichnet diese Publikation in der
Deutschen Nationalbibliografie; detaillierte bibliografische Daten sind
im Internet über http://dnb.d-nb.de abrufbar.

ISBN 978-3-643-80171-5

©LIT VERLAG GmbH & Co. KG Wien,     LIT VERLAG Dr. W. Hopf
Zweigniederlassung Zürich  2014            Berlin 2014
Klosbachstr. 107                             Verlagskontakt:
CH-8032 Zürich                              Fresnostr. 2
Tel. +41 (0) 44-251 75 05                D-48159 Münster
Fax +41 (0) 44-251 75 06                Tel. +49 (0) 2 51-62 03 20
E-Mail: zuerich@lit-verlag.ch          Fax +49 (0) 2 51-23 19 72
http://www.lit-verlag.ch                 E-Mail: lit@lit-verlag.de
                                               http://www.lit-verlag.de

**Auslieferung:**
Deutschland: LIT Verlag Fresnostr. 2, D-48159 Münster
Tel. +49 (0) 2 51-620 32 22, Fax +49 (0) 2 51-922 60 99, E-Mail: vertrieb@lit-verlag.de
Österreich: Medienlogistik Pichler-ÖBZ, E-Mail: mlo@medien-logistik.at
E-Books sind erhältlich unter www.litwebshop.de

# Inhalt

*Jean-Luc Patry*
Vorwort . . . . . . . . . . . . . . . . . . . . . . . . . . . . . . 7

*Jean-Luc Patry*
Die Viabilität und der Viabilitäts-Check von Antworten . . . . . . . . 11

*Gerhard Zecha*
Soziale Verantwortung im A4-Format? Eine kritische Diskussion von
ISO 26000–2010: Guidance on Social Responsibility . . . . . . . . . . . 37

*Franz Gmainer-Pranzl*
Zwischen Fragwürdigkeit und Verantwortung. Zur Herausforderung
theologischen Denkens. . . . . . . . . . . . . . . . . . . . . . . . 51

*Mariano Delgado*
Die Neue Welt als hermeneutisches Problem. Oder: von der Geburt der
vergleichenden Ethnographie im 16. Jahrhundert . . . . . . . . . . . 69

*François Ruegg*
Frage und Antworten. Interpretation as Possible Answer . . . . . . . . 87

*Aline Gohard-Radenkovic, Mirko Radenkovic*
Does Having the Same Research Field and Common Questions Imply
Reaching the Same Answers? Interpreting Situations for Migrants in
Various Institutional Contexts through the Prism of Anthropology and
Linguistics. . . . . . . . . . . . . . . . . . . . . . . . . . . . . 111

*Christian Giordano*
Geheimnisvolle Mafia. Eine Frage, viele Antworten. . . . . . . . . . 131

*Justin Stagl*
Die Frage, die Umfrage, der Fragebogen . . . . . . . . . . . . . . . 151

*Oswald Huber, Anton Kühberger*
Alles eine Frage der Perspektive. Wie die Formulierung von
Entscheidungsproblemen den Prozess des Entscheidens und die
Akzeptanz von Alternativen beeinflusst . . . . . . . . . . . . . . . 165

Autorinnen und Autoren . . . . . . . . . . . . . . . . . . . . . . 181

# Vorwort

*Jean-Luc Patry*

> Explanations exist; they have existed for all times, for *there is always an easy solution to every human problem – neat, plausible, and wrong.* (...) But all these explanations fail to satisfy the mind that is not to be put off with mere words. Some of them are palpably absurd; others beg the question. The problem of the how remains, even when the problem of the why is disposed of. What is the precise machinery whereby (...)?
> (Mencken 1949: 443; Kursives hinzugefügt)

Der satirische amerikanische Journalist Henry Louis Mencken (1880–1956) schrieb diese Zeilen im Rahmen eines Aufsatzes zur Erklärung, warum Schriftsteller, Maler und Komponisten nachts eine göttliche Eingebung („The Divine Afflatus", so lautet der Titel des Aufsatzes) haben können – „(a)nd on the morrow he discovers to his consternation that he has become almost idiotic, and quite incapable of any work at all" (ebd.). Die oben kursiv angegebene Passage diente Mencken als Freibrief, selber eine einfache Erklärung für das angedeutete Problem zu formulieren, nachdem er eine Reihe von genauso einfachen Erklärungen als greifbar absurd kritisiert hatte. Die von ihm genannten Lösungen waren die Götter der Griechen, die Heiligen, die Seelen der Verstorbenen oder gar der Teufel im Mittelalter beziehungsweise Glück, äußere Bedingungen (zum Beispiel dass der Künstler glücklich verheiratet ist) oder Freudianische Komplexe – alle waren für ihn unbefriedigend. Sein eigener Vorschlag lautet: „that inspiration (...) is chiefly conditioned by the intestinal flora" (ebd.: 444), und er erklärt die angebliche „machinery" recht differenziert. Er argumentiert auch mit konkreten Beispielen, etwa Beethovens Leiden beim Schreiben der Fünften Symphonie (S. 446), und Argumenten wie „it must be obvious that (...)" oder „(t)he result is inevitably (...)" (S. 447). Ferner behauptet er, dass wegen dieser Verdauungsprobleme Frauen, Puritaner, Waliser und Confederate Americans ästhetisch steril seien (S. 447 f.).

Während Mencken als Satiriker bekannt war und deshalb niemand seine Erklärung ernst genommen haben dürfte, klingt die Art seiner Argumentation durchaus vertraut. Zunächst hat er das genannte Problem identifiziert, wobei er wohl auf seine eigenen Erfahrungen als Schriftsteller und Journalist zurückgegriffen haben dürfte. Die Frage war also rasch gestellt: Warum er, Mencken, manchmal solche Erfahrungen habe machen müssen. Interessanter Weise erweitert er aber seine ursprüngliche Frage nach *seinen* Problemen sehr rasch zu einer Frage nach den Problemen aller Künstler (wie gesagt, in seiner Satire schließt er

Frauen ausdrücklich aus): „Every man who writes, or paints, or composes (...)" (S. 442). Dieses „Every" wird an keiner Stelle in Frage gestellt. Dabei unterstellt er mit dieser Frage schon ein Faktum, nach dem er gar nicht gefragt hatte: dass nämlich *alle* Menschen diese Erfahrung gemacht hätten.

Dieses Beispiel zeigt, dass es sehr leicht ist, Fragen zu stellen, besonders wenn man eigene Erfahrungen gemacht hat. Wir tendieren aber offenbar dazu, die Fragen zu erweitern und es dabei zu unterlassen, zu prüfen, ob allein schon die neu formulierte Frage eine Antwort auf eine damit zusammenhängende Frage voraussetzt, die stillschweigend unterstellt wird und die vielleicht genauso ungerechtfertigt ist wie bei Mencken die später gegebene Antwort auf seine Frage. Offenbar sind Fragen und Antworten unter Umständen so verquickt, dass man ohne sorgfältige Analyse gar nicht mehr erkennen kann, welches die Frage und welches die Antwort ist.

Diesen Umstand hat Mencken in seiner Satire wohl nicht ansprechen wollen, sondern es ging ihm um die Art, wie man zu Gunsten seiner Lieblingshypothese Partei ergreifen kann und dabei auch noch überzeugend klingt. Es soll hier nicht darum gehen, die Mencken'sche Logik zu kritisieren – der von ihm gewählten Textgattung entsprechend sind die Charakteristika der von ihm hinterfragten Argumentationsmuster bewusst überspitzt dargestellt. Wesentlich ist vielmehr, dass die Beantwortung von Fragen keineswegs einfach ist.

Zunächst spielt der jeweilige Zeitgeist eine Rolle, wie die Auflistung der von ihm verworfenen Erklärungsmodelle zeigt, und auch sein eigener Erklärungsversuch orientiert sich am medizinischen Optimismus der Zeit, als er diesen Text schrieb (1920). Kann es nicht sein, dass die Antworten, die wir heute auf welche Fragen auch immer geben, morgen genauso obsolet sind wie es heute die Antworten sind, die frühere Generationen gegeben haben? Andererseits kann es frühere Antworten gegeben haben, die heute genauso gültig sind.

Zweitens wird nach *einem* Erklärungsmodell gesucht, in der Annahme, wenn dieses richtig sei, dann müssten alle anderen falsch sein. Vielleicht sollte man diese Unterstellung auch in Frage stellen. Kann es sein, dass ein Phänomen mehrere Erklärungen hat, wie etwa Mackie (1974) mit seinem INUS-Konzept (a cause is an Insufficient but Nonredundant part of an Unnecessary but Sufficient condition) herausgearbeitet hat?

Drittens soll dieses Erklärungsmodell einfach („easy", „neat") sein. Dabei geht es darum, äußerst komplexe Sachverhalte zu erklären – sollte da die „machinery" der Komplexität der Sachverhalten nicht angemessen sein? Wie Faust (1984) betont hat, weisen Menschen eine beschränkte Informationsverarbeitungskapazität auf, was dazu führt, dass auch die Komplexität der von ihnen entwickelten Theorien beschränkt ist – dies gilt auch für Wissenschaftlerinnen und Wissenschaftler.

Viertens soll die Erklärung plausibel sein. Dies bedeutet, dass sie für Laien nachvollziehbar, glaubwürdig sein soll, also in deren kognitives System integrierbar (in der Terminologie von Piaget, 1976: assimiliert) ist. Umgekehrt bedeutet dies möglicherweise, dass Antworten nur dann eine Chance haben, allgemein anerkannt zu werden, wenn sie auch von relevanten Gruppen akzeptiert worden sind. Antworten, die dem Zeitgeist nicht entsprechen (vgl. oben den ersten Punkt), werden es da besonders schwer haben, weil sie Änderungen der Denkgewohnheiten erfordern (Piaget: Akkommodation). Dass dabei allenfalls die entsprechenden Fragen nicht als relevant angesehen oder gar nicht erst erkannt werden, wie oben angedeutet, ist ein zusätzliches Problem.

Und schließlich sollte die Antwort wahr sein und nicht, wie die von Mencken kritisierten Erklärungen, falsch. Was aber heißt hier überhaupt „wahr"? Wann ist eine Erklärung, ein Modell, eine Antwort richtig, korrekt, angemessen? Ist sie dies, wenn sie für die Autorin oder den Autor plausibel ist, etwa die medizinische Hypothese für Menckens Frage? Offenbar ist Plausibilität kein hinreichendes Kriterium (vgl. den vierten Punkt).

Die verschiedenen angedeuteten Punkte zeigen, dass für jede (vermeintliche) Antwort sich eine Fülle von Folgefragen ergeben. Antworten sind also nicht Endpunkte von Prozessen, sondern immer wieder Startpunkte für neue Prozesse, sobald diese Folgefragen erkannt worden sind. Es wäre deswegen vermessen, den Anspruch zu erheben, endgültige Antworten gefunden zu haben. Aber das ist ja ein wesentliches Merkmal von Wissenschaft: dass sie nie zu Ende ist.

Im vorliegenden Band geht es um die verschiedensten Arten von Fragen und Antworten. Neben grundsätzlichen Überlegungen geht es im Einklang mit dem oben genannten ersten Punkt um den Umgang mit Fragen und Antworten in den verschiedensten Epochen (von Moses bis in die nahe Zukunft) und Kontexten (normativ oder deskriptiv und aus den verschiedensten wissenschaftlichen Disziplinen); dies zeigt, wie universell die angesprochene Problematik ist und dass sie von ganz unterschiedlichen Seiten her angegangen werden kann. Damit wird auch der oben angedeutete zweite Punkt bestätigt: Die Frage „Fragen! - Antworten?" weist viele Antworten auf, die je nach Perspektive ganz unterschiedlich ausfallen können.

Ob die Antworten wahr sind (Punkt fünf), hängt dann von der entsprechenden Sichtweise ab: So ist es etwas ganz anderes, ob die ISO-Standardisierung angemessen ist (oder ob sie so überhaupt sinnvoll sein kann, etwa ohne dass „Verantwortung" definiert wird) oder ob es darum geht, jemandem in einer Befragung Informationen zu entlocken, die dieser vielleicht gar nicht preisgeben will.

Einfach und plausibel sind diese Antworten alle nicht (Punkte drei und vier). Aber es geht wohl auch gar nicht darum, alle Antworten vollständig nachzuvollziehen – dafür fehlt manchmal das notwendige Hintergrundwissen –, sondern es soll deutlich werden, wie vielfältig die Beantwortung der einfachen Frage nach den Antworten sein kann.

Literatur

Faust, D. 1984: The Limits of Scientific Reasoning. Minneapolis: University of Minnesota Press.
Mackie, J. L. 1974: The Cement of the Universe: A Study of Causation. Oxford, England: Oxford University Press.
Mencken, H. L. 1949: A Mencken Chrestomathy. Edited and annotated by the author. New York: Knopf. URL: http://oudl.osmania.ac.in/handle/OUDL/21085 (6. September 2013).
Piaget, J. 1976: Die Äquilibration der kognitiven Strukturen. Stuttgart: Klett.

# Die Viabilität und der Viabilitäts-Check
# von Antworten

*Jean-Luc Patry*

Wie Ernst von Glasersfeld (z. B. 1997) argumentiert hat, ist es sinnvoll, das Prinzip der Wahrheit durch jenes der „Viabilität" und Adjektive wie „richtig", „korrekt" et cetera durch „viabel" zu ersetzen. Eine Antwort auf eine Frage wird dann als viabel bezeichnet, wenn sie in der jeweils relevanten Situation brauchbar ist. „Viabel" bedeutet „gangbar", „passend", „brauchbar", im übertragenen Sinn „überlebensfähig" et cetera (vgl. ebenda: 43). Da auch ein Gegenstand, ein Organismus oder eine biologische Art als „Antwort" auf eine „Frage" interpretiert werden können, lässt sich die Viabilität auch auf diese anwenden. „Fragen" und „Antworten" werden hier also sehr allgemein verwendet: Eine Frage ist eine Aufgabe, ein Problem oder ganz allgemein eine Situation, die in irgendeinem Sinne zu einer angemessenen Reaktion herausfordert oder auf die es eine angemessene Antwort gibt (was „angemessen" ist, wird unten noch zu bestimmen sein). Die Antwort ist diese Reaktion. Nach dieser Definition ist die Reaktion (die Antwort) dann viabel, wenn sie im Hinblick auf die Herausforderung angemessen ist. Diese vorläufigen und noch sehr oberflächlichen Definitionen sollen weiter unten präzisiert werden.

Die Verwendung des Viabilitäts- statt des Wahrheits- oder Richtigkeitsprinzips hat schwerwiegende Konsequenzen in allen Bereichen, in denen es in welcher Art auch immer um Antworten auf Fragen geht. Im vorliegenden Beitrag sollen verschiedene Facetten dieses Prinzips diskutiert und darauf aufbauend Implikationen für den Umgang mit Viabilität erschlossen werden; es zeigt sich unter anderem, das es notwendig ist, verschiedene Konzepte in die Diskussion aufzunehmen, die bislang in der Theorie des Konstruktivismus so noch nicht thematisiert worden sind. Das Prinzip der Viabilität ist somit keineswegs so einfach, wie es von Glaserfeld dargestellt worden ist.

1 Viabilität

Glasersfeld definiert Viabilität wie folgt: „Begriffe, Theorien und kognitive Strukturen im allgemeinen sind viabel beziehungsweise überlegen, solange sie die Zwecke erfüllen, denen sie dienen, solange sie uns mehr oder weniger zuverlässig zu dem verhelfen, was wir wollen" (Glasersfeld 1987: 141). Und an anderer Stelle sagt er:

Simply put, the notion of viability means that an action, operation, conceptual structure, or even a theory, is considered „viable" as long as it is useful in accomplishing a task or in achieving a goal that one has set for oneself. Thus, instead of claiming that knowledge is capable of representing a world outside of our experience, we would say that knowledge is a tool within the realm of experience (Glasersfeld 1998: 24).

Grundlage für die weitere Diskussion der Viabilität ist das Prinzip „Variation-Selektion-Retention" (VSR; Campbell 1960: 91 in der Ausgabe 1993): Ausgehend von einer Frage gibt es mehrere Versuche (Campbell: „trials") mit *variierten* Strukturen, Elementen, Grundlagen; der Begriff „Versuch" wird in diesem Kontext sehr breit ausgelegt, so dass wie bei Campbell spontane Variationen wie etwa Mutationen, aber auch systematische Variationen als Versuche interpretiert werden. Es wird dann jene Variation ausgewählt, die sich im Hinblick auf ein Kriterium bewährt (*Selektion;* „Antwort"); in Glasersfelds Terminologie wird derjenige Versuch selegiert, der *viabel* ist. Die Struktur, die sich im entsprechenden Versuch als viabel erwiesen hat, wird dann gespeichert, beibehalten et cetera *(Retention).*

*1.1 Was kann viabel sein?*
Nicht alles, was denkbar ist, kann auf Viabilität hin beurteilt werden, sondern das Prädikat „viabel" kann nur Subjekten zugesprochen werden, die bestimmte Bedingungen erfüllen. Entscheidend ist letztlich, ob das Subjekt (die Antwort) im Hinblick auf einen Zweck oder ein Ziel von Bedeutung ist oder im Hinblick auf ein Kriterium beurteilt wird.

Grundsätzlich gibt es mindestens drei Arten von Subjekten, die viabel sein können: Zum einen handelt es sich um Konzepte, zum anderen können Gegenstände und drittens Organismen oder biologische Arten viabel sein.
– Auf echte Fragen (Fragen, die von jemandem gestellt wurden und erstens offen – also nicht rhetorisch – sind und zweitens auf Information irgendwelcher Art abzielen) sind die Antworten Konzepte, das heißt in irgendeiner Form festgehaltene (kodierte) Aussagen oder Aussagensysteme. Das Wesentliche ist dabei nicht das Substrat, das verwendet wird, um die Information zu speichern, sondern entscheidend ist der Inhalt. Eine mathematische Formel beispielsweise ist viabel, unabhängig davon, ob sie in Formelsprache („$a^2 + b^2 = c^2$"), in alltagssprachlicher Form („Im rechtwinkligen Dreieck ist die Summe der Kathetenquadrate gleich dem Hypothenusenquadrat."), in abgekürzter Bezeichnung („Pythagoreischer Lehrsatz"), in angewandter Form („Euklidische Distanz") oder in einem Computerprogramm (etwa in einer Clusteranalyse) ausgedrückt wird. Dabei kann es durchaus sein, dass eine Form für gewisse Zwecke viabel, für andere Zwecke aber nicht (oder weniger) viabel ist; beispielsweise beschränkt sich die Viabilität des oben genannten Computerprogramms auf eine bestimmte, sehr eingeschränkte Funktion (die Clusteranaly-

*Die Viabilität und der Viabilitäts-Check*                                           13

se), für andere Zwecke, in Hinsicht auf die die allgemeine Formel viabel ist, kann es nicht eingesetzt werden.
- Gegenstände können insofern viabel sein, als sie geeignet sind, gewisse Zwecke zu erfüllen. Ein Hammer kann dafür als Prototyp angesehen werden: Er ist so gestaltet, dass jemand, der ihn in geeigneter Weise handhabt, die Ziele, im Hinblick auf die er konzipiert wurde (also die „Frage") – hier das Einschlagen von Nägeln –, optimal erreicht.
- In der biologische Evolution lautet die „Frage" bezüglich Organismen oder biologischen Arten: Welche Organismen beziehungsweise Arten überleben? In diesem Zusammenhang kann „Viabilität" auch als im direkten Sinn „überlebensfähig" interpretiert werden.

*1.2 Viabilität in verschiedenen wissenschaftlichen Disziplinen*
Anwendungen des VSR-Prinzips und der Viabilität finden sich in den verschiedensten wissenschaftlichen Disziplinen. Glasersfeld (z. B. 1996) hat wesentliche Elemente der Viabilitäts-Konzeption aus der Evolutionstheorie im Anschluss an Darwin verwendet. „Viabilität" ist für ihn ein besserer, weil angemessenerer Begriff für Darwins „Fitness"; andererseits legt dieser Begriff eine Zielorientiertheit nahe, die hier nicht beabsichtigt ist – die Zielorientiertheit soll hier ausdrücklich nicht in das Viabilitätsprinzip aufgenommen werden. Glasersfeld beruft sich aber auch auf Jean Piaget und seine kognitive Entwicklungstheorie (wobei Piagets Theorie ebenfalls in der Evolutionstheorie verankert ist), und er wendet die Viabilität unter anderem auf das Lernen (etwa den Mathematik-Unterricht) an. Es ist also möglich, Viabilität in verschiedenen Disziplinen zu thematisieren. Einige davon, die für die weitere Diskussion relevant sein werden, sind in Tabelle 1 zusammengestellt, wobei die wichtigsten Unterschiede angesprochen werden. Neben der Evolutionstheorie und der kognitiven Entwicklung im Sinne von Piaget (und auch Kohlberg) werden drei Lerntheorien unterschieden, nämlich der Behaviorismus (etwa Skinner 1990, Holland, Skinner 1975), der Kognitivismus (etwa Bruner 1957, Neisser 1976, Miller, Galanter, Pribram 1960) und die sozialen Lerntheorien (etwa Mischel 1973; vgl. auch Hofer 1986); zu jeder dieser Lerntheorien gibt es mehrere Konzeptionen, die sich in wesentlichen hier relevanten Elementen unterscheiden, sodass die genannten Referenzpersonen nur als Beispiele dienen.

Zunächst sind die Rahmenbedingungen des Prinzips VSR zu unterscheiden. Ausgangspunkt ist die „Frage": Worum geht es im durch die jeweilige Disziplin thematisierten Prozess? Der Prozess beruht auf gewissen Strukturen, das heißt es gibt Elemente, in welchen der Prozess erfolgt. Diese Elemente werden variiert und jene, welche sich bewähren, werden selegiert und beibehalten. Die Bewährung (Selektion) hängt von gewissen Kriterien ab, die in den verschiedenen Prozessen ganz unterschiedlich sind. Auch die Retention kann ganz unterschiedliche Formen annehmen.

Als einer der ersten hat Charles Darwin das VSR-Prinzip in seiner *Evolutionstheorie* angewandt: Es gibt eine genetische Variation (in der Regel durch Mutation der Chromosomen, was Darwin noch nicht wissen konnte), ein Auswahlverfahren (größere Fortpflanzungs-Chancen beziehungsweise größere Wahrscheinlichkeit, dass die eigenen Gene beziehungsweise die Gene der Art in der nächsten Generation vertreten sind: Selektion) und die Beibehaltung (Retention) des erfolgreichen Elementes (genetisches Material) durch die Nachkommen.[1] Die „Frage" ist eine gegebene Umwelt. Wie gesagt, ist es nicht eine Frage im eigentlichen Sinn, das heißt es gibt niemanden, der die Aufgabe stellt, sondern die Anpassung (viable Antwort) ist ein Grundprinzip und eine Grundvoraussetzung des Lebens; dass sich die *sexuelle* Fortpflanzung durchgesetzt hat, zeigt allerdings, dass die Evolution dazu geführt hat, dass auch in dieser die Variation *systematisch* umgesetzt wird, was durch die sexuelle Selektion zu einer Beschleunigung des Evolutionsprozesses führen kann (etwa nach dem sogenannten „runaway process" nach R. A. Fisher 1930)[2], bis gewisse Grenzen, die durch andere (nicht-sexuelle) Selektionskriterien bestimmt sind, erreicht sind (etwa dass das Pfauen-Männchen mit dem größeren Rad zwar durch die Pfauenweibchen selegiert wird, aber durch die Schleppe behindert wird).

Nach dem gleichen Prinzip VSR funktioniert die kognitive Entwicklung nach der konstruktivistischen Theorie von Piaget. Die „Frage", die sich das Individuum stellt, bezieht sich auf die Lösung von Problemen. In einer Situation des Desäquilibriums (das heißt, wenn die gegebene kognitive Struktur zur Bewältigung eines Problems oder Problemtyps wiederholt nicht ausreicht, in der Terminologie von Piaget: Wenn eine Assimilation nicht möglich ist) werden unterschiedliche Lösungsversuche (Variationen) auf ihre Tauglichkeit zur Überwindung des Desäquilibriums geprüft (Selektion), und der erfolgreiche (viable) Ansatz wird in die kognitive Struktur integriert (Akkommodation; Retention).

Das VSR-Prinzip gilt auch für die als „behavioristisch" charakterisierten Lerntheorien (Watson 1913, Thorndike 1966, vgl. dazu etwa Amsel, Rashotte 1977; Skinner, etwa in Holland, Skinner 1975, Skinner 1990 etc.), auch wenn in diesen häufig die Variation vernachlässigt wird (vgl. etwa Richelle 1987). Es erfolgt eine Verhaltensvariation; jene Verhaltensweise, die erfolgreich ist (Selektion), wird beibehalten (Retention). Der Behaviorist Thorndike (vgl. Amsel, Rashotte 1977) untersuchte Katzen in „puzzle boxes" (Kisten, die durch bestimmte

---

[1] Es kann hier nicht auf aktuelle Probleme der Evolutionstheorie eingegangen werden, die heute beispielsweise im Zusammenhang mit der Weiterentwicklung der synthetischen Evolutionstheorie (Pigliucci, Müller 2010) diskutiert werden. Auf einzelne Punkte wird bei der weiteren Diskussion eingegangen; an den Grundprinzipien ändert sich nichts.

[2] There is thus in any bionomic situation, in which sexual selection is capable of conferring a great reproductive advantage, the potentiality of a runaway process, which, however small the beginnings from which it arose, must, unless checked, produce great effects, and in the later stages with great rapidity (Fisher 1930: 137).

Tabelle 1: Theorien, in denen Viabilität eine Rolle spielt, und verschiedene Unterscheidungsmerkmale (vgl. Text)

| | Evolutionstheorie | Theorie der kognitiven Entwicklung | Lerntheorie: Behaviorismus | Lerntheorie: Kognitivismus | soziale Lerntheorien |
|---|---|---|---|---|---|
| repräsentative Vertreter | Darwin | Piaget, Kohlberg | Watson, Thorndike, Skinner | Bruner, G. A. Miller | Mischel, Hofer |
| typische „Fragen" | Umweltbedingungen | Problemsituationen | Problemsituationen | kognitive Aufgaben | soziale Situationen |
| zu Grunde liegende Struktur | Gene (Chromosomen) | kognitive Struktur | Verhaltensweisen | subjektive Theorien, Kognitionen | subjektive Theorien, Kognitionen |
| Variation | Mutation | Lösungsversuche | Lösungsversuche | Lösungsversuche | Lösungsversuche |
| Selektion (Viabilitäts-Kriterium) | Fitness (Wahrscheinlichkeit der Weitergabe der Gene) | Äquilibrium erreicht | Lösung von persönlich als wichtig erachteten Problemen | Lösung von persönlich als wichtig erachteten Problemen | Erreichung von sozialen Zielen |
| Retention | Nachkommen | Akkommodation | Wiederholung | Speicherung | Durchführung der sozialen Handlung |
| Blindheit der Variation | ja | nein | ja | nein | nein |
| Zielorientiertheit der Selektion | nein | ja | ja | ja | ja |

Verhaltensweisen geöffnet werden konnten), die zufällig den Öffnungsmechanismus auslösten und so zum außerhalb der Kiste liegenden Futter kommen konnten. Mit jedem Versuch dauerte es kürzer, bis die Katze herauskommen konnte. Erwähnt sei in diesem Zusammenhang, dass die zeitgenössische Weiterentwicklung der behavioristischen Theorien, die Sozialen Lerntheorien (z. B. Bandura 1986 etc.; Mischel 2004), kognitiv orientiert sind.

Auch im kognitiven Lernen (Bruner 1957, Neisser 1976, Miller et al. 1960 etc.) gilt das VSR-Prinzip, das sich allerdings nicht so einfach darstellen lässt. Das Prinzip wird in Arbeiten zum Problemlösen häufig diskutiert, am prominentesten wohl von Miller et al. mit ihrem TOTE-Modell (Test-Operate-Test-Exit): Es werden zu einem wahrgenommenen Problem Lösungsmöglichkeiten generiert (konstruiert: „Operate") und dann auf ihre Brauchbarkeit hin überprüft („Test"); ist der Test nicht erfolgreich, wird weiter nach einer möglichen Lösung gesucht. Ist der Test erfolgreich, wird der entsprechende Lösungsvorschlag beibehalten („Exit"), wobei die „Mechanismen" der Formulierung von Lösungsmöglichkeiten und der Prüfung, welche sinnvoll sind, ganz unterschiedlich sein können. Dies kann auf verschiedenen Ebenen erfolgen: Ein „Operate" kann in mehrere „Sub-Operates" aufgeteilt werden, die ihrerseits getestet werden. Der ganze Prozess kann grundsätzlich als Handlung durchgeführt werden, meist erfolgt er aber kognitiv via Subjektiver Theorien (vgl. dazu unten: simulierter Viabilitäts-Check).

Im *sozialen Lernen* gilt das VSR-Prinzip genauso. Hofer (1986) hat ein Modell zur Erklärung von Sozialverhalten formuliert, nach dem Personen in sozialen Situationen ausgehend von ihren subjektiven Vorstellungen, den angestrebten Zielen („Soll") und dem augenblicklichen Zustand („Ist") eine Diskrepanz feststellen (die „Frage") und verschiedene Handlungsmöglichkeiten konzipieren (Variation), die vielversprechendste auswählen (Selektion) und diese dann durchführen, das heißt die Lösung (Antwort), die sich in der kognitiven Simulation (Durchspielen der Möglichkeiten) bewährt, wird beibehalten (Retention) und durchgeführt. Auch hier erfolgt der ganze Prozess kognitiv unter Verwendung der Subjektiven Theorien (vgl. Patry 2011). Dazu können verschiedene Theorien zu den einzelnen Schritten im Prozess konzipiert werden (vgl. Hofer 1986, Patry, in Druck).

Es gibt noch viele weitere Anwendungsbeispiele; Campbell (1960) verweist etwa auf die Wahrnehmung (Sehen als ein aktiver Prozess: Schauen), kreatives Denken, ja selbst Gestaltpsychologie bis hin zum Genius. Wann immer menschliches Verhalten nach dem Prinzip des negativen Feedbacks interpretiert werden kann, ist zu vermuten, dass das VSR-Prinzip im Zentrum steht.

*1.3 Blindheit*

Eine wesentliche Frage bei der Diskussion von Variation-Selektion-Retention ist, wie „blind" die Variation erfolgt. Für Campbell (1960) sind drei Faktoren für die „Blindheit" entscheidend:

*Die Viabilität und der Viabilitäts-Check* 17

1. Die einzelnen Versuche (Variationen) erfolgen ohne Kenntnis darüber, welcher Versuch – wenn überhaupt – viabel ist. Dies wird hier dahingehend interpretiert, dass auch die Wahrscheinlichkeit, dass ein Versuch viabel ist, nicht im Vorne hinein abgeschätzt wird.
2. Die Variation ist unabhängig von der viablen Lösung, das heißt diese ist zu jedem Zeitpunkt gleich wahrscheinlich; der Organismus macht nicht von bereits bestehendem oder im Prozess erworbenem Wissen Gebrauch.
3. Variation nach einem nicht viablen Versuch wird nicht als „Korrektur" interpretiert, das heißt der neue Versuch ist unabhängig von den vorhergehenden Versuchen.

Die so definierte Blindheit trifft nicht für alle in Tabelle 1 dargestellten Prozesse zu. Sie ist sicherlich der Fall für die Evolution nach Darwins Theorie, weil Mutationen nicht als zielgerichtet betrachtet werden können: Hier ist die Blindheit durch die physischen Rahmenbedingungen vorgegeben. Bei der sexuellen Selektion ist Blindheit bei der Variation im Hinblick auf das Kriterium „Fortpflanzung" zumindest beim Menschen allerdings nicht mehr gegeben: Menschen wissen in der Regel sehr gut – oder haben zumindest Vermutungen darüber –, welches eigene Verhalten zu erhöhten Chancen der Fortpflanzung führt; hier sind dann nicht die evolutionären Prinzipien entscheidend, sondern das Sozialverhalten – dieses Beispiel zeigt, dass unter Umständen die Anwendung des VSR-Prinzips in einer Disziplin (Evolutionstheorie) in dessen Anwendung in einer anderen (soziales Lernen) übergehen kann.

Ebenfalls gegeben ist Blindheit nach Auffassung zumindest einiger Behavioristen in den von ihnen untersuchten Verhaltensweisen. Thorndike oder jedenfalls Tolman (1967: Purposive behavior) gingen davon aus, dass die Katzen versuchen, aus der Kiste zu kommen, während Skinner die Verhaltensweisen als rein zufällig und ungezielt interpretieren würde (vgl. dazu etwa Pierce, Cheney 2004: 92 f.). Dass das Verhalten in der Skinner-Box (Ferster, Skinner 1957) so interpretiert werden kann, wird besonders deutlich am „abergläubischen Verhalten" etwa von Tauben: Auf ein (von Skinner als zufällig interpretiertes) Verhalten folgt zufällig etwas Angenehmes, in der weiteren Folge zeigt der Organismus dieses Verhalten vermehrt (beispielsweise im DRL-Verstärkungsplan)[3].

Demgegenüber kann in der kognitiven Entwicklung sowie in der kognitiven und in der sozialen Lerntheorie nicht von Blindheit im genannten Sinne ausgegangen werden: In der kognitiven Entwicklung wird versucht, ausgehend von der bestehenden kognitiven Struktur zu einer Lösung zu kommen; Blindheit ist schon bei der Problemformulierung nicht vorhanden, weil es ja darum geht, Information in die gegebene kognitive Struktur zu integrieren, und auch bei der Lösungssuche wird systematisch vorgegangen. In der kognitiven und in der sozi-

---

[3] DRL: Differential Reinforcement of Low Rates: Die erste Antwort wird belohnt, nachdem der Organismus eine bestimmte Zeitspanne („Intervall") lang nicht geantwortet hat; das abergläubische Verhalten führt dazu, dass der Organismus während des Intervalls keine Antwort gibt.

alen Lerntheorie wird ebenfalls von bestehenden Vorstellungen bei den Lernenden ausgegangen, was hier mit „Subjektiven Theorien" bezeichnet wird.

Blindheit hat Vor- und Nachteile. Einerseits ist blindes Variieren aufwändig und produziert sehr viele nicht-viable Konzepte – dies hat etwa zur Hinterfragung der Evolutionstheorie (Makroevolution) geführt mit dem Argument, Entstehung von Leben oder neuer Arten sei auch unter Berücksichtigung der langen zur Verfügung stehenden Zeitspanne extrem unwahrscheinlich (etwa Lönnig 2006/2010: 4). Andererseits aber ermöglicht das blinde Variieren Lösungsvorschläge, die bei eingeschränktem Lösungsrepertoire nicht formuliert worden wären. Wenn es also darum geht, möglichst kreative Lösungsvorschläge zu erarbeiten, ist Blindheit eher angemessen, auch wenn dieses Verfahren aufwändiger ist und möglicherweise „das Rad neu erfunden wird". Wenn dieser Aufwand nicht geleistet werden kann, kann Blindheit eher problematisch sein, weil die vorhergegangenen Erfahrungen nicht genutzt werden, was nicht ökonomisch ist. Wir haben es hier mit einer Viabilitäts-Antinomie zu tun – auf diese verschiedenen Aspekte wird nachfolgend eingegangen. Es muss jedoch daran erinnert werden, dass eine völlige Blindheit im kognitiven Bereich nicht möglich ist: Was immer wir tun, beruht auf unseren subjektiven Theorien, welche zwangsläufig eine Kanalisierung bewirken. Wir können uns nur bemühen, mehr oder weniger „blind" zu sein; dies wird beispielsweise im Brainstorming (Osborn 1953) realisiert, wo zu diesem Zwecke strikt zwischen der Phase der Variation und jener der Kritik beziehungsweise Wertung (Selektion) getrennt wird – damit wird versucht, den ersten Punkt der Blindheit nach Campbell (keine Kenntnis über die Viabilität der einzelnen Lösungen) zu erfüllen; der zweite allerdings (keine Sequenzeffekte) wird ausdrücklich ausgeschlossen, geht man doch davon aus, dass die Teilnehmerinnen und Teilnehmer durch die gehörten Lösungsvorschläge zu weiteren Ideen angespornt werden.

## 2 Lernen im Konstruktivismus

Der Algorithmus lässt sich auf alle Problemlösungen (sowohl kognitive als auch soziales Lernen) anwenden. Um die Darstellungen nicht zu komplex werden zu lassen, soll aber in diesem Abschnitt nur auf das schulische Lernen als Prototyp für das Lernen allgemein eingegangen werden.

*2.1 Der Lern-Algorithmus*
Die Anwendung des VSR-Prinzips auf das Lernen als Problemlösung kann als Algorithmus (vgl. Abb. 1; Patry 2007) dargestellt werden. Es sei betont, dass dieser Algorithmus in seiner Grundstrukur keineswegs neu ist (vgl. dazu Schnotz, Molz, Rinn 2004). Es geht hier nicht darum, den verschiedenen, grundsätzlich gleichen Versionen eine weitere hinzuzufügen, sondern der Algorithmus soll im Hinblick auf jene Elemente präzisiert werden, die für die Viabilität und deren

*Die Viabilität und der Viabilitäts-Check* 19

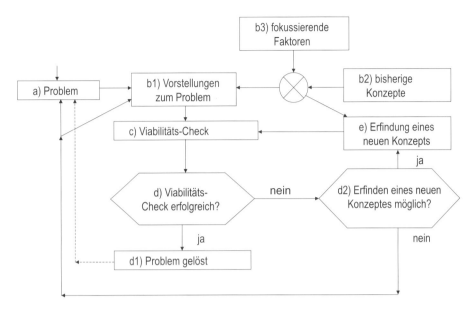

Abbildung 1: Algorithmus des Lernens nach dem konstruktivistischen Ansatz (aus Patry 2007: 16)

Prüfung von grundsätzlicher Bedeutung sind. Zu diesem Zweck wurden einige Elemente hinzugefügt, die insbesondere die (fehlende) Blindheit betreffen.

a) Zunächst braucht die lernende Person ein Problem, eine Fragestellung et cetera, typischerweise bestehend aus einem Ausgangszustand, einem (unbekannten) Zielzustand (die Lösung dieser Aufgabe) und einem (meist vorerst unbekannten) Lösungsweg oder Lösungskonzept. Unter Umständen muss die lernende Person das Problem zunächst selber identifizieren oder formulieren.

b) Sodann wird das Problem in eine eigene Fragestellung „übersetzt", und die Person wird sich des eigenen Konzepts zur Lösung der Aufgabe bewusst, das heißt, sie ruft die Vorstellungen, Ideen, Überlegungen ab, die sie diesbezüglich schon hat (b1). Dabei greift sie auf bisherige Konzepte zurück, die sie früher erworben hat (b2). Die Auswahl der angemessenen Konzepte wird durch Faktoren fokussiert, die dazu führen, dass die Aufmerksamkeit auf spezifische Konzepte oder Elemente gerichtet werden (b3).

c) Die lernende Person prüft, ob sich dieses Konzept bewährt (Selektion). Diese Prüfung wird aus Gründen, die unten noch zu erläutern sein werden, „Viabilitäts-Check" genannt.

d) Wenn der Viabilitäts-Check erfolgreich ist, kann das Problem als gelöst betrachtet werden (d1; Retention). Häufig ist dies Ausgangspunkt für ein neues Problem (a). Wenn der Viabilitäts-Check nicht erfolgreich ist (d2), muss ein neues Konzept erfunden werden; wird dies nicht als möglich eingeschätzt, gilt das Problem als unlösbar und muss allenfalls umformuliert werden.

e) Falls in d2 die Erfindung eines neuen Konzeptes als möglich angesehen wird, formuliert die lernende Person ein solches, wobei sie bisher verfügbare Konzepte in neuartiger Weise miteinander kombiniert (Variation), allenfalls unter neuer Fokussierung, etwa auf Grund von Hinweisen der Lehrerin oder des Lehrers oder unter Suche nach Information in als angemessen beurteilten Quellen. So kommt die Person zu Vorschlägen, die für sie neu sind. Erneut erfolgt ein Viabilitäts-Check gemäß c et cetera.

## 2.2 Vorstellungen zum Problem, bisherige Konzepte und fokussierende Faktoren

Das Problem (a in Abb. 1) wird von der betreffenden Person nicht quasi automatisch erkannt. In der Schule werden die Probleme häufig von der Lehrerin oder vom Lehrer eingebracht. Damit ist es aber noch nicht ein eigenes Problem für die Schülerin oder den Schüler, das heißt eine Fragestellung, die ihr oder ihm ein Anliegen ist (b1). Das Problem, das sich die Schülerin oder der Schüler – falls überhaupt – stellt, ist möglicherweise ein ganz anderes als dasjenige, das die Lehrerin oder der Lehrer beabsichtigt hat. Die Schülerin oder der Schüler hat ganz bestimmte Vorstellungen vom Problem, welche von ihren bisherigen Konzepten abhängen, und formuliert die von der Lehrerin oder vom Lehrer gestellte Frage neu auf ihre oder seine Weise. Zwangsläufig ist die Schülerin oder der Schüler also nicht blind im oben diskutierten Sinn.

Diese bisherigen Konzepte umfassen einerseits das Wertsystem („Was will ich in dieser Situation erreichen?"; darauf wird unten im Zusammenhang mit den Viabilitäts-Kriterien eingegangen) und andererseits das bisherige Wissen zum Problem. Beides ist in den Subjektiven Theorien enthalten (vgl. Patry 2011). Allerdings sind hier nur diejenigen Elemente der Subjektiven Theorien relevant, die in der betreffenden Situation auch aktualisiert werden (vgl. dazu unten, fokussierende Faktoren). Als bisherige Konzepte bezüglich des Wissens dient insbesondere das bisher gewonnene oder gelernte aktualisierte Wissen. Es können aber auch Unterlagen und Informationen verschiedener Art angeboten werden, etwa durch Lehrervorträge oder mittels Texte oder andere Unterrichtsmaterialien, oder die Schülerinnen und Schüler haben sich diese Unterlagen selber organisiert oder recherchiert (etwa in der verfügbaren Literatur oder im Internet); in den beiden letztgenannten Fällen ist es notwendig, dass sich die Schülerinnen und Schüler die entsprechende Information kurzfristig angeeignet haben, sie also zumindest für eine kurze Zeitspanne in ihr System Subjektiver Theorien integriert haben. Dabei wird die Information im Sinne der eigenen Subjektiven Theorie interpretiert und umformuliert.

Man kann sich vorstellen, dass es in der Situation fokussierende Faktoren (b3) gibt, die bewirken, dass die entsprechenden subjektiven Theorien aktualisiert werden. Beispielsweise wissen die Schülerinnen und Schüler in einer schriftlichen Prüfung, dass der Stoff der letzten drei Monate abgefragt wird. Dieses Wissen ist ein fokussierender Faktor und führt dazu, dass die Schülerinnen und Schüler insbesondere jenes Wissen aktualisieren, das in dieser Zeit in der Schule thematisiert wurde. War das Thema etwa „Gleichungssysteme mit mehreren Unbekannten" und wird eine Textaufgabe gestellt, wissen die Schülerinnen und Schüler (oder glauben zu wissen), dass die Aufgabe mit einem solchen Gleichungssystem zu lösen sei. Ist dieser fokussierende Faktor nicht vorhanden (in einem anderen schulischen Kontext oder außerhalb der Schule), kämen sie nie auf die Idee, bei vergleichbaren Aufgaben diesen Lösungsweg zu wählen. So kann die mangelnde Fokussierung dazu führen, dass das Wissen nur in bestimmten Kontexten (etwa in der Schule) angewandt, aber nicht auf andere Situationen übertragen wird, für das es nicht unmittelbar etikettiert wurde.

Wie viele Forschungen gezeigt haben, tritt nur wenig Wissenstransfer zwischen Kontexten auf: Was in einer Situation gelernt wurde, wird kaum je in anderen Situationen angewandt (träges Wissen; vgl. etwa Renkl 1996). Ein Defizit besteht nach dem metakognitiven Ansatz im so genannten konditionalen Wissen; „diese Wissensart umfasst vor allem die Kenntnis über das ‚Wann' und ‚Warum' des Zugriffs auf bestimmte Wissensteile" (ebenda: 80; Kursives von mir). Gemeint ist damit, dass das Wissen zwar grundsätzlich da ist, aber den betreffenden Personen nicht klar ist, dass Anlass besteht, dieses Wissen einzusetzen. So werden mathematische Lösungswege dann gesucht, wenn man (a) weiß, dass eine *mathematische* Lösung angestrebt wird, etwa weil das Problem im Mathematikunterricht gestellt wurde und dort nur Lösungen zugelassen sind, bei denen etwas berechnet wird (was unter Umständen zu sinnlosen Berechnungen führen kann, wie die bekannten „Kapitänsaufgaben" zeigen, vgl. Baruk 1989), oder wenn man (b) in einem *außermathematischen* Kontext auf irgend eine Weise darauf hingewiesen wird, dass eine mathematische Lösung angemessen ist. Das Problem besteht nicht nur für das kognitive Wissen, sondern genauso im sozialen Bereich, wo der Transfer noch problematischer ist, weil noch zusätzliche Probleme bestehen (Patry 2000).

Die Bedeutung des Fokussierens in Transferstudien wird von Detterman (1993: 15) wie folgt angesprochen:

> In all studies I am familiar with that claim transfer, transfer is produced by „tricks" of one kind or another. These „tricks" most often involve just telling the subject to transfer by using hints or outright suggestions. In more subtle cases, the „trick" includes manipulations that call the subjects attention, in obvious ways, to what the experimenter expects on the transfer problem.

Was hier Detterman als Trick bezeichnet, ist aus meiner Sicht ein grundsätzliches Prinzip: Man muss die Aufmerksamkeit fokussieren, um das entsprechende Wissen zu aktivieren, nur dann ist es anwendbar.

Mit den fokussierenden Faktoren sind einerseits jene *Umweltbedingungen* angesprochen, welche die Aufmerksamkeit des Lernenden auf bestimmte bisherige Konzepte lenken und ihn quasi darauf hinweisen, dass es sinnvoll sein könnte, auf diese Konzepte zurückzugreifen. Zum anderen geht es um *metakognitiven*

Fokussierungen, das heißt um die Kognitionen der Schülerin oder des Schülers darüber, welche Konzepte in der gegebenen Situation aktualisiert werden sollen. Diese innere Fokussierung kann mit oder ohne äußere Beeinflussung erfolgen; für den schulischen Unterricht ist es wünschbar, dass die Schülerinnen und Schüler lernen, unabhängig von äußeren fokussierenden Faktoren selber darauf zu kommen, auf angemessene Konzepte zurückzugreifen. Wie dies vermittelt werden kann, muss aber noch untersucht werden.

3 Der Viabilitäts-Check

Der *Viabilitäts-Check* (d in Abbildung 1), also die Prüfung, ob sich ein Konzept bewährt, ist das Kernstück des Ansatzes. Er entspricht dem Selektions-Faktor im VSR-Modell von Campbell oder dem Test-Schritt im TOTE-Modell von Miller et al. (1960). Wissen kann als zu einem bestimmten Zweck mehr oder weniger brauchbares – viables – Instrument oder Handwerkszeug angesehen werden: „(V)iability in the cognitive domain is (...) tied (...) to the attainment of goals and mutual compatibility of constructs" (Glasersfeld 1996: 22). Die Prüfung der Viabilität, der Viabilitäts-Check, besteht darin, das Leistungsvermögen des vorgeschlagenen Konzeptes im Hinblick auf die Erfüllung dieser Kriterien einzuschätzen.

Für den Viabilitäts-Check gibt es kein universell anzuwendendes Kriterium, sondern dieses ist für jeden Fall neu zu bestimmen – auch dies ist eine metakognitive Leistung. Im Rahmen eines Lernprozesses gemäß Abbildung 1 gilt es zu prüfen, ob das konstruierte Konzept im Hinblick auf das Ziel – die Problemlösung – einen Fortschritt darstellt, also die problemlösende (lernende) Person einer Lösung näher kommt. Auf die Viabilitäts-Kriterien wird unten eingegangen.

Man kann im schulischen Kontext grundsätzlich fünf Arten des unmittelbaren Viabilitäts-Checks (Patry 2007) sowie zwei Arten des nachträglichen Viabilitäts-Check unterscheiden. Die unmittelbaren Viabilitäts-Checks sind die folgenden:

1. *Erfahrung:* Man wendet das Konzept in einem bestimmten Kontext an und ist erfolgreich oder scheitert. Beispielsweise kann man Rad fahren nur lernen, indem man das selber praktiziert und merkt, wann man im Gleichgewicht ist und wann nicht. Natürliche Konsequenzen des Handelns oder Sanktionen (etwa Belohnungen und Bestrafungen) zeigen dem Protagonisten, ob er erfolgreich war oder nicht.
2. *Argumentativer Viabilitäts-Check:* Es werden Argumente beigebracht, die Gründe angeben, *warum* eine Aussage zutreffend sein soll. Es ist dies der wichtigste Typ des Viabilitäts-Checks in der Wissenschaft, und dementsprechend sind die wissenschaftlichen Argumentationsmuster jene, die für diesen Typ charakteristisch sind; allerdings verfügen Menschen auch über Argumentationsmuster, die nicht unbedingt wissenschaftlichen Kriterien, wohl

aber ihren eigenen Ansprüchen genügen – bis sie möglicherweise an der Erfahrung scheitern.
3. *Sozialer Viabilitäts-Check:* Die vorgeschlagene Lösung wird mit Kolleginnen und Kollegen besprochen, und auf Grund von deren Rückmeldung (einschließlich der Argumente, vgl. argumentativer Viabilitäts-Check) wird die Viabilität beurteilt; dieser direkten Rückmeldung über Viabilität kann man sich anschließen oder auch nicht.
4. *Simulation:* Man stellt sich vor, was geschieht, wenn man etwas tut, spielt den Ablauf gedanklich durch und entscheidet daraufhin, ob das Verfahren zielführend sein könnte. Beispielsweise planen Lehrerinnen und Lehrer ihren Unterricht, indem sie überlegen, was passieren könnte, sie antizipieren etwa problematisches Schülerverhalten und konzipieren ihren Unterricht entsprechend, das heißt, sie prüfen, ob der Unterricht, wie sie ihn planen, geeignet ist, Probleme zu bewältigen beziehungsweise mögliche Probleme gar nicht erst aufkommen zu lassen.
5. *Stellvertretender Viabilitäts-Check:* Beobachtungslernen oder Modelllernen (etwa Bandura 1986) besteht darin, jemanden zu beobachten, der den Viabilitäts-Check durchführt, statt diesen selbst durchzuführen; dadurch wird etwas über die Viabilität des beobachteten Verhaltens auch für die eigene Situation gelernt. Beispielsweise beobachten Junglehrer oder Studierende erfahrene *Lerner* und übernehmen jene Verhaltensweisen, die ihnen geeignet erscheinen und die sie sich selber auch zutrauen.
6. *Kommunizierter Viabilitäts-Check:* Es wird mitgeteilt, welches die erfolgreiche Vorgangsweise ist oder dass (und allenfalls warum: argumentativer Viabilitäts-Check) eine Aussage viabel ist. Im Unterricht wird den Schülerinnen und Schülern häufig gesagt, welches die „richtige" (sprich viable) Lösung eines Problems ist (etwa im Lehrervortrag). Auch im Hinblick auf das Sozialverhalten wird den Schülerinnen und Schülern das viable Handeln vorgeschrieben, etwa im Hinblick auf Umgang mit Konflikten, Disziplin, Pünktlichkeit, sauberes Arbeiten, Hausaufgaben et cetera.

Die nachträglichen Viabilitäts-Checks erfolgen, nachdem die Entscheidung über die Viabilität getroffen worden ist; falls diese Entscheidung nicht bestätigt wird, kann dies zu einem neuen Problemlöseprozess führen. Folgende nachträgliche Viabilitäts-Checks sind möglich:

7. *Reflexion* (vgl. Weinberger 2006): Nachdem das Problem gelöst worden ist, denkt die Schülerin oder der Schüler darüber nach, wie diese Problemlösung zustande gekommen ist und ob sie plausibel ist; im Mathematik-Unterricht etwa könnte die Schülerin oder der Schüler einen anderen Lösungsweg für das Problem ausprobieren und damit die im ersten Durchgang gefundene Lösung prüfen.
8. *Rückmeldung* durch *Peers* (Weyringer 2008): Es wird eine nachträgliche Reflexion in der Gruppe organisiert – dann dienen die Peers als gegenseitige Agenten des nachträglichen Viabilitäts-Checks.

Fünf Arten des Viabilitäts-Checks (1, 4, 5, 6 und 7) wurden in Patry (2007) ausführlich im Hinblick auf eine Untersuchung zum E-Learning diskutiert; dies soll hier nicht wiederholt werden. Die Erfahrung beziehungsweise der direkte Viabilitäts-Check sind in der Evolution, im Behaviorismus und in vielen natürlichen Lern- und Entwicklungsprozessen relevant. In kognitiven Lernkonzepten und teilweise in Entwicklungskonzepten spielt die Simulation (überlegen, welche Handlungsweisen wie viabel sein werden) eine wichtige Rolle, beim Sozialen Lernen (in der Form des Modell-Lernens) und gelegentlich im kognitiven Lernen zusätzlich der stellvertretende Viabilitäts-Check.

Man kann nicht sagen, ein bestimmter Typ von Viabilitäts-Check sei grundsätzlich besser (viabler auf einer übergeordneten Ebene) als ein anderer. Die auf Erfahrung basierenden Viabilitäts-Checks sind für das Lernen vermutlich wirksamer als die anderen Arten und sollten deshalb ermöglicht werden, wann immer dies realisierbar ist (allenfalls ergänzt durch nachträgliche Viabilitäts-Checks). Allerdings kann man nicht für alle Probleme Situationen anbieten, in denen sich solche Erfahrungen realisieren lassen, obwohl es sicherlich häufiger möglich ist, als sich die meisten Lehrerinnen und Lehrer vorstellen; allerdings kann dies durchaus mit einem Aufwand verbunden sein, der nicht einfach zu leisten ist.

Der kommunizierte Viabilitäts-Check ist in der Schule der wohl am häufigsten verwendete: Im Lehrervortrag oder durch Lesen werden die Konzepte vermittelt, welche sich bewährt haben; gleichzeitig erfolgt eine Fokussierung im Sinne von b3 in Abbildung 1. Diese Methode ist nicht grundsätzlich abzulehnen, wenn so vorgegangen wird, dass in der Tat das Nachvollziehen eines Viabilitäts-Checks ermöglicht wird. Die meisten Texte oder Vorträge sind aber dafür nicht geeignet.

Die kurze Präsentation der Typen von Viabilitäts-Checks zeigt auch auf, dass die verschieden Arten nicht unabhängig voneinander sind. Insbesondere sind argumentative Viabilitäts-Checks häufig nicht bloß das Produkt eigener gedanklicher Arbeit, sondern weitere Viabilitäts-Checks, etwa der soziale und der kommunikative, enthalten unter Umständen Argumente, der sich die Person, die vor dem entsprechenden Problem steht, anschließen kann oder auch nicht.

4 Weitere Merkmale von Viabilität

Auf dem Hintergrund der obigen Überlegungen ist es möglich, wesentliche Eigenschaften von Viabilität zu präzisieren. Hierbei geht es um die Viabilitäts-Kriterien, Viabilitäts-Bereiche, partielle Viabilität und Viabilitäts-Antinomien.

*4.1 Viabilitäts-Kriterien*
Viabilität besteht nicht „an sich", sondern immer nur im Hinblick auf ein Kriterium (oder mehrere Kriterien). In Tabelle 1 sind die relevanten Viabilitäts-Kri-

terien in den verschiedenen dort angesprochenen Bereichen auf einer abstrakten Ebene angegeben (Zeile „Selektion"). Die Rolle der Viabilitäts-Kriterien beim kognitiven Lernen sei hier am Beispiel der Antwort einer Schülerin oder eines Schülers (des Hauptschülers Fritz) auf eine Frage der Lehrerin oder des Lehrers (der Mathematiklehrerin Frau Meier) illustriert. Im Rahmen des Unterrichtes hat Frau Meier eine Frage gestellt und Fritz aufgerufen, diese zu beantworten, ohne dass dieser sich gemeldet hatte. Für die Antwort, die Fritz gibt, können folgende Viabilitäts-Kriterien relevant sein:

1. Fritz hat eine Vermutung bezüglich der problemlösenden Antwort (b1 in Abb. 1) und möchte wissen, ob diese Vermutung gerechtfertigt ist; Viabilitäts-Kriterium ist also, ob das von ihm vorgeschlagene Konzept das gestellte Problem lösen kann. Dies kann ihm allenfalls durch die Rückmeldung durch Frau Meier bestätigt werden.
2. Fritz möchte sich bei Frau Meier als guter Schüler darstellen; das Problem, das er lösen will, ist also nicht die von Frau Meier gestellte mathematische Frage, sondern die Frage „Wie hinterlasse ich bei Frau Meier den bestmöglichen Eindruck?" Das Viabilitäts-Kriterium ist dann die Zufriedenheit von Frau Meier, und deshalb wird Fritz versuchen, zu erraten, welche Antwort Frau Meier hören will.
3. Fritz ist von Furcht vor Misserfolg dominiert. Er fürchtet, die von ihm vorgeschlagene Antwort könnte falsch sein, und möchte vermeiden, dass dies öffentlich wird. Das Viabilitäts-Kriterium ist also, ob es ihm gelingt, nicht auf eine Antwort festgelegt zu werden.
4. Fritz möchte bei den Mitschülerinnen und Mitschülern einen guten Eindruck erwecken. Angenommen, dass er bei diesen als Streber gilt und deswegen nicht beliebt ist. In diesem Falle dient das Urteil der Peers – und insbesondere der Opinion Leaders – als Viabilitäts-Kriterium. Das diesbezüglich viable Verhalten wird dann darin bestehen, eine falsche Antwort zu geben. Wenn diese zudem flapsig ist und die Mitschülerinnen und Mitschüler zum Lachen animiert, wird sie das Kriterium noch besser erfüllen.
5. Fritz interessiert sich nicht für Mathematik und möchte den Aufwand minimieren. Er hat deshalb gar nicht auf die Frage geachtet und kann diese dementsprechend nicht beantworten. Das Viabilitäts-Kriterium ist dann, ob und wie weit er sich von der Beantwortung drücken kann.

Nur das erste Viabilitäts-Kriterium („Ist meine Überlegung geeignet, um das Problem zu lösen?") ist in einem kognitiv-konstruktivistischen Lernprozess angemessen: Das Problem steht im Vordergrund, und die Lösung dieses Problems ist das Hauptziel, die anderen Anliegen sind sekundär. Die Kriterien zwei, drei und vier (einen guten Eindruck bei verschiedenen Zielpersonen hinterlassen) führen zu sozialem Lernen (Priorität der Beziehung). Das Problem wird umformuliert: Die Frage ist nicht mehr die angemessene Lösung des ursprünglichen Problems, sondern die Formulierung einer Antwort, die (von anderen) akzeptiert wird. Das Problem selber ist völlig irrelevant. Entsprechend handelt Fritz nicht im Sinne des Problems, sondern im Sinne der Person(en), die ihm wichtig ist oder sind. Beim zweiten Kriterium ist konstruktivistisches Lernen allenfalls ein Nebeneffekt, weil sich Fritz bemühen muss, die viable Lösung im Sinne des ersten Kriteriums zu finden; es kann aber auch sein, dass er nur die entsprechenden Inhalte auswendiggelernt hat, ohne sie zu verstehen, und dementsprechend nachplappert, was die Lehrerin hören will („Papageien-Mathematik", vgl. Schwetz 2000), und sich nicht differenziert mit dem entsprechenden Konzept befasst hat. Das Kriterium drei hat ebenfalls mit Beziehung zu tun und soll deutlich machen, dass die Prioritäten von Menschen äußerst unterschiedlich sein können.

Beim fünften Kriterium schließlich wird das von Frau Meier gestellte „Problem" – für ihn ist es ja keines – als „Störfaktor" wahrgenommen, das ihn daran hindert, seine eigenen Ziele zu verfolgen. Bei den Kriterien drei bis fünf lernt Fritz auch etwas, aber jedenfalls nicht das, was er aus Sicht von Frau Meier lernen sollte. Man kann hier von sozialem Lernen sprechen, und hier zeigt sich, wie das VSR-Prinzip beziehungsweise die Überlegungen zur Viabilität zu einer Überführung vom kognitiven zum sozialen Lernen führen können.

Aus dieser Perspektive erweist sich die Frage von Frau Meier als problematisch. Besser wäre es, wenn die Schülerinnen und Schüler angeregt würden, sich selber Rückmeldung über den Erfolg ihrer Konzepte zu organisieren, statt von der Rückmeldung von Frau Meier abhängig zu sein. Ein Viabilitäts-Check besteht dann in der Überprüfung eines Vorschlags durch die Schülerinnen und Schüler dahingehend, ob er funktioniert oder nicht, zum Beispiel ob er mit anderen Erfahrungen in Einklang steht, ob er die Kriterien erfüllt, die man *sich selbst* gesetzt hat et cetera.

Die verschiedenen Kriterien schließen sich nicht gegenseitig aus, sondern können miteinander kombiniert werden, etwa im Sinne eines Kompromisses (bei Fritz etwa Befriedigung der Bedürfnisse der anderen Person, aber ohne zu großen Aufwand; oder suche nach einer Lösung, mit der aber auch die problemstellende Person zufrieden sein kann, ohne dass er dabei zu viel investieren muss). Darauf wird im Zusammenhang mit den Viabilitäts-Antinomien einzugehen sein.

*4.2 Viabilitäts-Bereiche*

Die Kriterien für die Viabilität (oder mit anderen Worten die Ziele der Personen) können von Situation zu Situation unterschiedlich sein. Entsprechend wird die gleiche Antwort für bestimmte Situationen als viabel beurteilt, für andere aber nicht.

Dies gilt für alle in Tabelle 1 genannten Disziplinen. Dies sei hier nur ganz kurz und exemplarisch angedeutet:
- Evolutionstheorie: Solange die Umwelt sauber war, erwies sich die Färbung des Birkenspanners, eines *weißen* Nachtfalters mit dunklen Punkten und Streifen, als viabel; als aber die Birkenrinde durch Umweltverschmutzung (Umgebung von Manchester Ende des 19. Jahrhunderts: aufkommende Industrie mit Rußbelastung der Luft) nicht mehr weiß war, erwies sich eine *dunkle* Färbung

für den Birkenspanner als bessere Tarnung, was die Überlebenschancen erhöhte („Industriemelanismus", vgl. Wickler 1973: 52 ff.).
- Kognitive Entwicklung: Der Bruch zwischen Urteil und Handeln im Bereich der Moral ist hier prototypisch. Garz (1999) unterscheidet in seinem „Bereichsmodell moralischen Tuns" (381 ff.) fünf Situationstypen, in denen unterschiedlich auf die verfügbare moralische Urteilsfähigkeit (Stufen nach Kohlberg 1984) zurückgegriffen wird: nacktes Überleben (Moral spielt keine Rolle), starke Normen (Moral ist wenig relevant), schwache Normen des Alltags (auch hier spielt die Moral eine geringe Rolle), Normenkonflikte (hier ist die Moral sehr wichtig) und das gerechte Leben, wo die Moral allein entscheidend ist; hinzu kommen Situationen, in denen keine moralisch relevante Entscheidung ansteht (zum Beispiel keiner der Werte, über die zu entscheiden ist, als moralischer Wert beurteilt wird). Das Viabilitäts-Kriterium „Moral" ist also nicht in jeder Situation gleich relevant.
- Bei den operanten Behavioristen ist das Viabilitäts-Kriterium das Erreichen des Verstärkers, auch wenn dies selten so thematisiert wird. Skinner (1974: 29) beispielsweise schreibt, „eine *hungrige* Ratte drückt den Hebel und bekommt Futter" (Kursives hinzugefügt); Viabilitäts-Kriterium für das Verhalten ist dann, ob die Ratte Futter bekommt. Ist das Tier aber nicht hungrig, ist die Verfügbarkeit von Futter kein Viabilitäts-Kriterium mehr. Auch für das menschliche Verhalten dienen unterschiedliche Aspekte als Viabilitäts-Kriterien. Als Beispiel sei die Auswahl eines Esslokals genannt: Für den einen ist ein Wiener Schnitzel sehr verstärkend, das heißt die Möglichkeit, ein Schnitzel zu bekommen, ist das Viabilitäts-Kriterium für die Wahl eines Restaurants; eine Vegetarierin wählt das Esslokal demgegenüber danach aus, ob eine hinreichende vegetarische Auswahl angeboten wird, also nach einem ganz anderen Kriterium; für eine dritte Person ist es wichtig, dass das Lokal nicht zu voll ist, etc. Wiener Schnitzel, vegetarisches Menu und hinreichendes Platzangebot sind jeweils Verstärker im Sinne des operanten Konditionierens. Wegen dieser Individualität ist es notwendig, die Frage, ob ein Reiz ein Verstärker sei – das heißt das Viabilitäts-Kriterium –, in Form einer idiographische Hypothese zu formulieren, das heißt als Hypothese, die für die einzelne Person Geltung hat und dementsprechend für die einzelne Person zu prüfen ist (Westmeyer 1973). Aber der gleiche Reiz mag in gewissen Situationen verstärkend sein (im obigen Fall: Wenn die betreffenden Personen hungrig sind), in anderen nicht (etwa wenn sie nur schnell etwas trinken wollen).
- Beim kognitiven Lernen wird das verfügbare Wissen nicht permanent abgerufen, sondern nur in Situationen, in denen es notwendig ist. Darauf wurde schon oben im Zusammenhang mit dem trägen Wissen eingegangen.
- Im sozialen Lernen ist die Situationsspezifität besonders wichtig und wurde auch entsprechend diskutiert: Wir verhalten uns in sozialen Situationen situationsspezifisch (Mischel 1968), was unter anderem dadurch erklärt werden kann, dass wir in unterschiedlichen Situationen unterschiedliche Ziele haben (Patry 1991, vgl. auch Patry, in Druck).

Die Situationsspezifität der Viabilität wird auch von Glasersfeld unter Bezugnahme auf ein Beispiel aus der Wissenschaft betont:

> Briefly stated, concepts, theories, and cognitive structures in general, are viable and survive as long they serve the purposes to which they are put, as long as they more or less reliably get us what we want. "Getting us what we want", however, means different things in different realms of experience. In the realm of everyday experience, for instance, Newton's physics serves our purposes well and is perfectly viable. Most of us simply do not enter the realms of experience where the methods and predictions based on Newton's concepts break down. (...) This leads to the somewhat peculiar situation that Newton's ideas are quite "true" for the man in the street, the mechanic, and the working engineer, whereas they are "false" for a relatively small group of specialized scientists (Glasersfeld 1981: 4).

Dementsprechend wird der Viabilitäts-Check in unterschiedlichen Situationen ganz unterschiedliche Ergebnisse erbringen.

Auf diesem Hintergrund und im Wissen darum, dass Menschen in unterschiedlichen Situationen unterschiedliche Ziele verfolgen und unter Umständen in unterschiedlichen Situationen unterschiedliche Verhaltensweisen für die gleichen Ziele zielführend sind, ist es nicht verwunderlich, dass Menschen sich situationsspezifisch verhalten (Mischel 1968): Die Viabilität des Verhaltens variiert von Situation von Situation. Erstaunlich ist vielmehr, wie sehr sich Menschen gegen diese Erkenntnis wehren (etwa Epstein 1980).

*4.3 Partielle Viabilität*

Selbst wenn nur von einem einzigen Viabilitäts-Kriterium ausgegangen wird, ist das Erreichen der Viabilität nicht dichotom zu sehen, im Sinne von „entweder ist das Verhalten viabel, oder es ist nicht viabel". Vielmehr kann es Graubereiche zwischen vollständiger Viabilität und vollständiger Nicht-Viabilität geben. Man kann in diesem Zusammenhang von partieller Viabilität sprechen. Dies sei erneut an den verschiedenen wissenschaftlichen Disziplinen aus Tabelle 1 illustriert.

- In der Evolutionstheorie geht es zumeist nicht um die Frage „überleben vs. nicht-überleben", sondern um die Wahrscheinlichkeit der Erhaltung des eigenen Genoms. Schon eine geringfügige Erhöhung der Überlebenswahrscheinlichkeit von Verwandten bedeutet einen Selektionsvorteil; je größer die Verwandtschaft (das heißt je ähnlicher das Genom), desto geringer braucht der

Vorteil zu sein, um langfristig im Selektionsprozess erfolgreich zu sein (vgl. die „inclusive fitness"[4]).
- In der Verhaltensmodifikation (dem Behaviorismus zugehörend) gibt es die Möglichkeit der Verhaltensverträge mit Token Economy (vgl. etwa Homme, Csanyi, Gonzales, Rechs 1974): An Stelle von unmittelbaren Verstärkern werden Tokens gegeben, die später gegen echte Verstärker eingetauscht werden können. Das wichtigste Viabilitäts-Kriterium ist dann der – nur mittelfristig erreichbare – echte Verstärker, partiell viabel sind aber die einzelnen Verhaltensweisen dahingehend, dass sie einen Teilbetrag im Hinblick auf den echten Verstärker ermöglichen.
- Beim kognitiven Lernen sind wir häufig schon froh, wenn wir einen kleinen Schritt in Richtung der Problemlösung machen konnten – selbst auf die Gefahr hin, dass der eingeschlagene Weg sich letztlich als eine Sackgasse erweisen könnte.
- Die Entwicklung nach den konstruktivistischen Theorien von Piaget und Kohlberg sind geprägt von Misserfolgserlebnissen, das heißt gescheiterten Versuchen, Viabilität zu erreichen (Desäquilibrium). Wie schon beim kognitiven Lernen werden schon kleine Reduktionen des Desäquilibriums als Fortschritt gewertet und beibehalten; das Viabilitäts-Kriterium ist dann nicht die vollständige Lösung des Problems, sondern eine Verbesserung im Vergleich zum Stadium vor der Suche nach viablen Lösungen auf Grund des Desäquilibriums.

Viabilität ist damit immer nur relativ: Ein Verhalten mag viabler sein als ein anderes, aber die absolute, die perfekte Viabilität gibt es selten. Selbst wenn das Problem im Algorithmus (Abb. 1) gelöst ist, folgt in den meisten Fällen eine neue Fragestellung, die darauf aufbaut – außer wenn das Problem durch die Lehrerin oder den Lehrer vorgegeben worden ist, etwa in einer Schularbeit oder einem Test; hier wird deutlich, wie künstlich viele Aufgabenstellungen in der Schule sind.

*4.4 Viabilitäts-Antinomien*
Hinzu kommt, dass in einer gegebenen Situation simultan mehrere Viabilitäts-Kriterien relevant sein können. Wir streben in sozialen Situationen in der Regel mehrere Ziele gleichzeitig an. Erneut zeigt sich, dass Tests und Schularbeiten hier in der Regel eine Sonderstellung einnehmen: In diesen Situationen bemühen sich (fast) alle Schülerinnen und Schüler, eine möglichst gute Leistung zu erbringen, das heißt, es gibt nur ein Viabilitäts-Kriterium. Es kann allerdings sein, dass weitere Ziele eine Rolle spielen, die dann zumeist sozial bedingt sind; dies wurde oben am Beispiel von Fritz dargestellt. Dabei wird die ursprünglich

---

[4] „The sum of an individual's own fitness plus all its influence on fitness of its relatives other than direct descendants; hence the total effect of kin selection with reference to an individual" (Wilson 1975: 586).

rein leistungsorientierte Situation zu einer Situation, in der es darum geht, bestimmte Menschen in einer bestimmten Art und Weise zu beeindrucken oder zu beeinflussen. Dabei kann es Viabilitäts-Antinomien geben, also Widersprüche oder Gegensätze, die sich (mit den verfügbaren Mitteln) nicht überwinden lassen. Im obigen Beispiel etwa steht das Beeindrucken des Lehrers (was nur mit guten Leistungen erfolgen kann) im Widerspruch zum Ziel, Anerkennung bei den Mitschülerinnen und Mitschülern zu erreichen. Antinomien dieser Art sind im Sozialverhalten die Regel (Patry 1997).

Die verschiedenen Antinomie-Typen sind von Patry (ebenda) differenziert analysiert worden (vgl. auch Patry 2012). Man kann zunächst unterscheiden, zwischen Antinomien auf der Kriterien-Ebene und auf der Lösungskonzept-Ebene.

- Eine Antinomie auf der *Kriterien-Ebene* bedeutet, dass die Viabilitäts-Kriterien selber inkompatibel sind, etwa das Kriterium „Bei der Lehrerin gut dastehen" und das Kriterium „Bei den Mitschülerinnen und Mitschülern gut dastehen", weil – in der betreffenden Klasse – automatisch von den Mitschülerinnen und Mitschülern abgelehnt wird, wer bei der Lehrerin beliebt ist (das mag von Klasse zu Klasse unterschiedlich sein). Ein anderes Beispiel stammt aus der Evolutionstheorie und wurde oben schon angesprochen: In der sexuellen Selektion verspricht ein großes Rad für das Pfauenmännchen mehr Paarungschancen (Kriterium 1), aber die Bewältigung des Pfauen-Alltags (Kriterium 2) wird erschwert.
- Auf der Ebene der *Lösungskonzepte* kann eine Antinomie dahingehend bestehen, dass die Person über kein Konzept verfügt, das für die verschiedenen Kriterien, die an sich nicht inkompatibel sind, gleichzeitig zielführend (viabel) wäre; es kann aber sein, dass im Laufe der Problemlösung bei hinreichender Suche entsprechende Konzepte erfunden werden.

Sodann kann man zwischen graduellen und alternativen Antinomien unterscheiden. Bei den letzteren geht es darum, *entweder* das eine Kriterium anzustreben beziehungsweise das eine Konzept zu verwirklichen *oder* das andere. Bei graduellen Antinomien geht es um Beziehungen vom Typ „je mehr des Kriteriums 1 erfüllt wird, desto weniger kann das Kriterium 2 erfüllt werden" beziehungsweise „je mehr vom Konzept für Kriterium 1 umgesetzt wird, desto weniger kann vom Konzept für Kriterium 2 realisiert werden". Eine graduelle Antinomie setzt die Möglichkeit der partiellen Viabilität voraus.

Die Unterscheidung „graduell" vs. „alternativ" ist sowohl für die Kriterien- als auch für die Konzept-Ebene möglich. Diese Prinzipien sind in mehreren Untersuchungen bestätigt worden (Patry 2005, Patry, Schrattbauer 2000).

5 Diskussion

Die Analysen der Viabilität haben ergeben, dass diese für ein bestimmtes Konzept nicht *entweder* „gegeben" *oder* „nicht gegeben" ist. Vielmehr ist die Viabilität in verschiedener Hinsicht variabel:

- Was sich in der einen Situation als brauchbar erweist, ist es in einer anderen Situation nicht. Das bedeutet: Viabilität ist situationsspezifisch. Man kann von *Viabilitäts-Bereichen* sprechen: Innerhalb des Viabilitäts-Bereichs ist das zur Diskussion stehende Konzept viabel, außerhalb ist es nicht mehr viabel.
- Was (in einer gegebenen Situation) im Hinblick auf ein bestimmtes *Kriterium* als viabel beurteilt wurde, ist es vielleicht in einer anderen Hinsicht nicht.
- Es kann einen Graubereich zwischen vollständiger Viabilität und vollständiger Nicht-Viabilität geben; man kann von *partieller Viabilität* sprechen. Das bedeutet, Viabilität ist nicht notwendigerweise dichotom (nominal skaliert, „entweder – oder"), sondern kann unter Umständen auch kontinuierlich (zumindest ordinal skaliert, „mehr oder weniger") sein.
- Für ein bestimmtes Problem können mehrere Viabilitätskriterien relevant sein, wobei es zu *Viabilitäts-Antinomien* zwischen Kriterien oder zwischen Konzepten, die diese Kriterien erfüllen, kommen kann.
- Schließlich ist Viabilität im Bereich der Problemlösung (also in allen oben diskutierten Bereichen außer der Evolution) immer ein Ergebnis von Beurteilungen durch Menschen, also einer menschlichen Handlung. Dieses Handeln nennen wir *Viabilitäts-Check*, und es stellt sich heraus, dass dieser bei der Erfahrungsbildung (Lernen, Entwicklung etc.) eine Schlüsselrolle einnimmt.

Diese Aspekte der Viabilität spielen simultan eine Rolle. Dadurch ergeben sich viele Kombinationsmöglichkeiten, was letztlich auch zu Viabilitäts-Antinomien führen kann. Der Lern-Algorithmus (Abb. 1) ist deswegen in der Regel komplexer, als dies auf den ersten Blick erscheint: Die Viabilitäts-Checks, die im Zentrum des Algorithmus stehen, erweisen sich als schwieriger zu konzipieren als erwartet; insbesondere werden sie wahrscheinlich auf verschiedenen Ebenen im Sinne der TOTE-Theorie von Miller et al. (1960) erfolgen. Da zudem wie angedeutet die Viabilität (bzw. die Viabilitäten) und deren Prüfung von Problem zu Problem, von Situation zu Situation unterschiedlich sind, empfiehlt es sich, die verschiedenen hier diskutierten Aspekte jeweils in der konkreten Einzelsituation zu überlegen. Andeutungsweise wurde dies hier getan, indem immer wieder auf die verschiedenen Disziplinen, in denen das VSR-Prinzip – und damit die Viabilität – relevant sind, verwiesen und dort soweit möglich versucht wurde, die entsprechenden Prinzipien zu illustrieren. Die übergeordnete Viabilität, das heißt die Brauchbarkeit des Konzeptes in Erziehung und Unterricht, wird sich aber erst erweisen, wenn versucht wird, es im Hinblick auf praktische Situationen anzuwenden.

In der bisherigen Literatur werden die verschiedenen genannten Aspekte meines Wissens nicht diskutiert. Deshalb sind die dargestellten Überlegungen insbesondere auch als Anregung zum Weiterdenken zu werten und nicht als abschließende Feststellungen. Ob sie viabel sind (und für welche Bereiche, wie stark, nach welchen Kriterien, ob es Antinomien gibt etc.), muss erst mit angemessenen Viabilitäts-Checks geprüft werden.

Bezogen auf die Thematik „Fragen! – Antworten?" erweist es sich, dass man zwar leicht Fragen stellen kann (Problem a in Abb. 1), dass aber schon der erste Schritt zur Beantwortung, die Problemkonzeption (b in Abb. 1), sehr komplex ist und die gleiche Frage von verschiedenen Personen ganz unterschiedlich verstanden und interpretiert werden kann. Die Suche nach viablen Antworten schließlich ist extrem komplex. Einige Punkte, die dabei berücksichtigt werden müssen, wurden angedeutet; es ist aber anzunehmen, dass noch weitere Aspekte relevant sind.

Literatur

AMSEL, A.; RASHOTTE, M. E. 1977: Entwicklungsrichtungen der S-R-Lerntheorien in Amerika mit spezieller Berücksichtigung Clark L. Hulls, seiner Vorgänger und Nachfolger. In: H. Zeier (Hg.): Die Psychologie des 20. Jahrhunderts, Band IV: Pawlow und die Folgen. Von der klassischen Konditionierung bis zur Verhaltenstherapie. Zürich: Kindler, 82–160.

BANDURA, A. 1986: Social Foundations of Thought and Action: A Social Cognitive Theory. Englewood Cliffs, NJ.: Prentice-Hall.

BARUK, S. 1989: Wie alt ist der Kapitän? Über den Irrtum in der Mathematik. Basel: Birkhäuser.

BRUNER, J. S. 1957: On Perceptual Readiness. In: Psychological Review 64: 123–152.

CAMPBELL, D. T. 1960: Blind Variation and Selective Retention in Creative Thought as in Other Knowledge Processes. In: Psychological Review 67: 380–400. Zitiert nach G. Radnitzky, W. W. Bartley III (eds.) ³1993: Evolutionary Epistemology, Rationality, and the Sociology of Knowledge. Chicago: Open Court, 91–114.

DETTERMAN, D. K. 1993: The Case for the Prosecution: Transfer as an Epiphenomenon. In: D. K. Detterman, R. J. Sternberg (eds.): Transfer on Trial: Intelligence, Cognition, and Instruction. Norwood NJ: Ablex, 1–24.

EPSTEIN, S. 1980: The Stability of Behavior. In: American Psychologist 35, 9: 790–806.

FERSTER, C. B.; SKINNER, B. F. 1957: Schedules of Reinforcement. New York, NY: Appleton.

FISHER, R. A. 1930: The Genetical Theory of Natural Selection. London: Oxford University Press.

GARZ, D. 1999: „Also die Annahme, daß die Welt gerecht ist, das wäre sehr irrational". Urteilen, Handeln und die Moral des Alltagslebens. In: D. Garz, F. Oser, W. Althof (Hg.): Moralisches Urteil und Handeln. Frankfurt am Main: Suhrkamp, 377–405.

GLASERSFELD, E. v. 1981: The Concepts of Adaptation and Viability in a Radical Constructivist Theory of Knowledge. In: I. E. Sigel, D. M. Brodzinsky, R. M. Golinkoff (eds.): Piagetian Theory and Research. Hillsdale, N.J.: Erlbaum, 87–95. Zitiert aus der Version im Internet, URL: http://www.univie.ac.at/constructivism/EvG/papers/067.pdf (2. November 2009).

GLASERSFELD, E. v. 1987: Wissen, Sprache und Wirklichkeit. Arbeiten zum radikalen Konstruktivismus. Braunschweig, Wiesbaden: Vieweg.

GLASERSFELD, E. v. 1996: Learning and Adaptation in the Theory of Constructivism. In: L. Smith (ed.): Critical Readings on Piaget. London: Routledge, 20–27.

GLASERSFELD, E. v. 1997: Radikaler Konstruktivismus. Frankfurt am Main: Suhrkamp Taschenbuch Wissenschaft.

GLASERSFELD, E. v. 1998: Why Constructivism Must Be Radical. In: M. Larochelle, N. Bednarz, J. Garrison (eds.): Constructivism and Education. Cambridge, MA: Cambridge University Press, 23–28.

HOFER, M. 1986: Sozialpsychologie erzieherischen Handelns. Wie das Denken und Verhalten von Lehrern organisiert ist. Göttingen: Hogrefe.

HOLLAND, J. G.; SKINNER, B. F. 1975: Analyse des Verhaltens. München: Urban & Schwarzenberg.

HOMME, L.; CSANYI, A. P.; GONZALES, M. A.; RECHS, J. R. 1974: Verhaltensmodifikation in der Schulklasse. Ein praxisbezogenes Trainingsprogramm für Lehrer und Studenten. Weinheim: Beltz.

KOHLBERG, L. 1984: Essays on Moral Development. Vol. 2: The Psychology of Moral Development. The Nature and Validity of Moral Stages. San Francisco: Harper & Row.

LÖNNIG, W.-E. 2006/2010: Die Evolution der Langhalsgiraffe (Giraffa camelopardalis L.) – Was wissen wir tatsächlich? URL: http://www.weloennig.de/Giraffe_Erwiderung.1a.pdf (11. Jänner 2013).

MILLER, G. A.; GALANTER, E. H.; PRIBRAM, K. H. 1960: Plans and the Structure of Behavior. New York: Holt Rinehart & Winston.

MISCHEL, W. 1968: Personality and Assessment. New York: Wiley.

MISCHEL, W. 1973: Toward a Cognitive Social Learning Reconceptualization of Personality. In: Psychological Review 80: 252–283.

MISCHEL, W. 2004: Toward an Integrative Science of the Person. In: Annual Review of Psychology 55: 1–22.

NEISSER, U. 1976: Cognition and Reality. San Francisco: Freeman.

OSBORN, A. F. 1953: Applied Imagination: The Principles and Procedures of Creative Thinking. New York, NY: Scribner.

PATRY, J.-L. 1991: Transsituationale Konsistenz des Verhaltens und Handelns in der Erziehung. Bern: Lang.

PATRY, J.-L. 1997: Eine Person – mehrere Werte. Überlegungen zum intrapersonalen Wertpluralismus. In: Pädagogische Rundschau 51: 63–81.

PATRY, J.-L. 2000: Transfersicherung. In: S. Seeber, E. M. Krekel, J. van Buer (Hg.): Bildungscontrolling. Ansätze und kritische Diskussionen zur Effizienzsteigerung von Bildungsarbeit. Frankfurt am Main: Lang, 131–150.

PATRY, J.-L. 2005: Intrapersonaler Wertpluralismus in der Erziehung: Theorie und konkrete Beispiele. In: C. Giordano, J.-L. Patry (Hg.): Wertekonflikte und Wertewandel. Eine pluridisziplinäre Begegnung. Münster: Lit., 135–150.

PATRY, J.-L. 2007: Konstruktivistisches E-Teaching als Ermöglichung von Viabilitäts-Checks. Ein Anwendungsbeispiel. In: Salzburger Beiträge zur Erziehungswissenschaft 11, 15–31. URL: http://www.uni-salzburg.at/pls/portal/docs/1/553921.PDF.

PATRY, J.-L. 2011: Subjektive Theorien und Handeln. In: A. Gastager, J.-L. Patry, K. Gollackner (Hg.): Subjektive Theorien über das eigene Tun in sozialen Handlungsfeldern. Innsbruck: StudienVerlag, 27–41.

PATRY, J.-L. 2012: Antinomien in der Erziehung. In: C. Nerowski, T. Hascher, M. Lunkenbein, D. Sauer (Hg.): Professionalität im Umgang mit Spannungsfeldern der Pädagogik. Bad Heilbrunn: Klinkhardt, 177–187.

PATRY, J.-L. (in Druck): Rivalisierende Paradigmen in der Erziehungswissenschaft: das Beispiel Situationsspezifität. In: S. Kornmesser, G. Schurz (Hg.): Koexistierende rivalisierende Paradigmen (Arbeitstitel). Heidelberg: Springer.

PATRY, J.-L.; SCHRATTBAUER, B. 2000: Rollenkonflikte in der Bewährungshilfe. In: Neue Praxis 30: 176–187.

PIERCE, W. D.; CHENEY, C. D. $^3$2004: Behavioral Analysis and Learning. Mahwah, NJ: Erlbaum.

PIGLIUCCI, M.; MÜLLER, G. B. (eds.) 2010: Evolution: The Extended Synthesis. Cambridge, MA: MIT Press.

RENKL, A. 1996: Träges Wissen: Wenn Erlerntes nicht genutzt wird. In: Psychologische Rundschau 47: 78–92.

RICHELLE, M. 1987: Variation and Selection: The Evolutionary Analogy in Skinner's Theory. In: S. Modgil, C. Modgil (eds.): B. F. Skinner. Consensus and Controversy. New York NY: Falmer Press, 127–137.

SCHNOTZ, W.; MOLZ, M.; RINN, U. 2004: Didaktik, Instruktionsdesign und Konstruktivismus: Warum so viele Wege nicht nach Rom führen. In: U. Rinn, D. M. Meister (Hg.): Didaktik und neue Medien. Konzepte und Anwendungen in der Hochschule. Münster: Waxmann, 123–146.

SCHWETZ, H. 2000: „Parrot-Mathematik" ist eine didaktische Lösung erster Ordnung. In: M. Nedwed, G. Dinauer (Hg.): Auf dem Weg nach Europa. Graz: Pädagogische Akademie des Bundes in der Steiermark.

SKINNER, B. F. 1974: Die Funktion der Verstärkung in der Verhaltenswissenschaft. München: Kindler.

SKINNER, B. F. 1990: Can Psychology Be a Science of Mind? In: American Psychologist 45, 1206–1210.

THORNDIKE, E. 1966: Human Learning. Cambridge, MA: MIT Press.

TOLMAN, E. C. 1967: Purposive Behavior in Animals and Men. New York, NY: Appleton-Century-Crofts.

WATSON, J. B. 1913: Psychology as the Behaviorists Views It. In: Psychological Review 20, 158–177. Auch in: Psychological Review 101, 248–253.

WEINBERGER, A. 2006: Kombination von Werterziehung und Wissenserwerb. Evaluation des konstruktivistischen Unterrichtsmodells VaKE (Values and Knowledge Education) in der Sekundarstufe I. Hamburg: Kovač.

WESTMEYER, H. 1973: Kritik der psychologischen Unvernunft. Probleme der Psychologie als Wissenschaft. Stuttgart: Kohlhammer.
WEYRINGER, S. 2008: VaKE in einem internationalen Sommercampus für (hoch) begabte Jugendliche. Eine Evaluationsstudie. Salzburg: Dissertation an der Gesellschafts- und Kulturwissenschaftlichen Fakultät der Universität.
WICKLER, W. 1973: Mimikry. Nachahmung und Täuschung in der Natur. Frankfurt am Main: Fischer.
WILSON, E. O. 1975: Sociobiology. The New Synthesis. Cambridge, MA: The Belknap Press of Harvard University Press.

# Soziale Verantwortung im A4-Format?

## Eine kritische Diskussion von ISO 26000-2010: Guidance on Social Responsibility

*Gerhard Zecha*

Frage! – Was ist das Problem?

Von den Grundfragen der Philosophie, die vor 300 Jahren Immanuel Kant aufgelistet hat, verdient die Frage „Was soll ich tun?!" in unserer Zeit und unter unseren Lebensumständen kein Fragezeichen mehr, sondern ein Rufzeichen. Die allgemeine Unsicherheit im moralischen Handeln und ethischen Denken ist in fast allen Bereichen öffentlichen und privaten Lebens so außerordentlich geworden, dass wir, um die Bedeutung und Priorität dieser Frage vor allen anderen Fragen zu betonen, nur mehr ausrufen können: „Was sollen wir denn tun!"

Beispiele, die diese prekäre Situation illustrieren, gibt es viele, zu viele. In Österreich gab sich vor kurzem eine politische Partei (die ÖVP) einen Verhaltenskodex mit zwölf Grundsätzen, darunter keine Geschenkannahme, keinen Friseurbesuch der Frau Gemahlin mit dem Dienstwagen, auch nicht für die Urlaubsfahrt, und in der noblen „Jagdgesellschaft" soll der „oft sehr teure Abschuss eines Tieres" vom Politiker selbst bezahlt werden, wenn er nicht repräsentativen Aufgaben gilt (*Die Presse* vom 4.5.2012). Im Jahre 2006 hat der Akademische Senat der Universität Salzburg „Richtlinien zur Sicherung guter wissenschaftlicher Praxis" beschlossen, die eine Reihe von im akademischen Bereich selbstverständlichen Regeln aufzählen wie keine Falschangaben, Benennung aller Autoren bei wissenschaftlichen Veröffentlichungen, Vernachlässigung der Aufsichts- und Kontrollpflicht, Plagiat, Ideendiebstahl und Ähnliches [https://www.sbg.ac.at/dir/mbl/2006/mb061122-richtl-gute_wiss_praxis.pdf]. Noch nicht genug. Darüber hinaus ist die Universität Salzburg 2009 der „Europäischen Charta für Forscher" mit dem „Verhaltenskodex für die Einstellung von Forschern" beigetreten [http://ec.europa.eu/eracareers/pdf/eur_21620_de-en.pdf]. Europaweit sind über 100 Organisationen mit über 1000 Mitgliedsinstitutionen dieser Charta und dem beigeschlossenen Verhaltenskodex mit Prinzipien für 40 verschiedene Bereiche angeschlossen.

Aber welcher Forscher kennt diesen Kodex? Und wer überprüft die Einhaltung desselben? Vor allem im Bereich der Wirtschafts- und Geschäftsethik sind die Verhaltenskodizes Legion – und dennoch kennen die Experten die tieferen Gründe der praktizierten Wirtschaftsmoral, sprich: Wirtschaftskrise 2009: „Usually commerce is identified with egoistic assumptions, profit maximization, and a general lack of morality" (Werhane, Freeman 2006: 541).

Antwort? – ISO 26000-2010

Als eine beachtenswerte Antwort für Richtlinien sozialer und ethischer Verantwortung von Organisationen und Betriebe aller Art wurde „ISO 26000 – Soziale Verantwortung" entwickelt. Ich werde diese Antwort in drei Abschnitten besprechen:
1. „ISO 26000 – Soziale Verantwortung" in Kurzfassung,
2. Einschätzung der ethischen Direktiven,
3. kleine Vorschläge zur Ergänzung eines großen Verhaltenssystems.

1 „ISO 26000 – Soziale Verantwortung"

Gegenstand der Diskussion ist der *Leitfaden zur gesellschaftlichen Verantwortung*, kurz: ISO 26000.[1] ISO ist die Abkürzung für *I*nternational *O*rganisation for *S*tandardization.

Diese Organisation ist ein Netzwerk von 163 nationalen Standard setzenden Instituten; in Deutschland ist es das DIN (= Deutsches Institut für Normung). Seit ihrer Gründung im Jahr 1947 hat ISO mehr als 18 000 internationale Standards veröffentlicht. Bisher konzentrierte sich diese Organisation vor allem auf technische Bereiche. In den letzten Jahren aber stieg das Interesse an internationaler Normierung für den Dienstleistungsbereich.

Mit ISO 26000 – Social Responsibility wurde ein gänzlich neuer Bereich standardmäßig bearbeitet. Es handelt sich um den breit angelegten Versuch, gesellschaftliche Verantwortung auf eine weltweit einheitliche und inhaltlich umfassende Grundlage zu stellen. Nun liegt ein „Leitfaden für die freiwillige Übernahme von gesellschaftlicher Verantwortung" für Unternehmen und Organisationen jeder Art auf öffentlichem und privatem Sektor vor. Eine international besetzte Arbeitsgruppe von Stakeholdern (= Interessenten oder Anspruchsgruppen, von Eigentümern bis Kunden, Mitarbeitern, Gläubigern etc.) mit Experten aus 83 Ländern hat in sechs Jahren (2004–2010) diese Sammlung von Standards erarbeitet, die innerhalb der Arbeitsgruppe auf globalem Consensus beruht (http://www.iso.org/iso/social_responsibility).

Gleich zu Beginn wird betont, dass es sich bei all den Regulierungen und Empfehlungen um *freiwillige Führung* handelt, keinesfalls um betriebliche, gesellschaftliche oder gar um ethische Verpflichtungen – daher taugen die vorge-

---

[1] Im Original: ISO 26000 (2010): International Organization for Standardization: Guidance on social responsibility – Lignes directrices relatives à la responsabilité sociétale: 26000. Geneva. Vgl. dazu die ausführliche und mit Beispielen illustrierte Beschreibung von Karl-Christian Bay (Hg.): ISO 26000 in der Praxis. Der Ratgeber zum Leitfaden für soziale Verantwortung und Nachhaltigkeit. München: Oldenbourg Industrieverlag 2010.

schlagen Richtlinien auch nicht für Zertifizierungen, also nicht für Beurteilungen, Bewertungen oder Benotungen.


*Gliederung der ISO 26000–2010: Gesellschaftliche Verantwortung (GV) in 7 Kapiteln*
1. Einführung: Anwendungsbereich – alle Organisationen – global.
2. Konzepte, Begriffe und Definitionen: definiert zentrale Begriffe, zum Beispiel: „gesellschaftliche Verantwortung", „Nachhaltigkeit" und „Stakeholder":
„Gesellschaftliche Verantwortung" (GV): „Verantwortlichkeit einer Organisation für die Auswirkungen ihrer Entscheidungen und Tätigkeiten auf die Gesellschaft und Umwelt durch transparentes und ethisches Verhalten, das zur nachhaltigen Entwicklung, einschließlich Gesundheit und Gemeinwohl, beiträgt ..."
„Nachhaltige Entwicklung": „Entwicklung, die die Bedürfnisse der Gegenwart befriedigt, ohne zu riskieren, dass künftige Generationen ihre eigene Bedürfnisse nicht befriedigen können" (Bay 2010: 27).
„Anspruchsgruppe" oder „Stakeholder": „Einzelperson oder Gruppe, die ein Interesse an einer Entscheidung oder Tätigkeit einer Organisation hat".
3. Hintergründe, Trends und charakteristische Merkmale: hilft GV im globalen Kontext zu verstehen.
4. Prinzipien und Praktiken: erläutert die *Sieben Prinzipien* von GV.
5. Kernthemen gesellschaftlicher Verantwortung: beschreibt die *Sieben Kernthemen* mit dazugehörigen Handlungsfeldern.
6. Integration, Umsetzung und Förderung in der Organisation sowie im Wirkungsbereich der Organisation durch entsprechende Richtlinien und Praktiken.
7. Identifizierung und Einbindung der Anspruchsgruppen; Kommunikation von Verpflichtungen, Leistungen und weiteren relevanten Informationen.


*Sieben Prinzipien gesellschaftlicher Verantwortung*
Als *Voraussetzungen für die Praxis* gesellschaftlicher Verantwortung wurden festgelegt:
– das Unternehmen anerkennt die gesellschaftliche Verantwortung,
– das Unternehmen identifiziert die Anspruchsgruppen und bindet sie in ihren Verantwortungsbereich ein.

Prinzip 1: Rechenschaftspflicht
Das spricht die Pflicht jeglicher Organisation an, über Auswirkungen ihrer Tätigkeiten auf Gesellschaft, Wirtschaft und Umwelt Rechenschaft zu geben.

Prinzip 2: Transparenz
Nur Transparenz gibt den Stakeholdern (= Interessenten, Anspruchsgruppen) die Möglichkeit, die Auswirkungen der Organisation oder des Unternehmens zu beurteilen. Dazu gehört vor allem die Veröffentlichung klarer, vollständiger und verständlicher Informationen zu Entscheidungen, Handlungen und deren Auswirkungen des Unternehmens.

Prinzip 3: Ethisches Verhalten
Damit ist ein Handeln angesprochen, dem Aufrichtigkeit, Redlichkeit, Gleichheit, Integrität und Rechenschaft zugrunde liegen. Es umfasst neben der Sorge um die Menschen auch die Sorge um die Tiere und die Umwelt.

Prinzip 4: Achtung der Interessen der Stakeholder
Meist orientieren sich die Unternehmen an den Interessen der Eigentümer. Mit diesem Prinzip wird jedoch eingefordert, dass sämtliche Mitarbeiter, Geschäftspartner und die durch die Aktivitäten der Organisation betroffenen Gruppen miteinbezogen werden.[2]

Prinzip 5: Achtung der Rechtsstaatlichkeit
„Gesetze haben Vorrang. Kein Individuum und keine Organisation dürfen über dem Gesetz stehen" (Bay 2010: 32).

Prinzip 6: Achtung internationaler Verhaltensstandards
Dazu gehört nicht nur die genannte Achtung, sondern auch die Vermeidung von Situationen, in denen sich Organisationen durch das Fehlverhalten anderer Organisationen mitschuldig machen.[3] Eine solche Mitschuld umfasst oft das Profitieren von Verstößen anderer Organisationen gegen internationale Standards.

---

[2] Hiezu ein Beispiel konkret: Europaweit lief von Oktober 2009 bis Dezember 2010 eine Kampagne um Thema *Psychische Erkrankungen am Arbeitsplatz*. Unter dem Titel „Work. In tune with life. Move Europe" haben sich in Europa in 18 Ländern 1 987 Unternehmen beteiligt und einen *Online Mental Health Check* ausgefüllt: The European Network for Workplace Health Promotion (2011). In Österreich wurden von 180 teilnehmenden Firmen 40 Unternehmen als „models of good practice" identifiziert, davon allein in Salzburg sechs. Da die Gesundheit der MitarbeiterInnen die Unternehmenskultur trägt, zählten bei diesem Check zu den Maßnahmen für die MitarbeiterInnen unter anderem schwierige Lebensphasen (Todesfall, Scheidung usw.), Führungskräftetrainings, Supervision, umfassende Prozesse zur Stressbewältigung, langfristig angelegte Kommunikations- und Konflikttrainings, Suchtprävention für Lehrlinge und Wiedereingliederung von Alkoholkranken.
[3] Einen erschütternden Bericht über weltweit agierende Netzwerke unverschämter Profitgier geben Ziegler (2005) und Ziegler (2009).

Prinzip 7: Achtung der Menschenrechte
Unternehmen verpflichten sich, die „International Bill of Human Rights" und ihre universelle Gültigkeit anzuerkennen.

*Sieben Kernthemen gesellschaftlicher Verantwortung*
Die Organisation sollte für ihren Handlungsbereich die zutreffenden Handlungsfelder bestimmen und nach einer Rangordnung reihen.

Kernthema 1: Organisationsführung
Ist von zentraler Bedeutung, denn darunter fällt alles, was eine effektive Führung von Organisationen ermöglicht. Diese ist *Voraussetzung* zur Anwendung der genannten sieben Prinzipien auf die übrigen Kernthemen.

Kernthema 2: Menschenrechte
Hier werden angeführt: gebührende Sorgfalt; kritische Situationen bei Menschenrechten wie zum Beispiel Menschenrechtsverletzungen bei extremer politischer Instabilität, bei Naturkatastrophen, bei jeglicher Korruption, in Bezug auf Kinder, in Bezug auf Ureinwohner und so weiter; die Vermeidung von Mitschuld; Vermeidung von Diskriminierung aufgrund von Rasse, Hautfarbe, Geschlecht, Alter, Sprache, Eigentum Religion, Behinderung, Schwangerschaft und so weiter, auch Verbot von Zwangsarbeit, Ächtung von Kinderarbeit.

Kernthema 3: Arbeitsbedingungen
Darunter fallen sämtliche Bedingungen und Praktiken, die mit der Arbeit zu tun haben, auch die Schaffung von Arbeitsplätzen und Fragen der angemessenen Entlohnung: „Eine sinnvolle und produktive Arbeit ist ein zentrales Element menschlicher Entwicklung" (Bay 2010: 37).

Sozialer Schutz, sozialer Dialog sind ebenso Themen, die Regelungen oder zumindest Empfehlungen erfordern, wie Gesundheit und Sicherheit am Arbeitsplatz (wobei zum Beispiel alle Sicherheits- und Gesundheitsmaßnahmen für Arbeitnehmer – auch bei einer persönlichen Schutzausrüstung – kostenfrei sein sollten). Menschliche Entwicklung und Schulung am Arbeitsplatz sollte die Menschen in die Lage versetzen, „ein langes, gesundes, unterrichtetes, kreatives, produktives und von Selbstrespekt geprägtes Leben zu führen" (Bay 2010: 38).

Kernthema 4: Umwelt
Die vier Handlungsfelder unter diesem Titel sind:
– Vermeidung von Umweltbelastung,
– nachhaltige Ressourcennutzung,
– Klimaschutz und Anpassung an den Klimawandel,

– Schutz der Umwelt und Wiederherstellung natürlicher Lebensräume.[4]

Kernthema 5: Anständige Handlungsweisen von Organisationen
An dieser Stelle identifiziert das Regelwerk fünf große Bereiche:
– Antikorruption: „Korruption ist der Missbrauch anvertrauter Macht zum eigenen Vorteil und hat viele Gesichter: ..." (Bay 2010: 42),
– verantwortungsvolle politische Mitwirkung,
– fairer Wettbewerb,
– Förderung gesellschaftlicher Verantwortung in der Wertschöpfungskette,
– Achtung von Eigentumsrechten.

Kernthema 6: Konsumentenfragen
Dieses Thema betrifft angemessene Verhaltensweisen gegenüber Konsumenten:
– bei Marketing, Information und Vertragsgestaltung,
– Schutz von Gesundheit und Sicherheit der Konsumenten,
– nachhaltiger Konsum,
– Kundendienst, Beschwerde- und Konfliktlösung,
– Schutz und Vertraulichkeit von Kundendaten,
– Sicherung der Grundversorgung,
– Aufklärung und Bewusstseinsbildung.

Kernthema 7: Regionale Einbindung und Entwicklung des Umfeldes
– Regionale Einbindung hilft Organisationen, auf die Bedürfnisse der Gemeinschaft Rücksicht zu nehmen und ihre Handlungen darauf abzustimmen; besondere Aufmerksamkeit soll schutzbedürftigen, diskriminierten Gruppen (zum Beispiel Ureinwohnern; oder Roma in einigen Ländern Europas) geschenkt werden,

---

[4] Beispiel: Die FINDUS GROUP, London, die 70 Prozent der Umsätze mit Fisch und Meeresfrüchten erzielt. Im Jahre 2010 wurde diesem Unternehmen der Europäische Umweltpreis in der Kategorie „Preis für Management" verliehen: „... Die Findus Group entwickelt im Rahmen von ‚Fish for Life' zehn Prinzipien, die für die gesamte Wertschöpfungskette des Unternehmens sicherstellen, dass die Gewinnung der Meeresprodukte im Einklang mit dem Erhalt der ökologischen Vielfalt steht. Unter der Maßgabe „from boat to plate" reichen die Anforderungen von der Einhaltung der Artenschutzabkommen, Fangquoten über Fang- beziehungsweise Zuchtmethoden bis hin zur Meeresforschung und stellen sicher, dass die Herkunft der Produkte für den Verbraucher transparent und nachvollziehbar ist. Die Findus Group bekennt sich in diesem Zusammenhang auch zum International Standard for Social Accountability (SA 8000), der die Verantwortung für die Umsetzung und Kontrolle sozialer Mindeststandards in produzierenden Unternehmen umfasst. Findus arbeitet nur mit Lieferanten, die diese Anforderungen erfüllen" (Bay 2010: 40). – SA 8000 ist ein internationaler Standard der Regulierung von Arbeitsbedingungen zum Schutz von Arbeitnehmern; Unternehmen, die die Kriterien dieses Standards erfüllen, können entsprechend zertifiziert werden.

*Soziale Verantwortung im A4-Format?* 43

- Bildung und Kultur: ISO 26000 – Soziale Verantwortung empfiehlt, Bildung auf allen Ebenen auszubauen,
- Schaffung von Arbeitsplätzen und Entwicklung von Fertigkeiten,
- Technologien entwickeln,
- Wohlstand und Einkommen schaffen,
- Gesundheit,
- Investitionen zugunsten des Gemeinwohls.

Soweit eine schlagwortartige Skizze der Grundidee und der wichtigsten Inhalte eines Katalogs von ethischen Standards für Unternehmen und Organisationen weltweit heute. Der Schwerpunkt liegt eindeutig bei *Empfehlungen* von Wert- und Verhaltensmustern, die individuelle Ratschläge oder Moralprinzipien nicht ausschließen, sondern bekräftigen.

2 Einschätzung der ethischen Inhalte von ISO 26000 – Soziale Verantwortung

*2.1 Einschätzung aus der Sicht des Netzwerkes Soziale Verantwortung Wien*
Kurz nach der Veröffentlichung von ISO 26000 wurden kritische Kommentare laut, die – gebündelt vom *Netzwerk Soziale Verantwortung Wien*[5] – folgendermaßen zusammengefasst werden können:

Das Anliegen, die Grundidee und die Ausführung der ISO-26000-Direktiven werden positiv eingeschätzt, allerdings nur als ein *erster Schritt in die richtige Richtung* gewertet. Erstmals liege eine globale Definition gesellschaftlicher Verantwortung vor, die alle relevanten Themenbereiche und grundlegenden Konzepte beschreibt. Ein Fundament sei damit gelegt, aber zahlreiche Wünsche seien offen geblieben. Als wesentliche Kritikpunkte gelten:
- Das Dokument sei nicht zertifizierbar und enthielte keine normativen Anforderungen, lediglich Empfehlungen; eine Überprüfung der Einhaltung vorgeschlagener Normen durch überregionale Gremien sei also nicht vorgesehen;
- es handele sich um eine Auflistung von wohlklingenden Optionen, die klare und bestimmte Empfehlungen nicht ohne weiteres erkennen ließen;
- in weiten Bereichen sind die Stichworte schwammig, nebulos und sehr dehnbar; daher seien die Empfehlungen vielfältig interpretierbar oder lassen wesentliche Fragen offen;
- das *ethische* Anforderungsniveau von ISO 26000–2010 sei aus österreichischer Sicht als „sehr niedrig" einzustufen. So fehlten Minimalanforderungen, so dass ISO 26000 mit etlichen Empfehlungen *unter dem Niveau* der in Österreich oder Europa geltenden Gesetze liege;

---

[5] Angerler (2011) vom Netzwerk Soziale Verantwortung: „ISO 26000 ‚Guidance on Social responsibility' – NeSoVe mit Pressestatement und Bewertung von ISO 26000–2010.

- die notwendigen Rahmenbedingungen für sozial verantwortliches Handeln sollten als „Codes of Conduct" in Zusammenarbeit mit relevanten Interessengruppen (stakeholdern) ausgearbeitet werden;
- wichtig wären vor allem „Social Reports" durch unabhängige Dritte, die die anvisierte Zielerreichung überprüfen sollten.

*2.2 Einschätzung aus philosophischer Sicht – begriffliche Vorklärungen von „Ethik", „Moral", „Norm"*

Zur begrifflichen Klärung von „Ethik", „Moral", „Norm" ist festzuhalten: Ethik ist die Philosophie der Moral, das Denken über Moral. Das Wort „Moral" kann eine Bezeichnung sein für die gewünschte, geplante oder vorgestellte Sammlung von Verhaltensregeln (= ethischen Normen) sich selbst, anderen Menschen, der Natur und der gesamten Umwelt gegenüber und/oder die tatsächlich gelebte, praktizierte Ausführung oder Anwendung – bewusst oder unbewusst – von ethischen Normen.

Normen oder Verhaltensregeln sind Soll-Sätze, die Gebote, Verbote oder Erlaubnisse ausdrücken. Das heißt, dass auch normative Vorstellungen als *vollständige und korrekt gebildete Sätze* ausgedrückt und dargestellt werden müssen. Eine bloße Ansammlung von Stichworten ist weder Norm noch Verhaltensregel, kann also nicht dazu dienen, den Gehalt von „gesellschaftlicher Verantwortung" zu beschreiben. Die „Sieben Prinzipien gesellschaftlicher Verantwortung" nach ISO 26000 stellen daher keine verständliche Botschaft dar, denn es handelt sich lediglich um die Auflistung von sieben komplexen Vorstellungen wie „Rechenschaftspflicht" (P1), „Transparenz" (P2) oder „Ethisches Verhalten" (P3) und so weiter. Mit jedem dieser Kennmarken wird eine Liste weiterer abstrakter Begriffe verbunden, die aber weder informativ noch anwendbar noch überprüfbar sind. So werden etwa im Zusammenhang mit „ethisches Verhalten" (P3) „Aufrichtigkeit", „Redlichkeit", „Gleichheit", „Rechenschaft" usw. genannt, die selbst weder analysiert noch erklärt noch an Beispielen illustriert werden. „Rechenschaft" selbst fällt ohnehin auch unter P2, also gibt es doppelte Nennungen, Überschneidungen und auch Missverständnisse, die für einen Verhaltenskodex kontraproduktiv sind. Dass solche Gebilde als *Normierung gesellschaftlicher Verantwortung* kaum nützlich sind, sollte einleuchten.

*2.3 Gesellschaftliche oder soziale Verantwortung*

Des Weiteren kommt hinzu, dass der Begriff „gesellschaftliche Verantwortung" nicht definiert wird. Die genannten Stichworte (Prinzipien 1 bis 7) sollen nur als Markierungen dienen. Es ist jedoch der Zweck dieser Sammlung von Standards, dass jeder Leser, Benützer oder auch Anwender der vorgeschlagenen

ISO-26000-Normen erkennen sollte, was womit und in welchem Sinn gemeint ist. Der Verantwortungsbegriff sollte mindestens drei Bezugdaten nennen:[6]

a) *Wer* ist verantwortlich? Der Handelnde (eine zurechnungsfähige sowie handlungs- und wertungskompetente Person) oder eine Organisation (ein Unternehmen, ein Kollektiv) müssen angesprochen werden.

b) *Wofür* ist der Handelnde verantwortlich? Der Handlungsgegenstand und auch der Handlungsbereich müssen klar erkennbar sein.

c) *Vor wem* ist der Handelnde verantwortlich? Welcher Instanz hat die Organisation oder das Unternehmen Rechenschaft abzulegen? Auch das sollte verdeutlicht werden, selbst wenn ISO 26000 nur Empfehlungs- oder Motivationscharakter hat. Die Möglichkeit einer Überprüfung oder Kontrolle von gesellschaftlicher Verantwortung sollte aber zumindest klar ausgesprochen werden.

Um diese Dreigliederung des Begriffes „gesellschaftliche Verantwortung" zu verdeutlichen, sollte jedes der genannten sieben Prinzipien entsprechend analysiert werden. Das würde im Rahmen dieses Aufsatzes zu weit führen, jedoch kann am Beispiel von Prinzip 3 „Ethisches Verhalten" gezeigt werden, dass zu einem hinreichenden, anwendbaren und überprüfbaren Verständnis dieses Prinzips ohne Nennung der drei Bezugspunkte Wesentliches fehlt.

## 2.4 „Ethisches Verhalten" als eines der Sieben Grundprinzipien gesellschaftlicher Verantwortung

Im Einzelnen wird dazu folgende Information geliefert: „Prinzip 3: ‚Ethisches Verhalten'. ‚Ethisches Verhalten' zielt auf ein Handeln ab, dem Aufrichtigkeit, Redlichkeit, Gleichheit, Integrität und Rechtschaffenheit zugrundeliegen. Es umfasst neben der Sorge um den Menschen auch die Sorge um die Tiere und die Umwelt.

Die Verwirklichung dieses Prinzips setzt die Identifikation und Kommunikation von Werten voraus. Dazu sind Rahmenbedingungen, die die Einhaltung dieser Werte fördern, und Maßnahmen zur Überwachung ihrer Einhaltung, aber auch Strukturen, die bei Interessenskonflikten vermitteln, notwendig" (Bay 2010: 32).

Das Subjekt moralischer Verantwortung
*Wer* soll sich bei diesem ethischen Verhalten in seinem Handeln auf die genannten Tugenden konzentrieren? Sind es die Unternehmen oder Mitglieder des Vorstandes, sind es die Stakeholder, damit auch alle Mitarbeiter auf jeder Stufe einer Organisation, und damit auch die Außenstehenden beziehungsweise Klienten der

---

[6] Vgl. Neumaier (2008), vor allem das Kapitel „3. Moralische Verantwortung", 173–240.

Organisation, die als Kunden sich kaum das ethische Verhalten von einem internationalen Normenkodex vorschreiben lassen wollen.

Von einem Handelnden wird erwartet, dass er moralisch zurechnungsfähig ist, sich auch der moralischen Verantwortung bewusst ist und danach handelt. Wie das bei Organisationen, Vorständen von Unternehmen und Kollektiven überprüfbar erreicht werden soll, wird in der Fachliteratur diskutiert[7], ist aber in ISO 26000 ungeklärt.

Der Bereich moralischer Verantwortung
*Wofür* sollen die Adressaten der Normensammlung, also die Handelnden, verantwortlich sein? Aus dem oben zitierten Text geht nur hervor, dass „ethisches Verhalten" aufrichtige, redliche, rechtschaffene und so weiter Handelnde anspricht. Ferner umfasst der Begriff die Sorge um Menschen, Tiere und Umwelt. Wie ist das aber von wem zu deuten, zu verstehen, zu realisieren? In welchem Ausmaß? Zu welchem Zeitpunkt? Fällt auch Handeln im privaten Bereich unter „ethisches Verhalten" oder sind die genannten Sorgen nur auf die Arbeitsstunden in der Organisation oder im Betrieb bezogen? Wiederum fällt auf, dass die für Normen angebrachte Soll-Formulierung fehlt. Geht es nur um die schlagwortartige Erläuterung des Begriffes „ethisches Verhalten" oder ist gedacht, dass die angesprochenen Handelnden ein moralisch verantwortungsvolles Handeln sich aneignen und konsequent realisieren *sollen*? Wesentliche Spezifizierungen der genannten Begriffe fehlen, daher bleibt auch die angedachte ethische Botschaft offen.


Die Instanz moralischer Verantwortung
*Vor wem* soll das genannte ethische Verhalten gezeigt und ausgeführt werden – wem gegenüber ist der Handelnde für sein Handeln verantwortlich? Darüber wird in der Normensammlung ISO 26000 kein Wort verloren. Es ist aber offensichtlich, dass in jeder Organisation, in jedem Unternehmen mehrere Verantwortungsinstanzen existieren, ganz nach der Struktur oder Hierarchie eines Betriebes. Jeder Handelnde ist einer Instanz, also dem Vorgesetzten verantwortlich, freilich darüber hinaus auch sich selbst, dem eigenen *forum internum*, also dem Gewissen. Die entscheidende Frage für die Gesamtverantwortung, die ein Vorstandsvorsitzender, ein Direktor, ein Inhaber oder Chef eines Unternehmens hat – vor wem ist diese darzulegen? Natürlich sind die Gesetze des betreffenden Landes oder bei internationalen Organisationen die Gesetze aller betroffenen Staaten zu berücksichtigen, darüber hinaus sicher auch die grundlegenden Abkommen über die Menschenrechte. Aber wer beziehungsweise welche Ins-

---

[7] Kann eine Organisation als Kollektiv zurechnungsfähig sein und so auch moralische Verantwortung übernehmen? Siehe dazu Neumaier 2008: 176 ff.

titution könnte als Beurteilungs- oder Kontrollinstanz der sozialen Verantwortung gelten, eine Institution, die Betriebe in all diesen Fragen und Vorhaben berät, leitet, unterstützt und zur Seite steht? Es müsste neben dem Normenkatalog ISO 26000 auch ein Beratungs- oder Leitungsteam von ethischen Experten ins Leben gerufen werden, das den Organisationen und Unternehmen als *International Commission of Corporate Social Responsibility* zur Verfügung steht. Ohne ein Steuerungs-, Beratungs- und Kontrollgremium dieser Art droht ISO 26000 im Sande zu verlaufen.

3 Kleine Vorschläge zur Ergänzung eines großen Verhaltenssystems

Auch ein vorgeschlagenes Kontrollinstrument wie etwa eine *International Commission of Corporate Social Responsibility* braucht eine ethisch-soziale Grundlage zur Beratung und Beurteilung moralischer Verantwortung von wirtschaftlichen, politischen und sozialen Organisationen: Welcher Normenkodex sollte das sein? Wie bereits angemerkt, müssten die genannten Sieben Prinzipien viel genauer ausgearbeitet und anwendungsorientiert bestimmt werden. Da es aber in erster Linie um die subjektive Verantwortung in Organisationen und Unternehmen geht, würde das uralte, in allen Weltkulturen bekannte und verbreitete *Grundprinzip der Goldenen Regel* als Handlungsprinzip eine Grundlage schaffen: „Was ihr von anderen erwartet, das tut ebenso auch ihnen" (Bibel: Lukas 6:31, Matthäus 7:12). Natürlich gibt es diesbezüglich mehrere Deutungen, auch Missdeutungen, die ich an anderer Stelle diskutiert habe (vgl. Zecha 2011). Der Grundgedanke ist jedoch die Reziprozität, das heißt, die Fähigkeit und Bereitschaft, sich in die Lage der anderen Person oder Organisation zu versetzen und diese Denklinie mit den angesprochenen Werten der ISO 26000 zu ergänzen.

Aus den genannten Gründen ergibt sich, dass eine bloße Auflistung von Verhaltensbegriffen, auch wenn sie geordnet und lediglich mit Empfehlungscharakter versehen ist, *kein System sozialer Ethik* darstellt. In der philosophischen Ethik wird immer nach einer Begründung der vorgelegten ethischen Prinzipien gefragt und darzustellen versucht – das verlangt die Rationalität ethischer Forderungen aus philosophischem Blickwinkel. Die Normen sollten in einem systematischen Zusammenhang geordnet sein, ausgehend von einem bestimmten, möglichst klar umschriebenen Menschenbild („Erkenne dich selbst!", Wollgast 2010). Darüber hinaus sollen die Grundsätze an den Gegebenheiten der Wirklichkeit überprüft, also mit bekannten Tatsachen aus dem Organisationswesen unter dem Aspekt menschenwürdigen Arbeitens konfrontiert werden.[8]

All das ist in ISO 26000–2010 nicht der Fall; es wird kein „Menschenbild" vorgestellt, also etwa eine Charakterisierung des Menschen als eine Antwort

---

[8] Vgl. Böhler (2009), wo nicht nur die Menschenwürde in Bezug auf das Arbeiten, sondern auch mit Blickrichtung Arbeitslosigkeit thematisiert wird.

auf die Frage „Was ist der Mensch?". Daher bleiben grundlegende Aspekte im Dunkeln. Der Verweis auf Menschenrechte oder auf staatliche Gesetze ist zwar wichtig, ersetzt aber keineswegs eine rationale Begründung mit Rückbezug auf anthropologische Grundlagen.[9] Schließlich ist die unabhängige Überprüfung sowohl der vorgeschlagenen Normen als auch der tatsächlich erreichten Ziele in der Gesellschaft und ihren Organisationen/Unternehmen im Standardkatalog nicht vorgesehen. So ist die Feststellung zutreffend, dass ISO 26000 trotz viel versprechenden Programms und informativen Inhalts nicht die nötigen oder erwarteten ethischen Herausforderungen der *e-society* erfüllt. Es bleibt zu hoffen, dass über die Anwendung der ISO-Standards für gesellschaftliche Verantwortung hinaus eine philosophische Auseinandersetzung mit Begründung erarbeitet wird, die über den bisher vorgesehenen Empfehlungscharakter zu verpflichtenden Normen führen.

## Bibliographie

ANGERLER, E. 2011: Netzwerk Soziale Verantwortung: Positionen zur ISO 26000. URL: http://www.netzwerksozialeverantwortung.at/pages/posts/nesove-positionen-zur-iso-26000-11.php?searchresult=1&sstring=angerler.

BAY, K.-C. (Hg.) 2010: ISO 26000 in der Praxis. Der Ratgeber zum Leitfaden für soziale Verantwortung und Nachhaltigkeit. Darstellung, Diskussion und Analyse – Vergleiche zu bestehenden Regelungen – Umsetzungshinweise und Beispiele. München.

BIBEL: Die Bibel in der Einheitsübersetzung: URL: https://www.bibelwerk.de/shop/erweiterte_suche/einheitsuebersetzung.

BÖHLER, Th. et al. (Hg.) 2009: Menschenwürdiges Arbeiten. Wiesbaden.

ISO 26000–2010: International Organization for Standardization: Guidance on Social Responsibility. URL: http://www.iso.org/iso/social_responsibility. Genf.

PINKER, St. 2003: Das unbeschriebene Blatt. Die moderne Leugnung der menschlichen Natur. Berlin.

RHONHEIMER, M. (Hg.) 1989: Ethos und Menschenbild. Zur Überwindung der Krise der Moral. St. Ottilien.

SA 8000: Social Accountability, International Standard: URL: http://de.wikipedia.org/wiki/SA8000.

THE EUROPEAN NETWORK for Workplace Health Promotion (Hrsg.) 2011: Work. In Tune with Life. Move Europe. URL: http://www.enwhp.org/the-enwhp.html.

---

[9] Vgl. dazu die Studie von Pinker (2003); einen Beitrag aus christlicher Sicht hat Rhonheimer (1989) vorgelegt.

Wollgast, S. 2010: Erkenne dich selbst! Zum Wesen und Wert von Denken in Aufklärung und Romantik. In: H.-J. Petsche (Hg.): Topoi der Rationalität – Medialität – Kulturalität. Berlin, 41–61.

Zecha, G. 2011: The Golden Rule and Sustainable Development. In: Problems of Sustainable Development, vol. 6, n. 1: 47–58.

Ziegler, J. 2005: Das Imperium der Schande. Der Kampf gegen Armut und Unterdrückung. München.

Ziegler, J. 2009: Der Hass auf den Westen. Wie sich die armen Völker gegen den wirtschaftlichen Weltkrieg wehren. München.

# Zwischen Fragwürdigkeit und Verantwortung

## Zur Herausforderung theologischen Denkens

*Franz Gmainer-Pranzl*

Die Formulierung „Fragen! Antworten?" stellt einen treffenden und originellen Tagungstitel dar, weil sie durch die unerwartete Vertauschung des Ruf- und Fragezeichens irritiert. Die Präsentation des Fragens als Imperativ sowie des Antwortens als Frage bringt die geltende Plausibilität, was Kommunikation und Information betrifft, durcheinander: Das Fragen, üblicherweise Ausdruck eines Defizits („Ich frage, weil ich etwas brauche ..."), erscheint als Befehl; das Antworten hingegen, das mit Kompetenz und Kreativität verbunden wird („Darauf gebe ich folgende Antwort ..."), wird in Frage gestellt. Versteht man diese Formulierung bloß als Wortspiel, das durch die ungewohnte Verwendung von Satzzeichen Aufmerksamkeit wecken soll, trifft man die eigentliche Pointe nicht. Die Sicherheit des Fragens und die Fraglichkeit des Antwortens, die hier zum Ausdruck kommen, sprengen eine Hermeneutik, die den Zusammenhang von Offenheit und Klarheit, Kontingenz und Identität, Anomalie und Ordnung regelt; wer „nicht sicher" ist, stellt *Fragen*, um „eindeutige" *Antworten* zu erhalten. Doch hier ist die geltende Zuordnung „verrückt": Es gilt, die vermeintliche Sicherheit der *Antworten*, wie sie in kulturellen, gesellschaftlichen und wissenschaftlichen Zusammenhängen gegeben werden, in *Frage* stellen zu lassen.

Dass die durch den Titel „Fragen! Antworten?" initiierte Infragestellung nicht nur als Floskel oder als dekorative Überschrift für philosophische Texte gemeint ist, verdeutlicht die Explikation des Vollzugs von „Antworten", wie sie Bernhard Waldenfels in seiner Phänomenologie des Fremden entwirft. In seinem Werk *Antwortregister* unterscheidet Waldenfels zwischen *„answer"* (einer Antwort, die *etwas* beantwortet) und *„response"* (einer Antwort *auf etwas*).[1] Im ersten Fall ergänzt die Antwort Wissenslücken, im zweiten Fall reagiert die Antwort auf eine Herausforderung. Die Differenz zwischen den beiden englischen Begriffen zeigt an, dass Antworten nicht bloß die Löcher stopft, die gewisse Fragen aufreißen, sondern dass es um eine fundamentale, dem Menschen eigene Bewegung geht: „Antworten wäre dann *jedes Eingehen auf einen Anspruch, der sich in einer sprachlichen Äußerung kundtut.*"[2] Damit ist jenes Moment benannt, das Antworten bewirkt: es ist der Anspruch als „genau das in der Frage, *wor-*

---

[1] Vgl. Bernhard WALDENFELS: Antwortregister. Frankfurt 1994, 65.
[2] Ebd. 321.

*auf* die Antwort antwortet".³ *Antworten* stellt somit nicht einen autonomen, thetischen Akt dar, sondern die *Response* auf ein *Pathos*, wie dies Waldenfels in späteren Werken nennt: das je schon „zu spät" kommende Sich-Verhalten zu einem prinzipiell „zuvorkommenden" Anspruch, einem fremden Anspruch: „Auf einen fremden Anspruch antworten heißt, auf etwas eingehen, das uns überkommt und zuvorkommt, das *als Anspruch* nicht zur freien Wahl steht."⁴ Dieses antwortende Verhalten, das den mich betreffenden, fragenden, herausfordernden Anspruch niemals einzuholen vermag,⁵ erweist sich entsprechend der Phänomenologie des Fremden nicht als Defizit, sondern als Grundzug des Lebens und Denkens: als Fähigkeit, sich gegenüber Ansprüchen antwortend zu verhalten: „Responsivität steht für eine ‚Antwortlichkeit', die der Verantwortung für das, wir tun und sagen, unwiderruflich vorauseilt."⁶

Dieser kurze Einblick in die Dynamik von Anspruch und Antwort, wie sie Bernhard Waldenfels aufweist, lässt die paradoxe Formulierung „Fragen! Antworten?" in neuem Licht erscheinen. Das Fragezeichen hinter dem „Antworten" muss nicht mehr als willkürliche Delegitimation angesehen werden, sondern als Index der responsiven Differenz: es zeigt die Unzulänglichkeit jeder Antwort und die Uneinholbarkeit jedes zu beantwortenden Anspruchs an. Und das Rufzeichen hinter dem „Fragen" meint nicht einfach die Inszenierung und Übersteigerung von Fragen, sondern das Beanspruchende, Zuvorkommende und Herausfordernde des Fragens, das zu Antworten nötigt: Als „Pathos" ist es „das *Worauf* eines Getroffen- oder Affiziertseins, das sich in das *Worauf* eines Antwortens verwandelt"⁷.

Die Theologie ist eine Wissenschaft, die dieses „Doppelereignis von Pathos und Response"⁸ nicht nur ständig erfährt, sondern selbst vollzieht. Die Fähigkeit, auf Ansprüche zu antworten, auf Infragestellungen positiv und kreativ zu reagieren, ist theologischem Denken gewissermaßen ins Stammbuch geschrieben: Die Geschichte der Theologie ist eine Geschichte von Antworten auf Fragen, ja auf ihre grundsätzliche Infragestellung. Doch nicht nur das: die Theologie versteht sich nicht nur als antwortende Wissenschaft angesichts einer Vielzahl von An-

---

³ Ebd. 241.
⁴ Ebd. 614.
⁵ Waldenfels bezeichnet diese Unmöglichkeit als „responsive Differenz", die zum Ausdruck bringt, dass wir „zwischen dem, *was geantwortet* wird: der Antwort (answer), dem, *was beantwortet* wird: der Frage (question) und dem, *worauf* wir im Antwortgeben (response) *antworten:* dem Anspruch (appeal/pretension)" (ebd. 242) zu unterscheiden haben.
⁶ Bernhard WALDENFELS: Grundmotive einer Phänomenologie des Fremden. Frankfurt 2006, 57.
⁷ Bernhard WALDENFELS: Sinne und Künste im Wechselspiel. Modi ästhetischer Erfahrung. Berlin 2010, 113 (stw 1973).
⁸ Ebd. 111. – Waldenfels spricht in diesem Zusammenhang von einem „Zweitakt" (ebd. 22).

fragen, wie sie im Lauf der Jahrhunderte gestellt wurden, sondern sie nimmt sich *grundsätzlich* als Responsion wahr: als Verantwortung des Anspruchs des christlichen Glaubens, den sie nicht als Extrapolation menschlicher Identität, sondern als zuvorkommendes Widerfahrnis begreift. Von daher kommt Theologie der Charakter des Responsiven zu. Genau dieses Merkmal ist allerdings strittig, weil das *Wovon* theologischer Verantwortung in Frage gestellt wird: das beanspruchende *Woher* des Glaubens, das in der traditionellen Terminologie als „Offenbarung" bezeichnet wird. Theologie ist Verantwortung des Anspruchs des christlichen Glaubens angesichts seiner Infragestellung – diese Position versuche ich in den folgenden Überlegungen zu entfalten, indem ich (1) Grundzüge der neuzeitlichen Infragestellung theologischen Denkens benenne, (2) Ansätze zu Antworten beziehungsweise zur Verantwortlichkeit der Theologie aufzeige und (3) schließlich die Dynamik von Fragen und Antworten als „Code" einer öffentlich wahrnehmbaren Theologie herausstelle.

1. „Fragen!" – Infragestellung der Theologie

Die europäische Aufklärung, die auch eine prononcierte Form der Religionskritik mit sich brachte, bedeutete eine fundamentale Infragestellung der christlichen Theologie, die seit Jahrhunderten an Universitäten sowie an anderen Bildungseinrichtungen gelehrt worden war. Die Forderung, das Denken aus Bevormundungs- und Autoritätsverhältnissen zu befreien, den Menschen in den Mittelpunkt zu stellen, das Kriterium sittlichen Handelns zu betonen, die bloße Anhänglichkeit an die Tradition in Frage zu stellen und schlussendlich die Autonomie der Vernunft zu etablieren,[9] ist allerdings nicht mit atheistischen Positionen gleichzusetzen. Entscheidend für den Hauptstrom aufklärerischen Denkens war nicht die Abschaffung von Religion, auch nicht die Beseitigung des Christentums als einer ethischen und kulturellen Tradition, sondern die Kritik des christlichen Offenbarungsanspruchs. Jesus als *den* Christus, *das* Wort Gottes für die Menschen zur Geltung zu bringen, wurde zum Skandalon des Denkens, wie sich das beispielhaft in der Kritik Kants zeigte. In seiner Schrift *Die Religion innerhalb der Grenzen der bloßen Vernunft* von 1793 hält er einleitend fest: „[...] eine Religion, die der Vernunft unbedenklich den Krieg ankündigt, wird es auf die Dauer gegen sie nicht aushalten."[10] Im dritten Stück seiner Abhandlung unterscheidet Kant zwischen „statutarischen" und „rein moralischen" Gesetzen

---

[9] Vgl. Max SECKLER, Michael KESSLER: Die Kritik der Offenbarung. In: Walter Kern, Hermann J. Pottmeyer, Max Seckler (Hg.): Handbuch der Fundamentaltheologie, Band 2: Traktat Offenbarung. Tübingen, Basel ²2000, 13–39, bes. 14–18 (UTB 8171).
[10] Immanuel KANT: Die Religion innerhalb der Grenzen der bloßen Vernunft. In: Wilhelm Weischedel (Hg.): Immanuel Kant. Werke in zehn Bänden, Band 7: Schriften zur Ethik und Religionsphilosophie. Zweiter Teil. Darmstadt ⁵1983, 645–879, hier: 657 (BA XVIII–XIX, Vorrede zur ersten Auflage).

der Kirche[11] und stellt mit Blick auf die ersteren fest, dass „die Kenntnis derselben nicht durch unsere eigene bloße Vernunft, sondern nur durch Offenbarung möglich"[12] sei. Dieser doktrinale „Kirchenglaube" stehe in klarem Gegensatz zu einer „moralischen" und „vernünftigen" Religion. Im vierten Stück spitzt Kant seine Kritik zu und unterscheidet zwischen einer „geoffenbarten" und einer „natürlichen" Religion.[13] Soll die „Gelehrsamkeit" nicht, wie dies Kant ausdrückt, den „Nachtrab" hinter der geoffenbarten Glaubenslehre bilden, „so muss die allgemeine Menschenvernunft in einer natürlichen Religion in der christlichen Glaubenslehre für das oberste gebietende Prinzip anerkannt und geehrt, die Offenbarungslehre aber, worauf eine Kirche gegründet wird, und die der Gelehrten als Ausleger und Aufbewahrer bedarf, als bloßes aber höchst schätzbares Mittel, um der ersteren Fasslichkeit, selbst für die Unwissenden, Ausbreitung und Beharrlichkeit zu geben, geliebt und kultiviert werden"[14].

Diese wenigen Hinweise aus Kants Religionsschrift, die zahlreiche Parallelen in seinen Werken finden,[15] stehen für ein wichtiges Motiv, das sich von der Offenbarungskritik der Aufklärung bis in die unmittelbare Gegenwart durchhält: Die Religion im Allgemeinen und das Christentum im Speziellen kann nur das als Anspruch vertreten, was als „allgemein vernünftig" anerkannt und

---

[11] Ebd. 763 f. (A 139).
[12] Ebd. 764 (A 139).
[13] Vgl. die Terminologie Kants: „Religion ist (subjektiv betrachtet) das Erkenntnis aller unserer Pflichten als göttlicher Gebote. Diejenige, in welcher ich vorher wissen muss, dass etwas ein göttliches Gebot sei, um es als meine Pflicht anzuerkennen, ist die geoffenbarte (oder einer Offenbarung benötigte) Religion: dagegen diejenige, in der ich zuvor wissen muss, dass etwas Pflicht sei, ehe ich es für ein göttliches Gebot anerkennen kann, ist die natürliche Religion. – Der, welcher bloß die natürliche Religion für moralisch notwendig, d. i. für Pflicht erklärt, kann auch der Rationalist (in Glaubenssachen) genannt werden. Wenn dieser die Wirklichkeit aller übernatürlichen göttlichen Offenbarung verneint, so heißt er Naturalist; lässt er nun diese zwar zu, behauptet aber, dass sie zu kennen und für wirklich anzunehmen zur Religion nicht notwendig erfordert wird, so würde er ein reiner Rationalist genannt werden können; hält er aber den Glauben an dieselbe zur allgemeinen Religion für notwendig, so würde er der reine Supernaturalist in Glaubenssachen heißen können [...]" (ebd. 822 f. [A 215–218]).
[14] Ebd. 835 (A 236).
[15] Vgl. vor allem Kants Beitrag *Der Streit der Facultäten* (1798), in: Weischedel (Anm. 10), Band 9: Schriften zur Anthropologie, Geschichtsphilosophie, Politik und Pädagogik. Erster Teil, Darmstadt ⁵1983, 261–393. – „Der biblische Theolog ist eigentlich der Schriftgelehrte für den Kirchenglauben, der auf Statuten, d. i. auf Gesetzen beruht, die aus der Willkür eines anderen ausfließen, dagegen ist der rationale der Vernunftgelehrte für den Religionsglauben, folglich denjenigen, der auf innern Gesetzen beruht, die sich aus jedes Menschen eigener Vernunft entwickeln lassen" (ebd. 300 [A 44]).

kommuniziert werden kann.[16] Kritikwürdig ist nicht Religion als solche, sondern der von einer bestimmten religiösen Tradition erhobene Anspruch, Empfängerin *der* Wahrheit und Heilsmitteilung Gottes für die Menschen zu sein. Genau darin liegt die Pointe der viel zitierten „Ringparabel" in Gotthold Ephraim Lesssings *Nathan der Weise* (1779): Der „echte" Ring – das heißt: die „wahre" Religion, die sich als Trägerin *des* authentischen, exklusiv gültigen Offenbarungsanspruchs auszeichnet – ist nicht (mehr) erkennbar. Es gibt mehrere ununterscheidbare Ringe, aber nicht (mehr) „*das* Original". Dem Künstler, so lässt Lessing Nathan erzählen, sei das Werk gelungen, für den Vater der drei Söhne drei vollkommen gleiche Ringe herzustellen: „Da er ihm die Ringe bringt, kann selbst der Vater seinen Musterring nicht unterscheiden."[17] Ein Streit um die „originale Religion", die einen Anspruch auf „wahre Offenbarung" erheben könnte, erscheint sinnlos: „Man untersucht, man zankt, man klagt. Umsonst; der rechte Ring war nicht erweislich; fast so unerweislich als uns itzt – der rechte Glaube."[18]

Ähnlich argumentiert Johann Gottlieb Fichte einige Jahre nach Lessings Stück in seinem *Versuch einer Kritik aller Offenbarung* (1792); wie Kant unterscheidet er zwischen „natürlicher" und „geoffenbarter" Religion, insofern Gott „entweder **in uns**, als moralischen Wesen, in unsrer vernünftigen Natur, oder **außer derselben**"[19] erkannt werden kann. Eine Religion, die sich auf das zweite Prinzip, also auf die „Sinnenwelt" gründet, „nennen wir, da sie durch ein geheimnisvolles übernatürliches Mittel zu uns gelangen soll, das ganz eigentlich zu dieser Absicht bestimmt ist, **geoffenbarte Religion**"[20]. Fichtes Überlegungen unternehmen den Aufweis, dass der Begriff Offenbarung „**vernunftmäßig** nur *a priori* möglich sei, und dass er also die Gesetze des Prinzips, durch welches er möglich sei, anerkennen müsse"[21]. Neben dem Kriterium der Vernunft ist es schließlich das „Prinzip der Moral", das als allgemeines Kriterium der „Göttlichkeit einer Religion" dient.[22]

---

[16] „Die wahre alleinige Religion enthält nichts als Gesetze, d. i. solche praktische Prinzipien, deren unbedingter Notwendigkeit wir uns bewusst werden können, die wir also, als durch reine Vernunft (nicht empirisch) offenbart, anerkennen" (KANT: Die Religion [Anm. 10], 838 [A 240]). – Zur Zugangsweise Kants vgl. Otfried HÖFFE: Einführung in Kants Religionsschrift. In: ders. (Hg.): Immanuel Kant. Die Religion innerhalb der Grenzen der bloßen Vernunft. Berlin 2011, 1–28 (Klassiker auslegen, Band 41).

[17] Gotthold Ephraim LESSING: Nathan der Weise. Ein dramatisches Gedicht in fünf Aufzügen. Stuttgart 1991, 72 (Reclam: Universal-Bibliothek Nr. 3 [2]) (3. Aufzug, 7. Auftritt).

[18] Ebd. 73.

[19] Johann Gottlieb FICHTE: Versuch einer Kritik aller Offenbarung (1792). Hamburg 1983, 28 (§ 3) (Philosophische Bibliothek 354).

[20] Ebd. 31 (§ 3).

[21] Ebd. 35 (§ 4).

[22] „Nur diejenige Offenbarung, welche ein **Prinzip der Moral, welches mit dem Prinzip der praktischen Vernunft übereinkommt**, und lau-

In deutlichem Kontrast zur atheistischen Bestreitung der Religion als solcher, wie sie spätestens mit Ludwig Feuerbachs *Das Wesen des Christentums* (1841) einsetzte,[23] erfolgte durch die Philosophie der Aufklärung eine „prinzipielle Infragestellung der Offenbarungs*kategorie*"[24]. Die christliche Theologie sah sich der Kritik ausgesetzt, *eine* Tradition religiöser Erfahrung als „exklusiv wahr" und „universal gültig" zu behaupten, anstatt Religion als vernünftige und moralische Lebensform zu begreifen, die allen Menschen möglich sei. „Offenbarung" bezeichne nicht einen Anspruch, den die Theologie verantworte, sondern sei als Chiffre für die Möglichkeit eines guten Lebens zu verstehen, auf das hin sich Menschen entwickeln können. Was *theologisch* als „Widerfahrnis" göttlicher Selbstmitteilung behauptet werde, sei *anthropologisch* als „Ausdruck" personaler Selbstverwirklichung zu verstehen; „aufgeklärte Religion" (und Theologie) stelle den Menschen nicht die Autorität eines von Gott kommenden Anspruchs vor Augen, sondern ermögliche vielmehr die Erziehung zu einem von Vernunft und Moral geleiteten Leben, so die Überzeugung aufklärerischer Offenbarungskritik, die eine fundamentale Infragestellung christlicher Theologie mit sich brachte – und (paradoxerweise?) zugleich eine deutliche Stärkung, insofern diese Infragestellung des konstitutiven Anspruchscharakters des christlichen Glaubens eine explizite Ausarbeitung der Kategorie „Offenbarung" bewirkte. Peter Eicher weist auf diesen Zusammenhang hin: „Die eigentliche Konstituierung der Theologie als Offenbarungstheologie war jedoch erst eine Frucht der Reaktion auf die europäische Aufklärung des 17. und 18. Jahrhunderts und auf deren Konstituierung einer natürlichen Religionsphilosophie [...]."[25]

Die fundamentaltheologische Ausarbeitung eines Traktats „Offenbarung"[26] versuchte, gegenüber der Infragestellung durch die Aufklärung den Widerfahr-

---

ter solche moralische Maximen aufstellt, welche sich davon ableiten lassen, kann von Gott sein" (ebd. 83 [§ 9]).

[23] Feuerbach möchte bekanntlich zeigen, „dass der *wahre Sinn* der Theologie die Anthropologie ist" (Ludwig FEUERBACH: Das Wesen des Christentums. Stuttgart 1998, 23, Vorrede zur zweiten Auflage [Reclam: Universal-Bibliothek Nr. 4571]). Sein Zugang zur Theologie lautet: „Ich tue daher der Religion – auch der spekulativen Philosophie oder Theologie – nichts weiter an, als dass ich ihr die *Augen öffne*, oder vielmehr nur ihre *einwärts* gekehrten Augen *auswärts* richte, d. h. ich verwandle nur den Gegenstand in der Vorstellung oder Einbildung in den Gegenstand in der Wirklichkeit" (ebd. 26). – Insofern Religion „die *Entzweiung* des Menschen *mit sich selbst*" (ebd. 80) sowie „die *Spiegelung des menschlichen Wesens in sich selbst*" (ebd. 120) darstellt, zeigt sich, „dass die Theologie nichts ist als eine sich selbst verborgene, als die esoterische Patho-, Anthropo- und Psychologie [...]" (ebd. 154).

[24] SECKLER, KESSLER: Die Kritik der Offenbarung (Anm. 9), 13.

[25] Peter EICHER: Offenbarung. Prinzip neuzeitlicher Theologie. München 1977, 48.

[26] Traditionell als *demonstratio christiana* zum Aufweis der Wahrheit des christlichen Offenbarungsanspruchs; vgl. Christoph BÖTTIGHEIMER: Lehrbuch der Fundamentaltheologie. Die Rationalität der Gottes-, Offenbarungs- und Kirchenfrage. Freiburg ²2012, 368–371.

nis- und Anspruchscharakter der christlichen Glaubensbotschaft zur Geltung zu bringen[27] und dadurch einer Überzeugung gerecht zu werden, mit der die Theologie letztlich steht und fällt: „Die Theologie allein existiert darum, weil es ein Wort Gottes an den Menschen gibt."[28] Mit dieser Behauptung vergewissert sich die Theologie ihrer responsiven Struktur: Sie ist nicht distanzierte Beobachterin religiöser Traditionen und Phänomene, über die sie urteilt, sondern in Anspruch genommene Teilnehmerin an religiösen Lebensformen, die sie verantwortet. Die Offenbarungskritik der Aufklärung hat gewissermaßen den Nerv des Theologietreibens berührt und durch die Herausstellung der *Fragwürdigkeit* christlicher „Offenbarung" die *Verantwortung* der Theologie neu herausgefordert. Aus der Auseinandersetzung mit der europäischen Aufklärung – die nicht bloß eine historische Phase, sondern eine bleibende und stets von neuem bedrängende Infragestellung meint – lernte die Theologie, den ihr eigentümlichen Antwortcharakter aufs Neue ernst zu nehmen; Theologie als Wissenschaft ist responsiv, oder sie verfehlt ihre Aufgabe vollkommen.

2. „Antworten?" – Verantwortlichkeit der Theologie

Die Infragestellung des responsiven Charakters des Glaubens – und mit ihr der *Theologie* als der Verantwortung dieses Glaubens – gehört gleichsam zur Signatur der europäischen Aufklärung. Christliche Theologie sah sich nicht nur mit einzelnen Anfragen zu Themen des Glaubens oder zu Methoden ihrer Wissenschaftlichkeit konfrontiert, sondern der letzten Konsequenz des „Fragens!" – nämlich der Bestreitung ihres Antwortcharakters – ausgesetzt. Insofern gehen die neuzeitlichen Infragestellungen des christlichen Offenbarungsanspruchs tatsächlich ans „Eingemachte" der Theologie, weil sie – nachhaltiger, als es die atheistische Totalablehnung der Religion/Christentum als Lebensform und der Theologie als deren Diskurs vermochte – das existentiell Entscheidende und wissenschaftstheoretisch Konstitutive christlicher Theologie (im wahrsten Sinn des Wortes) in *Ab-Rede* stellte: Die Praxis des Glaubens verdanke sich nicht einer „Rede", einem An-Spruch, dem eine Ant-Wort folgt, sondern sei als Entfaltung eines anthropologischen Potentials zu verstehen. Wie reagierte nun die Theologie auf die Infragestellung des „statutarischen" Glaubens und des Konzepts

---

[27] Die „*Sinnqualität* des Daseins", so Hans-Joachim Höhn, bedarf zu ihrer Erschließung „eines rational unableitbaren Widerfahrnisses" (Hans-Joachim Höhn: Gott – Offenbarung – Heilswege. Fundamentaltheologie. Würzburg 2011, 152).

[28] Karl Rahner: Hörer des Wortes. Zur Grundlegung einer Religionsphilosophie. In: ders.: Sämtliche Werke, Band 4: Hörer des Wortes. Schriften zur Religionsphilosophie und zur Grundlegung der Theologie. Bearbeitet von Albert Raffelt, Solothurn, Düsseldorf, Freiburg i. Br. 1997 [Orig.: München 1941], 1–281, hier: 258. – Dieses Werk geht auf Vorlesungen Karl Rahners bei den Salzburger Hochschulwochen 1937 zurück.

„Offenbarung"?[29] Vereinfacht gesagt: (a) mit der Entwicklung einer Apologetik, (b) mit dem Aufweis der Rationalität des Glaubens und (c) mit der Wahrnehmung von Responsivität.

(a) Die christentumskritische Phase der Aufklärung führte – in Verbindung mit schwerwiegenden (kirchen-)politischen Auseinandersetzungen im 19. Jahrhundert – zur Ausbildung einer *Apologetik*, also einer Weise des Theologietreibens, die sich zum einen in die (vermeintliche) Sicherheit eines vorkritischen Paradigmas zurückzog und sich dabei auf „klassische" Autoritäten bezog (Stichwort „Neuscholastik"), zum anderen die aktuellen kulturellen, politischen und wissenschaftlichen Entwicklungen bekämpfte. Kritische Fragen wurden abgewehrt und eigene Antworten verteidigt; eine konstruktive Auseinandersetzung oder gar ein wechselseitiger Lernprozess waren kaum möglich, wie sich dies vor allem am „Modernismusstreit" zu Beginn des 20. Jahrhunderts zeigte.[30] Die Maßregelung von Theologen, die sich auf einen Dialog mit modernen Wissenschaften einließen, war Ausdruck einer tief sitzenden Angst und Verweigerungshaltung gegenüber den Herausforderungen der Zeit.[31] „Nicht ein philosophisches oder theologisches System saß auf der Anklagebank", wie Otto Weiß hervorhebt, „sondern ganz einfach die *Moderne*, die pauschal und in allen Lebensbereichen verurteilt wurde."[32] Das „apologetische Systemdenken"[33], von dem die neuscholastische Theologie bis zum Zweiten Vatikanischen Konzil geprägt war, verband sich mit einer Haltung des passiven Ignorierens sowie des aktiven Bekämpfens kritischer Anfragen an Theologie, Glaube und Kirche.[34] Buchtitel wie

---

[29] Aus fundamentaltheologischer Perspektive ist nochmals darauf hinzuweisen, dass es hier nicht um „Offenbarungen" im Sinn eines *Erfahrungsbegriffs* geht, mit dem konkrete Erschließungssituationen religiöser Erfahrung bezeichnet werden, sondern um den *Reflexionsbegriff* „Offenbarung", der die Lebensform des Christlichen als Antwort auf einen bleibend unverfügbaren Anspruch Gottes (im Sinn seiner „Selbstmitteilung") qualifiziert; vgl. Max SECKLER: Der Begriff der Offenbarung. In: Kern, Pottmeyer, Seckler (Hg.): Handbuch der Fundamentaltheologie, Band 2 (Anm. 9), 41–61.

[30] Mit „Modernismus" ist weniger eine bestimmte Gruppierung (als solche wurde sie allerdings etikettiert: „*die* Modernisten") als vielmehr eine Phase der Auseinandersetzung gemeint, die zu Beginn des 20. Jahrhunderts stattfand; vgl. Rosino GIBELLINI: Handbuch der Theologie im 20. Jahrhundert. Regensburg 1995, 145–151.

[31] Franz Padinger resümierte diesbezüglich: „Die Art der Auseinandersetzung hat der Glaubwürdigkeit der Kirche in der Welt der Wissenschaft schwersten Schaden zugefügt" (Franz PADINGER: Zum Verständnis des Konfliktes zwischen Glaube und Wissenschaft im Modernismusstreit. In: Erika Weinzierl [Hg.]: Der Modernismus. Beiträge zu seiner Erforschung. Graz, Wien, Köln 1974, 43–56, hier: 54).

[32] Otto WEISS: Der Modernismus in Deutschland. Ein Beitrag zur Theologiegeschichte. Regensburg 1995, 457.

[33] EICHER: Offenbarung (Anm. 25), 149.

[34] Vgl. die Darstellung des Strukturwandels der katholischen Theologie im 19. Jahrhundert bei Mark SCHOOF: Der Durchbruch der neuen katholischen Theologie. Ursprünge – Wege – Strukturen. Wien 1969, 34–67.

*Theologie der Vorzeit vertheidigt* (3 Bände, 1853–1870) von Josef Kleutgen SJ markierten einen Habitus kirchlichen Lebens und theologischen Denkens, der zutiefst *apologetisch* geformt war: Die eigene Identität darf nicht in Frage gestellt werden; sie muss gegenüber den Gegnern durchgesetzt oder zumindest gerechtfertigt werden.

Das Tragische dieses antiaufklärerischen Rekurses auf „Tradition", „Autorität" und „Dogma" bestand nicht nur darin, dass das für die gesellschaftliche, kirchliche und wissenschaftliche Entwicklung so inspirierende Wechselspiel von Fragen und Antworten erlahmte, sondern die (neuscholastische) Präferenz für „Apologetik" den Sinn für „Apologia" verdunkelte, also den positiven Sinn des „Apologetischen" in sein Gegenteil verkehrte. Denn die *apología*, die den Christen als biblische Weisung aufgetragen ist, versteht sich nicht als bloße Abwehr jeglicher Infragestellung, sondern als Antwort- und Diskursfähigkeit. „Seid stets bereit zur *apología* gegenüber jedem, der nach dem Logos der Hoffnung in euch fragt" (1 Petr 3,15) – diese klassische Formel geht auf das antike Gerichtswesen zurück und parallelisiert die Auskunftsfähigkeit der Christen, was den „Logos ihrer Hoffnung" betrifft, mit der Verteidigungsrede *(apología)* vor Gericht, die auf die Anklagerede *(kategoría)* folgte.[35] Nach der Anklage und Infragestellung der christlichen Lebensform erfolgt ein Plädoyer für diese Lebensoption, wobei diese „Verteidigungsrede" im echten Sinn des Wortes „apologetisch" verfährt: Sie nimmt die Anfragen und Kritikpunkte des Staatsanwalts auf, erwidert die Einsprüche und zeigt die Berechtigung und Sinnhaftigkeit eines bestimmten Weges auf. Diese urchristliche Rechtfertigungsfigur ist Kennzeichen der Theologie bis heute: Sie greift die Anfragen und kritischen Einwände gegen die christliche Glaubensoption auf und versucht angesichts dieser Infragestellung eine Antwort, die die Entscheidung für ein Leben aus dem Glauben als plausibel und sinnvoll aufweist. Eine so verstandene „Apologie" ist *responsiv*, eine „Apologetik" im Sinn einer Frontstellung gegenüber allen kritischen Fragen hingegen *regressiv*.

(b) Schon in der ersten Hälfte des 20. Jahrhunderts wurde vielen Theologen bewusst, dass der Rückzug aus der intellektuellen und gesellschaftlichen Auseinandersetzung einen Stillstand der Theologie bedeutete. Die „beträchtliche geistige Homogenität in der katholischen Kirche"[36], die Karl Rahner konstatierte, erzeugte ein „perfektes" theologisches System, das auf alle Fragen immer schon „Antworten" bereithielt, und verhinderte dadurch, dass die „Vernunft des Glaubens" mit den Fragen der Zeit in Verbindung trat. Doch genau das ist der entscheidende Punkt: Die Theologie ist ein Diskurs über den Glauben „in Geschich-

---

[35] Vgl. Michael FIEDROWICZ: Apologie im frühen Christentum. Die Kontroverse um den christlichen Wahrheitsanspruch in den ersten Jahrhunderten. Paderborn ²2001, 18–21.
[36] Karl RAHNER: Vom Dialog in der Kirche. In: ders.: Schriften zur Theologie, Band VIII. Einsiedeln, Zürich, Köln 1967, 426–444, hier: 430.

te und Gesellschaft";³⁷ ihre responsive Grundfigur verleiht ihr einen ungemein zeit- und kontextsensiblen Charakter. Gerhard Ebeling, der den theologischen Aufbruch des 20. Jahrhunderts aus evangelischer Perspektive wesentlich mitgestaltete, betonte angesichts vielfacher Rückzugstendenzen: „Für die Existenz von Theologie ist nun jedoch die vorbehaltlose Bereitschaft konstitutiv, die Sache des christlichen Glaubens im offenen Horizont der gesamten Welterfahrung zu vertreten."³⁸ Damit sprach Ebeling ein zentrales Motiv der jüngeren Theologie an, die sich nicht als Selbstbestätigungs- und Legitimationsdiskurs sah, sondern als Verantwortung eines Anspruchs, der zum Weiterdenken und zur Veränderung gewohnter Positionen drängt. Als responsive Wissenschaft kann Theologie von Grund auf nicht „konservativ" sein, sondern muss sich in den unterschiedlichsten Deutungs-, Vermittlungs- und Übersetzungsprozessen *verantwortend* bewähren, wie dies Adolf Darlap treffend auf den Punkt brachte: „Theologie [...] ist immer und will immer Antwort sein (negativ oder positiv) auf eine bestimmte geschichtlich-gesellschaftliche Fragesituation, hat also immer responsorischen Charakter und bewahrt so in sich auch die Fragesituation, aus der heraus sie sich ausformuliert hat."³⁹ Die Aufgabe der Theologie kann entweder „esoterisch" orientiert sein – als „nach innen", in die kirchliche Gemeinschaft gerichtete Verantwortung –, oder „exoterisch" – als eine Weise von „Theologie, die stärker nach außen gerichtet das Gespräch mit dem Bewusstsein der Zeit führt in der Dialektik von Anknüpfung und Widerspruch"⁴⁰. Gerade für die „exoterische" Verantwortungsweise der Theologie stellt es ein zentrales Anliegen dar, die „Rationalität" des Glaubens aufzuweisen; damit ist nicht die Ableitbarkeit der christlichen Glaubensüberzeugung aus logischen Prinzipien oder philosophischen Ansätzen gemeint, sondern die Möglichkeit, das Potential an Sinn und Orientierung, das sich für ein Leben aus dem Glauben erschließt, in der Auseinandersetzung mit den großen Fragen und Antworten einer Zeit zu bewähren.

Adolf Darlap hat mit Blick auf die Theologiegeschichte des 20. Jahrhunderts gezeigt, dass der Aufweis der „Rationalität" des Glaubens mit konkreten Paradigmen des Welt- und Selbstverständnisses verknüpft ist, die auf bestimmte *turns* folgen. Im Einzelnen sprach Darlap von den Wenden zum Subjekt, zur Geschichte und zur Gesellschaft und verdeutlichte dadurch, wie sich Theologie als wissenschaftliche Verantwortung des Glaubens je neu konfigurierte und dadurch die „Vernunft des Glaubens" kommunikativ und argumentativ bewährte. Die „Wende zum *Subjekt*", die sich am Beginn des 20. Jahrhunderts vom Pa-

---

[37] So ein bekannter Buchtitel von Johann Baptist METZ: Glaube in Geschichte und Gesellschaft. Studien zu einer praktischen Fundamentaltheologie. Mainz 1977. – Dieses Buch ist ein Schlüsselwerk der „Neuen Politischen Theologie".
[38] Gerhard EBELING: Einführung in theologische Sprachlehre. Tübingen 1971, 222.
[39] Adolf DARLAP: Fragmentarische Überlegungen zum Thema Theologiegeschichte. In: Zeitschrift für Katholische Theologie 96 (1974) 6–11, hier: 8.
[40] Adolf DARLAP: Zur Rekonstruktion der Theologiegeschichte des 20. Jahrhunderts. In: Zeitschrift für Katholische Theologie 107 (1985) 377–384, hier: 378.

radigma des Objektivismus absetzte, nahm den Menschen als *Ort* des Glaubens ernst. Eine solche „anthropozentrische Wendung"[41], wie sie etwa mit dem Werk Karl Rahners verbunden ist, setzt dem Menschen den Glauben nicht als Pflicht oder Erkenntnisobjekt vor, sondern geht von den Bedingungen im menschlichen Subjekt aus, die gegeben sein müssen, damit der Mensch etwas erkennen und empfangen kann: „Die Heilsbedeutsamkeit eines Gegenstandes der Theologie, die ein notwendiges Moment jedes theologischen Gegenstandes ist, lässt sich nur erfragen, indem auch nach der Heils*empfänglichkeit* des Menschen *für* diesen Gegenstand gefragt wird."[42] Die „Wende zur *Geschichte*" forderte die Theologie dazu heraus, hermeneutische Fragen nicht bloß als Mittel zur Bewältigung historischer oder sprachlicher Probleme anzusehen, sondern als vielfältige Vermittlungsprozesse, in denen der Anspruch des Glaubens je neu wahrzunehmen ist. Edward Schillebeeckx, einer der versiertesten theologischen Hermeneutiker des 20. Jahrhunderts, nahm die Interpretation und Übersetzung des Glaubens als fundamentaltheologische Herausforderung an: „Die theologische Hermeneutik impliziert somit ein kritisches Forschen auch nach dem eigenen Verstehenshorizont, und dieser kann wiederum nur zweckdienlich interpretiert werden, wenn auch die Vergangenheit mit ihren immer wieder wechselnden Verstehenshorizonten analysiert wird. Deshalb ist theologische Hermeneutik undenkbar ohne den Beitrag der Geschichte der Ideen und der Philosophie, insofern diese die wechselnden Verstehenshorizonte untersucht, in denen Christen immer wieder versucht haben, die christliche Botschaft zu interpretieren."[43] Die „Wende zur *Gesellschaft*" schließlich führte die theologische Auseinandersetzung dazu, ihre gesellschaftliche Bedingtheit und Situiertheit ernst zu nehmen; Theologie ist – wie alle anderen Wissenschaften auch – kein „neutraler" Diskurs, sondern eine von sozialen, politischen und ökonomischen Faktoren geprägte Weise intellektueller Verantwortung, wie dies kritische politische Theologien und Befreiungstheologien verdeutlichten. Methodisch bedeutet dies, dass die Theologie nicht bloß eine religiöse Interpretation der Welt vornimmt, sondern mehrere Analyseebenen unterscheidet, wie dies etwa Clodovis Boff vorgeschlagen hat. Erst auf eine sozio-analytische Vermittlung, in der die gesellschaftlichen Voraussetzungen sozialwissenschaftlich untersucht werden, folgt eine hermeneutische Vermittlung, in der eine theologische Perspektive eingebracht wird; in einem dritten Schritt schließlich geht es um die praktische Vermittlung der sozialwissenschaftlich-theologischen Auseinandersetzung.[44] Die jüngere gesellschaftliche

---

[41] Karl RAHNER: Theologie und Anthropologie. In: ders.: Schriften zur Theologie, Band VIII (Anm. 36), 43–65; hier: 43.
[42] Ebd. 52.
[43] Edward SCHILLEBEECKX: Glaubensinterpretation. Beiträge zu einer hermeneutischen und kritischen Theologie. Mainz 1971, 31.
[44] Vgl. Clodovis BOFF: Theologie und Praxis. Die erkenntnistheoretischen Grundlagen der Theologie der Befreiung. München, Mainz ³1986 (Gesellschaft und Theologie. Fundamentaltheologische Studien, Nr. 7). – Boff hält fest: „Die Integration der neuen

und wissenschaftliche Entwicklung sieht die theologische Auseinandersetzung noch mit einer vierten Wende konfrontiert (die in der Rekonstruktion Darlaps aus den 1980er Jahren in dieser Form noch nicht wahrgenommen werden konnte): die „Wende zur *Kultur*", den *cultural turn*. Damit ist nicht nur ein „Thema", sondern ein Erkenntnis- und Vermittlungsmedium der Wissenschaften angesprochen; es geht um jenen „Komplex von Sinnsystemen oder [...] von ‚symbolischen Ordnungen', mit denen sich die Handelnden ihre Wirklichkeit als bedeutungsvoll erschaffen und die in Form von Wissensordnungen ihr Handeln ermöglichen und einschränken"[45]. Für die Theologie der letzten Jahrzehnte war die Einsicht maßgeblich, dass der Aufweis der „Vernunft des Glaubens" nicht außerhalb kulturell bedingter Bedeutungsgebungen und interkultureller Übersetzungsprozesse erfolgen kann. In einer vielfältigen und spannungsreichen Auseinandersetzung mit der Kontextualität und Universalität des eigenen Glaubensanspruchs, mit seinen kulturellen Merkmalen und interkulturellen Transformationen hat die Theologie gelernt, eine „weltkirchliche" Verantwortungsweise einzuüben. Robert Schreiter, ein Pionier interkulturell orientierter Theologie, fordert für die Theologie die Fähigkeit ein, „jenseits ihres eigenen Kontextes sprechen zu können, sowie eine Offenheit, die Stimmen von jenseits der eigenen Grenzen hören zu wollen"[46]. Mit anderen Worten: Theologische Responsivität besagt die Bereitschaft, ja die Notwendigkeit, (inter-)kulturell vielsprachig zu kommunizieren und das beanspruchende „Wovonher" des Glaubens neu zur Sprache zu bringen.

(c) Der Blick auf wichtige Ansätze christlicher Glaubensverantwortung, die sich dem Wechselspiel von Fragen und Antworten im Horizont der Subjektivität, der Geschichte, der Gesellschaft und der Kultur des Menschen stellten, lässt die Offenheit und Lernfähigkeit theologischen Denkens deutlich werden, aber auch die ständige Versuchung, bestimmte Antworten, die eine wichtige und maßgebliche Rolle gespielt haben, zu „abschließenden" Erklärungen zu machen, die sich gegen neue Fragen immunisieren. So könnte beispielsweise eine konkrete Weise „inkulturierter" Theologie in einem afrikanischen Land, die vor Jahrzehnten gegen die koloniale Identität einer vorgegebenen Denkform entwickelt wurde, angesichts neuer Herausforderungen (etwa sozialer Probleme in einem urbanen Kontext) als unzureichend erscheinen, aber dennoch – um die eigene „Identität" zu stärken – weiterhin als normativ vorgegeben werden, anstatt sich von aktuellen Infragestellungen für neue theologische Einsichten öffnen zu lassen.

Das Zweite Vatikanische Konzil – jene maßgebliche Versammlung der katholischen Weltkirche (1962–1965), die einen weitreichenden Lern- und Ver-

---

Positivität der Humanwissenschaften ist heutzutage eine *theoretisch* unerlässliche Bedingung für die Rigorosität eines theologischen Diskurses und eine essentielle *praktische* Voraussetzung für ihre Umsetzung in die (politische) Praxis" (ebd. 47).

[45] Andreas RECKWITZ: Die Transformation der Kulturtheorien. Zur Entwicklung eines Theorieprogramms. Weilerswist ²2008, 84.

[46] Robert J. SCHREITER: Die neue Katholizität. Globalisierung und die Theologie. Frankfurt 1997, 18 f. (Theologie Interkulturell, Band 9).

änderungsprozess durchlief – kann als jenes Ereignis der jüngeren Kirchengeschichte angesehen werden, bei dem die Wahrnehmung von Responsivität zu einer echten Transformation bisheriger Theologie und Pastoral führte. Fragen und Infragestellungen lösten Umbrüche, Verschiebungen und neue Antworten aus – eine Umgestaltung jedenfalls, die von Konzilsteilnehmern und Theologen als Glaubenserfahrung und nicht als Zufall (oder gar als Unfall) angesehen wurde. Nach Karl Rahner – so in seiner berühmten Rede zum Abschluss des Konzils – „können alle Antworten und Lösungen des jetzigen Konzils nicht mehr sein als in noch weiter Ferne ein Anfang zur Aufgabe der Kirche der anbrechenden Zukunft"[47]. Und alle diese Antworten müssen sich angesichts einer dramatischen Frage bewähren: „Der aggiornamento, den die Kirche vorbereitet, ist nicht das Bestreben, die Kirche etwas gemütlicher und ansehnlicher in der Welt einzurichten, sondern eine erste, von ferne anlaufende Zurüstung, um der Frage auf Leben und Tod von morgen standhalten zu können."[48] Rahners Formulierung mag pathetisch klingen, aber sie markiert etwas von der Herausforderung theologischen Denkens heute: Es ist – mit Blick auf globale Umbrüche und dramatische Entwicklungen – eine „Frage auf Leben und Tod", vor der die theologische Verantwortung steht; sie ist gefordert, Antworten zu finden, die dem Anspruch und der Virulenz gegenwärtiger Fragen gerecht werden. Drei Stichworte sollen verdeutlichen, inwiefern das Zweite Vatikanum den responsiven Charakter der Theologie zurückgewonnen und eine neue Perspektive der Verantwortlichkeit eröffnet hat: (1) die heutige Welt, (2) die Fragen der Menschen und (3) die Zeichen der Zeit.

(1) Statt die „Welt" als dunkle Kontrastfolie der Kirche zu sehen, nahm das Konzil diese *Welt*, also die politische, kulturelle, wirtschaftliche, technische und wissenschaftliche Wirklichkeit als Erschließungsort des Glaubens wahr. Insofern die Kirche einen intensiven Dialog mit der „Welt" aufnimmt, der einen wechselseitigen Lernprozess besagt,[49] heißt dies für die Theologie, dass sie eine vielfältige und interdisziplinäre Auseinandersetzung eröffnet; sie geht von einer dialektischen Beziehung zwischen „Kritik an der Welt" und „Lernen von der Welt" aus und weist der Theologie damit ein hohes Maß an Verantwortung und

---

[47] Karl Rahner: Das Konzil – ein neuer Beginn. Vortrag beim Festakt zum Abschluss des II. Vatikanischen Konzils im Herkulessaal der Residenz in München am 12. Dezember 1965. Freiburg i. Br. ²1966, 20.

[48] Ebd. – Der viel zitierte Begriff „aggiornamento" meint die „Verheutigung" des kirchlichen Handelns und theologischen Denkens (in Kontrast zu einer Glaubenspraxis, die nur mehr historisch von Bedeutung ist).

[49] Vgl. die Ansätze in der Pastoralen Konstitution über die Kirche in der Welt von heute *(Gaudium et spes)*, Nr. 40: Die katholische Kirche ist „der festen Überzeugung, dass sie selbst von der Welt, sei es von einzelnen Menschen, sei es von der menschlichen Gesellschaft, durch deren Möglichkeiten und Bemühungen viele und mannigfache Hilfe zur Wegbereitung für das Evangelium erfahren kann". Ebenso heißt es in Nr. 45 von der Kirche, dass „sie selbst der Welt hilft oder von dieser vieles empfängt [...]".

Unterscheidungsgabe zu.[50] (2) Der konkrete „Ort" der Bewährung des Glaubens sind die *Fragen der Menschen*. In einer noch nie dagewesenen Radikalität werden pastorale Praxis und theologische Reflexion vom Konzil auf die Fragen der Menschen verwiesen, in denen jener Anspruch zur Geltung kommt, auf den sich Pastoral und Theologie (ver-)antwortend beziehen. Wenn etwa die Erklärung *Nostra aetate* (Über die Haltung der Kirche zu den nichtchristlichen Religionen) in ihrem ersten Kapitel betont: „Die Menschen erwarten von den verschiedenen Religionen Antwort auf die ungelösten Rätsel des menschlichen Daseins", ist damit keine rhetorische Einleitung gemeint, sondern eine fundamentaltheologische Aufgabenstellung: Christlich Glaubende können nur dann „Antworten" geben, wenn sie sich voll und ganz auf die Fragen der Menschen einlassen.[51] Dadurch wird, wie Hans-Joachim Sander festhält, „das Außen zu einem tragenden Ort der Kirche"[52]. (3) Besonders drängend, ja geradezu unausweichlich erweist sich die responsive Dynamik theologischen Denkens schließlich in jenen Situationen, die den Anspruch des Glaubens von einer neuen Herausforderung her erschließen: in den *Zeichen der Zeit*. Diese zu erforschen und im Licht des Evangeliums zu deuten, ist nach *Gaudium et spes*, Nr. 4 eine *Pflicht* der Kirche.[53] Wenn sich also – um ein konkretes Beispiel zu nennen – die Theologie mit Fragen der Migration auseinandersetzt, tut sie dies nicht, weil sie durch den Bezug auf ein aktuelles Problem Aufmerksamkeit erheischen will, sondern weil sie im Phänomen „Migration" eine bedrängende Frage wahrnimmt, auf die sie antworten *muss*.[54] Dieser nicht aus allgemeinen Prinzipien ableitbare, sondern einer konkreten Situation entspringende Anspruchscharakter des Glaubens (als „Zeichen der Zeit"), der zu neuen Antworten und einem veränderten Handeln herausfordert, stellt einen „Stachel" für die Hermeneutik, Methodik und Topik der Theo-

---

[50] Vgl. Edward SCHILLEBEECKX: Gott – Kirche – Welt. Mainz 1970, 211–298 (Gesammelte Schriften, Band 2).

[51] Genau in diesem Sinn ist die viel zitierte Einleitung von *Gaudium et spes* zu verstehen: Nur in der Teilnahme an der „Freude und Hoffnung, Trauer und Angst der Menschen von heute, besonders der Armen und Bedrängten aller Art" (Nr. 1), lässt sich die Heilsbotschaft Christi verständlich machen, ja überhaupt *als solche* verkünden.

[52] Hans-Joachim SANDER: Theologischer Kommentar zur Pastoralkonstitution über die Kirche in der Welt von heute *Gaudium et spes*. In: Peter HÜNERMANN, Bernd Jochen HILBERATH (Hg.): Herders Theologischer Kommentar zum Zweiten Vatikanischen Konzil, Band 4. Freiburg i. Br. 2005, 581–886, hier: 602.

[53] Vgl. Martin DÜRNBERGER: Die theologische In/Signifikanz der Welt. Die „Zeichen der Zeit" und ihre Bedeutung für theologische Erkenntnis. In: Franz Gmainer-Pranzl, Magdalena Holztrattner (Hg.): Partnerin der Menschen – Zeugin der Hoffnung. Die Kirche im Licht der Pastoralkonstitution *Gaudium et spes*. Innsbruck 2010, 35–56 (STS 41).

[54] Vgl. Carmem LUSSI: Die Mobilität der Menschen als theologischer Ort. Elemente einer Theologie der Migration. In: Concilium 44 (2008), 551–562.

logie dar, der nicht gezogen werden darf.⁵⁵ Wenn sich die Theologie den Herausforderungen der heutigen Welt, den Fragen der Menschen und den Zeichen der Zeit verschließt, fällt sie nicht nur hinter den Anspruch des Konzils zurück, sondern wird überdies „ortlos", weil sie sich nirgendwo (mehr) jenen Fragen stellen kann, die sie herausfordern. Eine solche Theologie wäre nicht mehr verantwortlich, sondern tatsächlich fragwürdig.

3. Dialog – Öffentlichkeit der Theologie

Theologie ist eine Wissenschaft, die bis ins Innerste von der Dynamik von Fragen und Antworten geprägt ist. Sie hat nicht nur eine Auseinandersetzungsgeschichte aufzuweisen, in der vielfache Kritik und Infragestellungen zur Ausbildung eines komplexen wissenschaftstheoretischen Selbstverständnisses geführt haben,⁵⁶ sondern begreift sich von Grund auf als Diskurs einer „Antwortlichkeit"⁵⁷, die es ohne das Pathos eines Anspruchs überhaupt nicht gäbe. Die Theologie „hat" also nicht nur Antworten, sie *ist* Antwort: diskursives Moment einer responsiven Praxis („Glaube"), die sich einem unverfügbar bleibenden Zuspruch („Offenbarung") verdankt. Sie weicht der Verantwortung, die ihr aufgetragen ist, nicht aus, sondern nimmt sie *öffentlich* wahr – das ist das Kennzeichen theologischer Reflexion.⁵⁸ Theologie ist keine esoterische Form religiösen Wissens, sondern

---

⁵⁵ Ein eindrückliches Beispiel für eine ernsthafte Auseinandersetzung mit den „Zeichen der Zeit" war die Rede „*Löscht den Geist nicht aus*", die Karl Rahner beim Österreichischen Katholikentag am 1. Juni 1962 hielt – auf den Tag genau fünfzig Jahre vor meinem Beitrag, der diesem Text zugrunde liegt, beim gemeinsamen Symposium der Universitäten Fribourg und Salzburg: „*Fragen! Antworten?*" (1. Juni 2012). – Rahner geht in diesem Vortrag auf die Sorge ein, der Geist Gottes könne tatsächlich ausgelöscht werden, und zwar „durch den Hochmut der Besserwisserei, durch die Herzensträgheit, durch die Feigheit, durch die Unbelehrbarkeit, mit denen wir neuen Impulsen, neuem Drängen in der Kirche begegnen" (Karl RAHNER: Löscht den Geist nicht aus! In: ders.: Schriften zur Theologie, Band VII: Zur Theologie des geistlichen Lebens. Einsiedeln, Zürich, Köln 1966, 77–90, hier: 84). Dieser Haltung, die die Zeichen der Zeit verdrängt oder ignoriert, stellt er den „Mut zum *Wagnis*" (ebd. 85) gegenüber, der „von der Überzeugung als Imperativ für unsere Stunde (nicht als immer gültiges Prinzip für alle Zeiten)" (ebd. 85 f.) ausgeht. – Zu dieser spannenden Salzburger Rede Karl Rahners im Vorfeld des Konzils vgl. die Studie von Udo BENTZ: Jetzt ist noch Kirche. Grundlinien einer Theologie kirchlicher Existenz im Werk Karl Rahners. Innsbruck 2008, 487–492 (IThS 80).
⁵⁶ Vgl. die immer noch aufschlussreiche Studie von Wolfhart PANNENBERG: Wissenschaftstheorie und Theologie. Frankfurt 1987 [Orig.: 1973] (stw 676).
⁵⁷ WALDENFELS: Antwortregister (Anm. 1), 320.
⁵⁸ Aus diesem Grund beginnt der Entwicklungsplan der Katholisch-Theologischen Fakultät der Universität Salzburg für 2012–2015 mit einer Darstellung von vier Wechselwirkungen (Säkularität/Religiosität, Spiritualität/Urbanität, Universität/Kirche und Menschenrechte/konkurrierende Identitäten), von denen her das Profil des Theologie-

stellt sich den Fragen, die ihr zugemutet werden, und *ver-antwortet* das, was sie vom Anspruch des christlichen Glaubens her zu sagen hat.[59] Dieses responsive Geschehen (a) verwirklicht sich dialogisch, (b) wird in der gesellschaftlichen Öffentlichkeit ausgetragen und (c) hat von daher eine „katholische" Gestalt.

(a) Dialogveranstaltungen und Aufrufe zu Dialogen erleben eine nahezu inflationäre Häufung – und fristen doch eher ein Randdasein, denn oft werden sie nur als Vorbereitung auf das „Eigentliche" angesehen. Ökumenische, interkulturelle, interreligiöse Dialoge finden zwar statt; die maßgeblichen theologischen Positionen bleiben allerdings unverändert oder werden unabhängig von dialogischen Begegnungen generiert. Die freundlichen Mienen während einer Dialogveranstaltung dürfen nicht darüber hinwegtäuschen, dass die Dialogteilnehmer mit großer Vorsicht darauf achten, nicht „über den Tisch gezogen zu werden" – eine Angst, die vor allem bei interreligiösen Dialogen präsent ist. Ein Dialog aber ist keine Strategie, um die Dialogpartner zu einem bestimmten Handeln oder zur Annahme einer anderen religiösen Überzeugung zu bewegen; ein Dialog ist eine Begegnung, in der ein Austausch stattfindet, ein Geben und Nehmen, ein wechselseitiges Lernen. Dialoge können zur Veränderung von Überzeugungen führen, intendieren dies jedoch nicht. Für das Zweite Vatikanische Konzil ist der Dialog *der* Weg, den die Kirche zu gehen hat; die Pastoralkonstitution *Gaudium et spes* beginnt[60] und endet[61] mit einem Aufruf zum Dialog. Die Haltung des Dialogs, auf die sich die Kirche am Konzil verpflichtet hat, besteht nicht in einer bloßen Diplomatie und im Austausch von Höflichkeiten; sie stellt ein *fundamentaltheologisches Prinzip* dar: Theologie, die „von der Welt lernt", auf die Fragen der Menschen hört und die Zeichen der Zeit beachtet, kann überhaupt nicht anders, als sich dem Anspruch eines dialogischen Geschehens zu stellen. Als responsive Wissenschaft darf sie sich – wie dies Habermas einmal mit Blick auf die Beziehung der Religionsgemeinschaften zum säkularen Verfassungsstaat formulierte – „nicht taub stellen"[62]. Ein Dialog, in dem sich ein Partner taub stellt, ist im wahrsten Sinn des Wortes „absurd" (lat. *absurdus*: „taub"). Von daher bedeutet es für die Theologie nicht nur eine freundliche Geste, an

---

studiums deutlich wird: nicht als Repetition des „immer schon Gewussten", sondern als reziproker Lernprozess im Raum der gesellschaftlichen Öffentlichkeit.

[59] Vgl. Edmund ARENS, Helmut HOPING: Wieviel Theologie verträgt die Öffentlichkeit? Freiburg i. Br. 2000 (QD 183).

[60] „Als Zeuge und Künder des Glaubens des gesamten in Christus geeinten Volkes Gottes kann daher das Konzil dessen Verbundenheit, Achtung und Liebe gegenüber der ganzen Menschheitsfamilie, der dieses ja selbst eingefügt ist, nicht beredter bekunden als dadurch, dass es mit ihr in einen Dialog eintritt über all diese verschiedenen Probleme [...]" (*Gaudium et spes*, Nr. 3).

[61] „Die Kirche wird kraft ihrer Sendung [...] zum Zeichen jener Brüderlichkeit, die einen aufrichtigen Dialog ermöglicht und gedeihen lässt" (ebd. Nr. 92).

[62] Jürgen HABERMAS: Ein Bewusstsein von dem, was fehlt. In: Michael Reder, Josef Schmidt (Hg.): Ein Bewusstsein von dem, was fehlt. Eine Diskussion mit Jürgen Habermas. Frankfurt 2008, 26–36, hier: 33 (es 2537).

einem Dialog teilzunehmen; es ist vielmehr Ausdruck ihres Selbstverständnisses. Indem sich die Theologie den Fragen, Anregungen, Widersprüchen und Inspirationen anderer aussetzt, kann sie ihrer Verantwortung gerecht werden und den „Mehrwert" eines Dialogs erfahren.[63] Völlig zu Recht sieht daher Volker Küster das *Dialogkriterium* – also die Kompetenz, sich „dem ‚Streit der Interpretationen' auf dem ökumenischen Forum"[64] zu stellen – als entscheidendes Merkmal einer weltkirchlich qualifizierten Theologie an.

(b) Theologie, die dem Anspruch einer Glaubensverantwortung nicht ausweicht, wird unweigerlich auf dem Forum der gesellschaftlichen Öffentlichkeit präsent sein, und das heißt: sie nimmt an einer Diskursgemeinschaft teil. Walter Raberger hat dieses Charakteristikum einer „öffentlichen Theologie" treffend umschrieben: „Als kognitive Anstrengung zielt nämlich Theologie auf die argumentative Enthüllung jener Bedingungen, unter denen die Geltungsansprüche der Glaubenswahrheiten eingelöst oder verstehbar gemacht werden können; damit setzt sich Theologie den Möglichkeiten und auch den Grenzen aller diskursiven Erkenntnis aus."[65] Eine Theologie, die sich aus der diskursiven Auseinandersetzung der Gesellschaft, insbesondere der Universität, in die „fraglose (!) Sicherheit" eines Binnenmilieus zurückziehen würde, hätte sich selbst auf den Status eines „Orchideenfaches" zurückgestuft; dem anspruchsvollen Wechselspiel von Fragen und Antworten auszuweichen, ist kein Zeichen von Stärke, sondern Ausdruck kommunikativer und argumentativer Schwäche.[66] „In ihrem öffentlichen Vernunftgebrauch müssen sich säkulare und religiöse Bürger auf Augenhöhe begegnen können"[67] – dieses Habermas'sche Postulat könnte ein Anstoß für die Theologie sein, den Anspruch der Hoffnung, den sie verantwortet, kreativ und inspirierend in die öffentliche Debatte einzubringen. Größer als die Angst vor der „kritischen Öffentlichkeit" sollte in diesem Zusammenhang die

---

[63] „Im Dialog ereignet sich daher immer ‚mehr' als das, was die einzelnen Dialogteilnehmer einbringen (können)" (Roman A. SIEBENROCK: Theologische Grundlegung des Dialogs. In: Peter Hünermann, Bernd Jochen Hilberath [Hg.]: Herders Theologischer Kommentar zum Zweiten Vatikanischen Konzil, Band 5: Die Dokumente des Zweiten Vatikanischen Konzils: Theologische Zusammenschau und Perspektiven. Freiburg i. Br. 2006, 319–329, hier: 321).

[64] Volker KÜSTER: Einführung in die Interkulturelle Theologie. Göttingen 2011, 62 (UTB 3465).

[65] Walter RABERGER: Theologie: kritische und selbstkritische Reflexionsgestalt einer Erinnerungsgemeinschaft. In: Salzburger Theologische Zeitschrift 2 (1998), 21–44, hier: 29 f.

[66] Vgl. Jens SCHRÖTER (Hg.): Die Rolle der Theologie in Universität, Gesellschaft und Kirche. Leipzig 2012 (Veröffentlichungen der Wissenschaftlichen Gesellschaft für Theologie, Band 36).

[67] Jürgen HABERMAS: „Das Politische" – Der vernünftige Sinn eines zweifelhaften Erbstücks der Politischen Theologie. In: Eduardo Mendieta, Jonathan Van Antwerpen (Hg.): Religion und Öffentlichkeit. Berlin 2012, 28–52, hier: 44 (es 2641).

Sorge um den Relevanzverlust des Glaubens sowie um den Glaubwürdigkeitsverlust der Theologie sein.

(c) Wenn die Theologie ihren responsiven Charakter tatsächlich ernst nimmt, also „Fragen!" als Ausdruck ihres wissenschaftstheoretischen Selbstverständnisses begreift und „Antworten?" als Dialog mit Fragenden, Suchenden und auch Kritikern praktiziert, nimmt sie eine *katholische* Gestalt an. Damit ist nicht in erster Linie eine konfessionelle Tradition gemeint, die mitunter als einengend und bevormundend erfahren wurde, sondern eine Lebens- und Denkform, die den Anspruch des christlichen Glaubens in Bezug auf die Weite und Tiefe menschlicher Erfahrung verantwortet: *global* („weit"), insofern keine kulturelle Tradition oder gesellschaftliche Realität ausgeschlossen wird, und *existentiell* („tief"), insofern das, was den Menschen ausmacht, angenommen wird. Eine „katholische" Theologie in diesem grundsätzlichen Sinn ist Ausdruck einer existentiellen Offenheit und geistigen Weite, in der die Dialektik von Fragen und Antworten voll und ganz ausgetragen werden kann – mit Blick „auf das Ganze" (griech. *kata holon*/„katholisch") der Welt und des menschlichen Lebens. Auch wenn die real existierenden Katholizismen hinter diesem Anspruch des Katholischen immer zurückbleiben, können sie zum Zeichen einer Denkform und Lebensordnung werden, in der niemand ausgeschlossen werden muss. „Die Kunst, nicht auszuschließen"[68], ist das Kennzeichen wahrer Katholizität.[69] „Katholisch" ist eine christliche Theologie dann, wenn sie sich *bedingungslos* den Fragen des Lebens stellt und dadurch den *unbedingten* Anspruch des Glaubens – Leben, Freiheit und Zukunft als Verheißung an *alle* Menschen – zur Geltung bringt. Diese Aufgabe wird immer wieder nur bruchstückhaft gelingen und deshalb mitunter als fragwürdig erscheinen. Dem Dilemma, das sich hier auftut, wird die Theologie nie ganz entrinnen, aber sie kann im Mut zu dieser „Fraglichkeit" einen Beitrag zur Bewältigung jener Lebensfragen leisten, die Viktor Frankl einmal zur Bemerkung veranlassten, dass „wir eigentlich uns, unser ganzes Dasein, unser Leben, als Gefragt-Werden verstehen müssten. Wir sind die jeweils Gefragten, das Leben ist es, das uns Fragen stellt. Das Leben ist es, das uns vor die Lebensfragen stellt, auf die wir zu antworten haben. Und dieses Antworten ist verantwortetes Antworten. Das heißt, wir antworten auf die Frage nach dem Sinn des Lebens, indem wir unser Leben verantworten, und verantworten können wir es nicht in Worten, sondern letzten Endes nur in Taten."[70]

---

[68] Vgl. Ansgar KREUTZER: Die Kunst, nicht auszuschließen. Christliche Gottesrede in der Distinktionsgesellschaft. In: Theologisch-praktische Quartalschrift 161 (2013), 69–81.

[69] Für Henri de Lubac SJ (1896–1991), einem profunden Kenner der frühen und mittelalterlichen Theologiegeschichte, ist der Katholizismus „die einzige Wirklichkeit, die, um zu sein, es nicht nötig hat, sich *entgegenzusetzen*, also alles andere als eine ‚geschlossene Gesellschaft'" (Henri DE LUBAC: Glauben aus der Liebe. Einsiedeln, Freiburg ³1992, 263 [Orig.: Catholicisme. Les aspects sociaux du dogme. Paris 1938]).

[70] Viktor E. FRANKL, Pinchas LAPIDE: Gottsuche und Sinnfrage. Ein Gespräch. Gütersloh ⁴2011 [¹2005], 119.

# Die Neue Welt als hermeneutisches Problem

## Oder: von der Geburt der vergleichenden Ethnographie im 16. Jahrhundert

*Mariano Delgado*

Die Neue Welt stellt für die Europäer von Anfang ein hermeneutisches Problem dar. „Dieses Tier hat den Kopf und die Ohren eines Maultiers, den Leib eines Kamels, die Beine eines Hirsches und einen Pferdeschweif. Auch wiehert es wie ein Pferd."[1] Viele Leser werden schon ahnen, um welches Tier es sich bei dieser Beschreibung handelt, weil sie es bereits gesehen haben und ihre Vorstellungskraft mit einem konkreten Inhalt gestalten können. Hätten wir aber in den 1520er Jahren – der Text stammt aus Antonio Pigafettas Bericht der Begegnung mit Menschen und Tieren Patagoniens während der Weltumsegelung Magellans (1519–1522) – Europäer gebeten, auf einem Blatt Papier ihre Vorstellung zu zeichnen, wäre das Ergebnis vermutlich sehr erheiternd ausgefallen. Aus dieser banalen Anekdote geht eines hervor, das zur Hermeneutik des Fremden im Entdeckungszeitalter wesentlich gehört: Zum einen staunten die Europäer über alles, was sie sahen. Entdecker, Konquistadoren und Missionare beschreiben die Neue Welt als eine sagenhafte Welt, die die kühnsten Phantasien der Ritterromane übertrifft: „Wir marschierten wie im Traum durch diese Herrlichkeiten" – schreibt Bernal Díaz del Castillo[2] über den Marsch von der Küste Yucatáns ins Zentrum des Aztekenreichs. Zum anderen deuteten die Europäer das Neue in Analogie zum Alten und Vertrauten, wie es auch nicht anders sein konnte. Dabei liefen sie oft Gefahr, das Neue als solches nicht zu verstehen.

Auch die zentrale anthropologische Frage wurde von Anfang an gestellt, etwa durch den Dominikaner Fray Antón Montesino am vierten Adventsonntag des Jahres 1511: „Sagt, mit welchem Recht und mit welcher Gerechtigkeit haltet ihr diese Indios in solch grausamer und entsetzlicher Knechtschaft? [...] Sind sie

---

[1] Antonio PIGAFETTA: Die erste Reise um die Erde. Ein Augenzeugenbericht von der Weltumsegelung Magellans 1519–1522, hg. und übers. v. Robert Grün. Luzern: Schweizer Volks-Buchgemeinde 1970, 70.
[2] Denkwürdigkeiten des Hauptmanns Bernal Díaz del Castillo oder Wahrhafte Geschichte der Entdeckung und Eroberung von Neuspanien (Mexiko). Anhand der neuesten span. und mexikan. Ausgaben und unter Verwendung alter deutscher Übersetzungen durchgesehen, bearb. und neu ans Licht gebracht v. Georg A. Narciß. Stuttgart: Steingrüben 1965, 238.

etwa keine Menschen? Haben sie keine vernunftbegabten Seelen? Seid ihr nicht verpflichtet, sie wie euch selbst zu lieben?"[3]

Die andersartige Fauna und Flora, die fremden Völkerschaften mit ihren Religionen und Kulturen rufen Fragen hervor, die in ethnographischen Werken beantwortet werden. Die Hermeneutik der Neuen Welt im Entdeckungszeitalter führt so indirekt zur Entstehung der modernen Ethnographie. Die Neugierde für das Fremde verbindet sich dabei mit ganz konkreten Erkenntnisinteressen, die hier anhand einer Typologie der ethnographischen Werke des 16. Jahrhunderts über Spanisch-Amerika aufgezeigt werden sollen.[4] Dazu ist es wichtig, die Vorworte dieser Werke besonders zu berücksichtigen. Denn darin geben uns die Autoren Rechenschaft über ihre Absichten und Beweggründe.

1. Apologetische Ethnographie

Die Rechtstiteldiskussion beeinflusst auch die ethnographischen Werke. Geographen (Martín Fernández de Enciso), Konquistadoren (Hernán Cortés), Hofchronisten (Gonzalo Fernández de Oviedo, Francisco López de Gómara, Juan Ginés de Sepúlveda), aber auch mancher Missionar (Juan Cabedo OFM, Tomás de Ortiz OP), dem der Kulturschock beim Kontakt mit manchen indianischen

---

[3] Bartolomé DE LAS CASAS: Werkauswahl, Bd. 2: Historische und ethnographische Schriften, hg. von Mariano Delgado. Paderborn: Ferdinand Schöningh 1995, 226.

[4] Vgl. u. a. Tzvetan TODOROV: Die Eroberung Amerikas. Das Problem des Anderen. Frankfurt am Main: Suhrkamp 1985 (bes. 221–288: über Bartolomé de Las Casas, Diego Durán und Bernardino de Sahagún). – Mario ERDHEIM: Anthropologische Modelle des 16. Jahrhunderts. Über Las Casas, Oviedo und Sahagún. In: Karl-Heinz Kohl (Hg.): Mythen der Neuen Welt. Zur Entdeckungsgeschichte Lateinamerikas. Berlin 1982, 57–67. – Georges BAUDOT: Utopía e historia en México. Los primeros cronistas de la civilización mexicana (1520–1569). Madrid: Espasa-Calpe 1983. – Manuel M. MARZAL: Historia de la antropología indigenista: México y Perú. Lima: Fondo Ed. de la Pontificia Univ. Católica del Perú 1981 (eine gute Übersicht über die ethnographischen Werke von den Anfängen der Conquista bis zum modernen Indigenismus). – Anthony PAGDEN: The Fall of Natural Man. The American Indian and the Origins of Comparative Ethnology. Cambridge: Cambridge Univ. Press 1986 (über Sepúlveda, Las Casas, Sahagún und Acosta). – Antonello GERBI: La naturaleza de las Indias Nuevas. De Cristóbal Colón a Gonzalo Fernández de Oviedo. México: Fondo de Cultura Económica 1978. – DERS.: La disputa del Nuevo Mundo. Historia de una polémica 1750–1790. 3. Aufl. México: Fondo de Cultura Económica 1982 (beide Werke handeln von den Entdeckern und Chronisten). Vgl. auch folgende Publikation des Verfassers, die diesem Beitrag zugrunde liegt: Mariano DELGADO: Produktive Neugierde für das Fremde. Versuch einer Typologie der ethnographischen Werke über Spanisch-Amerika bis 1800. In: Historische Anstöße. Festschrift für Wolfgang Reinhard zum 65. Geburtstag am 19. April 2002, hg. von Peter Burschel, Mark Häberlein, Volker Reinhardt, Wolfgang E. J. Weber, Reinhard Wendt. Berlin: Akademie Verlag 2002, 411–428.

*Die Neue Welt als hermeneutisches Problem* 71

Stämmen nicht gut bekam, versäumen keine Gelegenheit, die abscheuliche „Barbarei" der Indios zu beschreiben, um Argumente für die Conquistas (ingressus) und Encomiendas (progressus) daraus zu gewinnen. Wissenschaftlich ist diese Ethnographie nicht ernst zu nehmen. Ihre Vertreter berichten oft aus zweiter Hand und greifen auf das negative Arsenal zurück, das in der Bibel und in der griechisch-römischen Antike die Typologie des Fremden bestimmt.[5] Die Indios erscheinen dabei als Heiden und Barbaren, unfähig zu einem Christentum nach europäischem Maßstab, unfähig aber auch zum Aufbau eines vernünftigen Gemeinwesens und zur gesitteten Lebensweise (*buena policía* im Spanischen des 16. Jahrhunderts). Darüber hinaus werden sie der Sodomie und der massenhaften Tötung und Verspeisung von Menschen angeklagt. Die meisten Autoren verbinden diese Anklage der Indios mit einem Lob des Klimas wie der Fauna und Flora der Neuen Welt; nur wenige beschreiben diese als für die Menschen der Alten Welt ungeeignet.

Der „anklagenden Partei" stand die „apologetische" gegenüber. Diese wird vor allem durch Bettelmönche vertreten, die eine Vielzahl von ethnographischen Traktaten, Briefen und Denkschriften schreiben, um die Glaubens- und Zivilisationsfähigkeit der Indios zu verteidigen. Bei der Kontroverse von Valladolid 1550–1551 zwischen Juan Ginés de Sepúlveda und Bartolomé de Las Casas spielt das anthropologische Argument eine zentrale Rolle: Sind die Indios Sklaven von Natur im aristotelischen Sinne oder nicht?[6]

In der Folge wird Las Casas die erste vergleichende Anthropologie des Entdeckungszeitalters schreiben: die *Apologética historia sumaria* (abgeschlossen um 1557).[7] Darin vergleicht er die indianischen Religionen und Kulturen mit denen der Alten Welt (vor allem der vorchristlichen Antike). Die ethnographischen Informationen sind zumeist aus zweiter Hand, aber aus zuverlässiger Quelle, da Las Casas sich vor allem auf Berichte von Missionaren stützt, die jahrelang mit den Indios zusammen gelebt haben. Im Vorwort hält er sein apologetisches Erkenntnisinteresse fest: Er hat die *Apologética* geschrieben, damit „man all diese so unendlich vielen Völker in diesem überaus weiten Erdkreis kennenlernte; [...] sie wurden nämlich von einigen Leuten verleumdet, die verbreiteten, diesen

---

[5] Vgl. hierzu Wolfgang REINHARD: Der „Andere" als Teil der europäischen Identität. Vom „Barbaren" zum „edlen Wilden". In: Mariano Delgado, Matthias Lutz-Bachmann (Hg.): Herausforderung Europa. Wege zu einer europäischen Identität. München: Beck 1995, 132–152.

[6] Vgl. dazu Mariano DELGADO: Die Indios als Sklaven von Natur? Zur Aristoteles-Rezeption in der Amerika-Kontroverse im Schatten der spanischen Expansion. In: Günter Frank, Andreas Speer (Hg.): Der Aristotelismus in der Frühen Neuzeit – Kontinuität oder Wiederaneignung? Wiesbaden: Harrassowitz 2007, 353–372.

[7] Vgl. Bartolomé DE LAS CASAS: Apologética historia sumaria, ed. Vidal Abril Castelló. In: ders.: Obras completas, ed. Paulino Castañeda. Madrid: Alianza Editorial 1992, vol. 6, 7 und 8. Auswahlübersetzung in: LAS CASAS: Werkauswahl, Bd. 2 (Anm. 3), 323–512.

Menschen fehle es an gesunder Vernunft, um sich selbst zu regieren, sie hätten keine menschengemäße Regierungsform und keine geordneten Gemeinwesen". Las Casas will dann „die Wahrheit" über die Indios beweisen, „die das genaue Gegenteil davon ist".[8] Die apologetische Tendenz führt Las Casas manchmal zu einer fraglichen Umkehrung der kosmologischen, anthropologischen und politischen Argumente der anklagenden Partei.[9] Aber nicht die leidenschaftliche Apologie ist das Interessante an diesem Werk, sondern die vergleichende Arbeitsmethode sowie der gesunde Menschenverstand, den Las Casas bei der Sichtung des Materials erkennen lässt.

Die Methode, die Las Casas hierzu anwendet, ist deduktiv, induktiv und vergleichend zugleich: deduktiv, weil Las Casas anhand des Naturrechts, der Lehre des Aristoteles wie der christlichen (thomanischen) Theologie eine Gott-, Welt- und Menschenhermeneutik entwickelt, mit deren Hilfe er dann die indianischen Kulturen anders als die Verleumder interpretieren kann; induktiv, weil er, um diese Interpretation leisten zu können, auf das ethnographische Material zurückgreift, das fleißige Missionare vor Ort über die verschiedenen indianischen Kulturen gesammelt haben (Las Casas hatte, mit Ausnahme Españolas und Guatemalas, kaum eine dauerhafte Alltagserfahrung mit indianischen Stämmen gemacht; für Mexiko und Peru war er daher auf verlässliche Informationen angewiesen); vergleichend schließlich, weil er die mit Hilfe der deduktiven wie induktiven Methode verstandenen indianischen Kulturen vornehmlich mit den klügsten Völkern der Antike (den Griechen und den Römern), aber auch mit manchen christlichen Völkern konfrontiert und die Überlegenheit der ansonsten für minderwertig gehaltenen indianischen Völker in der Befolgung der Regeln der natürlichen Vernunft herausstellt, wenn sie auch den Zivilisationsgrad der damals als *societas perfecta* geltenden christliche Welt nicht erreichen. Durch diese Verbindung von empirisch gesammeltem ethnographischem Material mit einer Verstehenstheorie (thomanisch-aristotelischer Prägung) und einer vergleichenden Dimension kann die *Apologética historia sumaria* als die erste „vergleichende Ethnographie" des Entdeckungszeitalters bezeichnet werden. Um einen Eindruck von der Materialfülle antiker Kulturen zu vermitteln, die Las Casas in den Vergleich einbezieht, genügt wohl hier zu sagen, dass er über 3030 Zitate von mehr als 202 verschiedenen Autoren, die biblischen Zitate nicht mitgezählt, verwendet.

---

[8] LAS CASAS: Werkauswahl, Bd. 2 (Anm. 3), 343.
[9] So zum Beispiel wenn Las Casas die Naturbedingungen der Neuen Welt zumeist für lebensfreundlicher als die der Alten und die Indios vieler Stämme körperlich für besser proportioniert hält, so dass ihre Körper-Geist-Relation eine günstigere sei. Vgl. dazu Mariano DELGADO: Verliebter Blick. Die Natur der Neuen Welt in der „Apologética historia sumaria" des Bartolomé de Las Casas. In: Wolfgang Matzat, Gerhard Poppenberg (Hg.): Begriff und Darstellung der Natur in der spanischen Literatur der Frühen Neuzeit. München: Fink 2012, 291–304 (Hispanistisches Kolloquium 4).

*Die Neue Welt als hermeneutisches Problem* 73

Am Ende seines Werkes kann Las Casas schlussfolgern, was er zu beweisen trachtete, dass die Indios nämlich als vernunftbegabte Wesen, als Angehörige derselben Spezies Mensch „wie wir", durchaus zivilisations- und glaubensfähig, ja dazu sogar besser als andere Völker der Alten Welt geeignet sind. So verteidigt Las Casas in seinem Werk ein universales, anthropologisches Manifest, das uns heute selbstverständlich erscheint, im frühneuzeitlichen Kolonialismus aber seinesgleichen sucht: „Alle Völker der Welt bestehen ja aus Menschen, und für alle Menschen und jeden einzelnen gibt es nur eine Definition, und diese ist, dass sie vernunftbegabte Lebewesen sind; alle Menschen haben eigenen Verstand und Willen und Entscheidungsfreiheit, weil sie nach dem Ebenbild Gottes geschaffen sind".[10] Darüber hinaus führt ihn die vergleichende Methode zu einem historischen Verständnis von Menschenopfern und Anthropophagie, das ihren abscheulichen Charakter nicht leugnet, sie aber als ein auch in der Alten Welt vorkommendes „Menschheitsphänomen" kulturgeschichtlich zu verstehen sucht. Was Las Casas über den Ursprung der Anthropophagie und der Menschenopfer im Allgemeinen sowie über die Anthropophagie und die Menschenopfer des Altertums und der Indios im Besonderen schreibt,[11] kann als Geburtsstunde der vergleichenden Anthropologie betrachtet werden.[12]

2. Regierungsethnographie

Von Anfang an war die Krone an geographischen und ethnographischen Beschreibungen der neu entdeckten Länder interessiert, um die natürlichen und menschlichen Ressourcen besser kennen zu lernen. Nach der Junta Magna (1568), bei der die Weichen für die Kolonialpolitik Philipps II. gestellt wurden, wird die Regierungsethnographie besonders gefördert. Das Ergebnis sind zunächst die *Informaciones*, die der Vizekönig von Peru, Francisco de Toledo, zwischen 1570 und 1572 sammeln liess.[13] Sie sind auffallend bemüht, die indianische Vergangenheit in ein schlechtes Licht zu rücken (Menschenopfer usw.) und nachzuweisen, dass etwa das Inkareich vor der Ankunft der Spanier juristisch als *res nullius* zu betrachten sei, da die Inka gewaltsame Usurpatoren der jüngsten Zeit gewesen seien, die ihre Usurpation nicht ersessen hätten. Einiges davon ist in die *Denkschrift von Yucay* (1571) eingegangen, die die Thesen von

---

[10] LAS CASAS: Werkauswahl, Bd. 2 (Anm. 3), 377.
[11] Vgl. Auszüge in deutscher Übersetzung ebd., 414–431.
[12] Zum antropologischen Ansatz von Las Casas vgl. Mariano DELGADO: Las Casas als „Anthropologe des Glaubens". In: Las Casas: Werkauswahl, Bd. 2 (Anm. 3), 327–342 (dort auch Literatur).
[13] Vgl. Informaciones acerca del señorío y gobierno de los Incas. In: Roberto Levillier: Don Francisco de Toledo, supremo organizador del Perú. Buenos Aires: Espasa-Calpe 1940, vol. 2, 1–204.

Las Casas in der Rechtstiteldiskussion widerlegen will.[14] Trotz dieses Erkenntnisinteresses sind die *Informaciones* von großem ethnographischem Wert. Denn sie basieren auf der Befragung von 100 Indios, die, wie Toledo sagt, die ältesten und verständigsten waren, die man finden konnte, viele davon zudem Kaziken und Nachfahren der Inka; und die *Informaciones* dienten nicht nur der Legitimation der spanischen Herrschaft, sondern auch der guten Regierung. Deutlich kommt dieses zweite Motiv im Werk des Polo de Ondegardo, eines der mit der Sammlung der *Informaciones* betrauten Juristen, zur Geltung. Er hat die Gesetze und Regierungsform der Inka gewissenhaft studiert. Im Vorwort erinnert er den König an die Meinung der Theologen, man sei verpflichtet, die Vorrechte und Sitten der Indios zu respektieren, sofern sie nicht dem Naturrecht widersprechen. Die bisherige Kolonialpraxis bestehe darin, vielen Indios ihrer Rechte zu berauben und ihnen fremde Gesetze aufzuerlegen, die sie bisher nicht verstanden haben und auch in hundert Jahren nicht verstehen werden; dies habe die Spanier bei den Indios um einen Großteil ihres Kredites gebracht.[15] Dank der *Informaciones* sind wir heute über Mythen und Regierungsform der Inka gut unterrichtet – sofern man die Instrumentalisierung durch Toledo herauszufiltern vermag.

Ein zweites bedeutsames Werk im Dienste der guten Regierung sind die allgemeinen geographischen Berichte über Land und Leute Westindiens *(Relaciones geográficas de Indias)*, die auf Anordnung von Philipp II. ab 1577 gesammelt werden. Sie stellen eine ethnographische Fundgrube dar, die zum Teil noch der näheren Untersuchung harrt.[16] Sie erschienen erst im späten 19. Jahrhundert und kommen einer ethnographischen Volksbefragung gleich: Ein Katalog von 50 Fragen wurde aufgestellt (unter anderem nach der Lebensweise und

---

[14] Vgl. Die Denkschrift von Yucay. In: Las Casas: Werkauswahl, Bd. 3/2: Staatsrechtliche und sozialethische Schriften, hg. v. Mariano Delgado. Paderborn: Ferdinand Schöningh 1997, 427–474, dort auch Literatur (429 f.).

[15] Polo de ONDEGARDO: El mundo de los incas, ed. Laura González, Alicia Alonso. Madrid: Historia 16 1990, 35–39 (Crónicas de América 58).

[16] Vgl. zum Beispiel die Peru betreffenden Relaciones in: Marcos Jiménez de la Espada (ed.): Relaciones geográficas de Indias: Perú. 3 vols. Madrid: Atlas 1965 (Biblioteca de Autores Españoles 183, 184, 185). Die Befragungsmethode der *Relaciones* kam bereits bei einem „Religionsgespräch" mit den Indios Nicaraguas Ende September 1538 zur Anwendung, das der Hofchronist Gonzalo Fernández de Oviedo überliefert hat. Der Anlass war ein Conquistadorenstreit. Pedrarias Dávila, der Statthalter Nicaraguas, wollte nachweisen, dass die circa 32 000 Indios, die der Conquistador Gil González Dávila schnell hatte taufen lassen, kaum etwas vom Christentum wissen konnten. Daher beauftragte er einige befreundete Ordensleute mit der Befragung der getauften Kaziken. Das Gespräch enthält viele Fragen über die alte Religion (Ursprung der Indios, Götter, Riten, Glaubensvorstellungen) und versucht sehr subtil zu erfahren, ob die Indios nach der Taufe davon Abschied genommen haben. Es ist von Heiterkeit und Sachlichkeit geprägt und mutet fast wie ein modernes ethnographisches Interview an. Vgl. deutsche Auswahlübersetzung in: Mariano DELGADO: Gott in Lateinamerika. Texte aus fünf Jahrhunderten. Ein Lesebuch zur Geschichte. Düsseldorf: Patmos 1991, 117–120.

der Sprache der Indios, nach der demographischen Entwicklung vor und nach der spanischen Zeit, nach den Regierungsformen und religiösen Riten, den guten oder schlechten Sitten, die sie hatten, nach der Art der Kriegführung, nach der Ernährungsweise – ob sie sich zum Beispiel früher besser ernährten als in der spanischen Zeit –, nach den Heilkräutern, die sie in ihrer Volksmedizin verwendeten usw.); koloniale Amtsträger (Statthalter, Richter, Bürgermeister, Priester, Ordensleute) wurden mit der Durchführung der Befragung vor Ort betraut. Unter der Regierungsethnographie kommen die *Relaciones* dem heutigen Wissenschaftsverständnis am nächsten. Sie vermitteln eine zuverlässige Bestandsaufnahme der indianischen Kulturen in Spanisch-Amerika (Inka- und Aztekenreich) um 1580.

3. Missionsethnographie

Im Dienste der Mission stand bereits der kleine „Bericht über die Altertümer der Indios" *(Relación acerca de las antigüedades de los indios)*,[17] den der „erste Ethnograph Amerikas",[18] der katalanische Hieronymit Ramón Pané, über die Religion und Kultur der Tainos, der Ureinwohner von La Española, 1498 geschrieben hat. Dieses Werk ist die wichtigste Quelle über die vorkolumbianische Kultur auf dieser großen Antilleninsel und über die ersten Missionsversuche unter den Indios. Die Beschreibung der Glaubensvorstellungen und Götzendienereien der Indios, die Pané im Auftrag des Kolumbus vornimmt, soll ihrer besseren Evangelisierung dienen. In dieser Absicht werden spätere Amerika-Missionare die Religionen und Kulturen, mit denen sie zu tun haben, studieren; denn sie wissen, dass ohne linguistische und ethnographische Kenntnisse die Evangelisierungsarbeit nicht voranschreiten kann. Besonders erwähnenswert sind auf diesem Gebiet die Arbeiten der ersten Franziskaner Mexikos. Anders als Las Casas wollen sie in keiner Weise die Legitimität der spanischen Eroberung in Frage stellen; aber mit ihren ethnographischen Arbeiten kämpfen sie für eine mexikanische Gesellschaft, die das Licht des Evangeliums aufnimmt, ohne ihre vorspanische kulturelle Identität zu verlieren.[19] Das missionarische Er-

---

[17] Fray Ramón PANÉ: Relación acerca de las antigüedades de los indios: el primer tratado escrito en América. Nueva versión, con notas, mapa y apéndices por José Juan Arrom. 8. Aufl. México: Siglo XXI 1988 (Colección América Nuestra 5).

[18] Robert STREIT: Fr. Roman Panes O.S.Hier., der erste Ethnograph Amerikas. In: Zeitschrift für Missionswissenschaft 10 (1920), 192–193. Vgl. dazu auch Michael SIEVERNICH: Der erste Ethnograph Amerikas. Ramón Pané und sein bericht von 1498. In: Zeitschrift für Missionswissenschaft und Religionswissenschaft 85 (2001), 143–152.

[19] Vgl. BAUDOT: Utopía (Anm. 4). Baudot hat die Werke der Franziskaner Andrés de Olmos, Toribio de Benavente Motolinía, Martín de la Coruña, Francisco de las Navas und Bernardino de Sahagún untersucht. Man könnte hierzu noch das Werk des Franziskaners Diego DE LANDA (Relación de las cosas de Yucatán, 1566, dt.: Bericht aus

kenntnisinteresse ist also wie bei Las Casas mit einem apologetischen verbunden: mit der Ehrenrettung der indianischen Kulturen, die nicht als „barbarisch" betrachtet werden. Bei Las Casas und den Franziskanern handelt es sich schließlich um eine Ethnographie im Dienste dessen, was man heute „Inkulturation des Evangeliums" nennt. Abgesehen von den vielen Grammatiken und Wörterbüchern der indianischen Sprachen, die wir dem missionarischen Interesse verdanken, kann man unter den eigentlichen ethnographischen Arbeiten folgende Werke unterscheiden: allgemeine Geschichten der indianischen Religionen und Kulturen, Ordenschroniken, (Visitations-)Berichte über den indianischen Götzendienst nach der ersten Missionierung sowie verbunden mit Richtlinien zu dessen Ausrottung.

Unter den allgemeinen Geschichten der indianischen Religionen und Kulturen ragen zwei besonders hervor: Die *Historia general de las cosas de Nueva España* (1577–1582) von Bernardino de Sahagún OFM und die *Historia de las Indias de Nueva España e islas de la tierra firme* (1581) von Diego Durán OP. Ihr missionarisches und zugleich apologetisches Erkenntnisinteresse kommt in den Vorworten deutlich zum Ausdruck.

Sahagún vergleicht die Tätigkeit des Missionars mit der des Arztes: Genauso wie dieser die Ursachen der Krankheiten erforschen muss, wenn er sie angemessen behandeln möchte, müssen die Missionare die heidnische Religion und Kultur der Indios kennen, um gegen den Götzendienst predigen zu können: „Die Sünden der Götzenverehrung und abgöttischer Ritten, des götzenhaften Aberglaubens, der Vorzeichen, der Missbräuche und götzenverehrender Zeremonien sind noch nicht ganz verschwunden". Dadurch, dass wir in unserer heutigen Zeit nicht wissen, welche Zeremonien sie in der Zeit ihrer Götzenverehrung praktizierten, „üben sie viele götzenverehrende Handlungen aus, ohne dass wir sie verstehen könnten [...]. Beichtväter fragen sie nicht danach, noch denken sie daran, dass es solche Dinge gibt: weder können sie die Sprache, um sie danach zu fragen, noch würden sie sie verstehen, selbst wenn sie ihnen erzählt würden". Zugleich betont Sahagún, dass die Indios aus dem Stamm Adams hervorgegangen sind und unsere Nächsten sind, „die wir verpflichtet sind zu lieben wie uns selbst". Sein Werk werde dazu dienen, die alten Bräuche und die gan-

---

Yucatán, hg. und mit einem Nachwort von Carlos Rincón. Leipzig: Reclam 1990) nennen, das zur wichtigsten Quelle für die Maya-Kultur geworden ist. Das Erkenntnisinteresse ist hier freilich nicht nur ein missionarisch-apologetisches, sondern auch die Selbstverteidigung: 1562 hatte Landa bei einem Autodafé in Maní die vollständige Sammlung der von den Maya-Priestern zusammengetragenen Kodizes verbrennen lassen. Die Maya-Priester und -vornehmer protestierten bei der Krone gegen das Vorgehen Landas, der sich mit seiner *Relación* zu rechtfertigen versucht. Ob wissenschaftliche Neugierde oder Schuldgefühle ihn dazu trieben, diese Maya-Ethnographie zu schreiben, wissen wir nicht. Er hatte unterdessen Freundschaft mit den Kaziken Juan Nachi Cocom und Gaspar Antonio Chi geschlossen, und diese wurden zu seinen wichtigsten Informanten.

ze Sprache, aber auch „den hohen Grad der Vervollkommnung des mexikanischen Volkes kennenzulernen [...]. So werden sie für Barbaren gehalten und für ein Volk niedrigster Vollkommenheit, wobei sie doch in Wahrheit in den Dingen der Staatsordnung viele andere Nationen, die sich für große Staatswesen halten, übertreffen, mit Ausnahme einiger willkürlicher Ungerechtigkeiten, die ihre Regierungsweise enthielt."[20]

Sahagúns Werk, die beste Informationsquelle über die aztekische Kultur, ist nicht nur wegen des Erkenntnisinteresses und des Inhaltes bedeutsam, sondern auch wegen der Arbeitsmethode, die der heutigen wissenschaftlichen Ethnographie sehr nahe kommt. Sie bestand in der langjährigen Sammlung von vielfältigen Informationen aus der mündlichen Überlieferung vor Ort (Feldforschung) anhand eines durchdachten Fragenkatalogs sowie in der mehrfachen Auswertung und Kontrolle der Ergebnisse durch Vergleiche des Inhaltes und der Form mit Hilfe seiner aztekischen Mitarbeiter: „Alle Dinge, die wir besprachen, gaben sie mir in Form von Bildern, denn dies war die Schrift, die sie in der Vergangenheit verwendet hatten, und die Grammatiker erklärten sie in ihrer Sprache, indem sie die Erklärungen unter die Bilder schrieben. Diese Originale besitze ich noch heute."[21] Das Werk wurde zuerst in der aztekischen Sprache (Náhuatl) geschrieben und von Sahagún selbst ins Spanische übersetzt.

Durán ist ebenfalls davon überzeugt, dass solange die Spur der alten Religion nicht ausgelöscht und ihre abergläubischen Riten nicht völlig ausgerottet werden, die Indios nicht den wahren Gott der Christen kennen lernen werden. Dazu ist aber zunächst nötig, die alte Religion der Indios zu studieren. Ihre Riten sind den unseren vielfach ähnlich. So kommt es oft vor, dass wir denken, sie sind gerne Christen, während sie eigentlich ihrem Götzendienst nachgehen; wir denken, dass sie spielen, während sie die Auguren vor unserer Nase befragen; wir denken, dass sie sich kasteien, während sie ihren Göttern opfern. Die Beschreibung der Götter und Riten der Azteken, die Durán vornimmt, dient also zunächst der Ausrottung des Götzendienstes. Zugleich äußert Duráns deutliche Kritik an der Tabula-rasa-Methode der ersten Missionare: „So täuschten sich diejenigen sehr, die in gutem Eifer, aber nicht sehr klug, in den Anfängen alle Bilder der indianischen Altertümer verbrannten und vernichteten; denn sie haben uns ohne Licht

---

[20] Bernardino DE SAHAGÚN: Historia general de las cosas de la Nueva España, 2 vols., ed. Juan Carlos Temprano. Madrid: Historia 16 1990 (Crónicas de América 55a, 55b), hier vol. 1, 1–7. Leicht zugängliche deutsche Auswahlübersetzung in: Aus der Welt der Azteken. Die Chronik des Fray Bernardino de Sahagún. Mit einem Vorwort von Juan Rulfo. Übersetzungen von Leonhard Schultze, Jena. Eduard Seler und Sabine Dedenbach-Salazar-Sáenz. Ausgewählt und mit einem Nachwort versehen von Claus Litterscheid. Frankfurt am Main: Insel 1989.
[21] SAHAGÚN: Historia, vol. 1, (Anm. 20), 62 (Buch II, Vorwort).

gelassen, so dass sie nun vor unseren Augen Götzendienst betreiben und wir es gar nicht merken."[22]

Auch Ordenschroniken, die sich zumeist darauf beschränken, in einem eher hagiographischen Stil die Evangelisierung einer Ordensprovinz zu historisieren, können eine ethnographische Fundgrube sein. Ein gutes Beispiel dafür ist Francisco Ximénez OP, der Anfang des 18. Jahrhunderts mit der Abfassung der Geschichte des Predigerordens in Chiapa und Guatemala betraut wurde (1722). Als die Indios ihm das Manuskript der Ursprungsgeschichte der Quiché, das so genannte Popol Vuh, zeigten, kopierte er es, übertrug es ins Spanische und nahm es in sein Werk auf. Freilich, wie Sahagún und Durán vermerkt er im Vorwort, dass er das getan habe, damit wir über die Irrtümer des indianischen Heidentums besser unterrichtet sind und wissen, wie sehr diese von unserem Glauben abweichen.[23] Aber Frucht des missionarischen Interesses ist hier indirekt auch eine große ethnographische Leistung.

Eine weitere Gruppe von Ethnographen im Dienste der Mission stellen die Visitatoren der *doctrinas* (indianische Pfarreisprengel), die mit der Ausrottung des Götzendienstes betraut waren. Ein gutes Beispiel hierfür ist das Werk *Extirpación de la idolatría del Perú* (1621) des Jesuiten Pablo José de Arriaga. Darin berichtet er zunächst ausführlich über die Götzen und *huacas* der Indios, die Opferriten und Feier, die Kultdiener und Priester, den Aberglauben und den Götzendienst, die sie „heute noch" haben, obwohl sie Kinder und Enkelkinder von Christen sind. Im zweiten Teil werden die Ursachen der bisherigen Versäumnisse bei der Ausrottung des Götzendienstes analysiert sowie Lösungsvorschläge gemacht. Der dritte Teil enthält schließlich konkrete Richtlinien für die Visitation zur Ausrottung des Götzendienstes. Sein Erkenntnisinteresse hält er im Vorwort fest: „Die Neugierde nach den Sachen, die ich nach und nach entdeckte, steht am Anfang, der Nutzen, den man daraus künftig ziehen könnte, hat die Abfassung des Berichtes gefördert, die eingesehene Notwendigkeit, so vielen Übeln, wie ich entdeckte, abzuhelfen, hat zu dessen Vollendung beigetragen."[24] Diese Berichte, die ähnlich den allgemeinen Geschichten von Sahagún und Durán der radikalen Vernichtung der Überreste indianischer Religionen nach der ersten Evangelisierung dienen sollten, sind heute paradoxerweise eine wichtige ethnographische Quelle zu ihrer Erforschung. Denn obwohl die Missionare die indianischen Re-

---

[22] Diego DURÁN: Historia de las Indias de Nueva España e islas de la tierra firme, 2 vols., ed. Angel M. Garibay. México: Porrúa 1984, hier vol. 1, 3–6 (Biblioteca Porrúa 36, 37).

[23] Vgl. Popol Vuh, ed. Carmelo Sáenz de Santa María, Madrid: Historia 16 1989, 45 f. (Crónicas de América 47).

[24] Pablo José DE ARRIAGA: Extirpación de la idolatría en el Perú. In: Francisco Esteve Barba (ed.): Cronicas peruanas de interés indígena. Madrid: Atlas 1968, 191–277, hier 193 (Biblioteca de autores españoles 209); es gibt eine deutsche Übersetzung: Eure Götter werden getötet. „Ausrottung des Götzendienstes in Peru" (1621), hg. Karl A. Wipf. Darmstadt: Wissenschaftliche Buchgesellschaft 1992.

ligionen nur als teuflischen Götzendienst betrachten, beschreiben sie die Riten und Zeremonien mit großer ethnographischer Sorgfalt.

## 4. Indigene und kreolische Ethnographie

Das indigene Bewusstsein ist ab 1600 ein wichtiger Faktor in Spanisch-Amerika. Einige Indios und Mestizen, die in den Kollegien der Missionare ausgebildet wurden oder im spanischen Dienst standen, klagen nun mit Papier und Tinte ihre Sicht der indianischen Religionen und Kulturen sowie der Eroberung ein. Das sind zumeist Werke, die „richtig stellen" oder „ergänzen" wollen, was aus der Sicht der Autoren in spanischen Werken nicht korrekt oder unvollständig berichtet wurde. Sie sind vielfach auch um Ehrenrettung der Kultur ihrer indianischen Vorfahren bemüht.

Der Inka Garcilaso de la Vega, Sohn einer Inka-Prinzessin und eines Conquistadors, bekundet im Vorwort seiner *Comentarios reales* (1609) über das Inkageschlecht sein Erkenntnisinteresse: „Obwohl einige neugierige Spanier über [...] Peru und andere heidnische Königreiche geschrieben haben, haben sie es nicht in der gewünschten Vollständigkeit getan."[25] Später macht Garcilaso darauf aufmerksam, dass er einen Quellenvorsprung gegenüber den spanischen Autoren hat. Seine Informationsquellen sind erstens die eigenen Beobachtungen, zweitens die langen Gespräche mit seinen mütterlichen Verwandten und Freunden in den 20 Jahren, die er in Peru verbrachte, das heißt: Er möchte zu verstehen geben, dass er imstande ist, über die Inkaherrscher und ihre Kultur von innen her zu berichten. Dies ist allerdings keine Gewähr für Wissenschaftlichkeit. Garcilaso betreibt schließlich eine Idealisierung und Apologie der Inka als Römer Perus – zu Lasten der vorinkaischen Einwohner, für deren Kultur er alle Vorwürfe bereit hält, die von den Spaniern allgemein an die Indios adressiert wurden: Götzendiener, Teufelsanbeter, Barbaren.[26]

Versuchte Garcilaso die Inka zu verteidigen um den Preis einer Verlagerung der Anklage auf die vorinkaische Zeit, so ist in der *Nueva crónica y buen gobierno* (1615) des Indio Felipe Guamán Poma de Ayala[27] genau das Gegenteil der Fall. Er gehört zu jenem vorinkaischen Adel, der von der Inka-Herrschersippe unterworfen wurde; daher entwirft er nun eine monotheistische Apologie der vorinkaischen Agrarreligion unter Verschiebung der Anklage auf die polytheistischen Inka; diese hätten den Götzendienst eingeführt, während die alte Religion

---

[25] Garcilaso DE LA VEGA: Obras completas, 4 vols., ed. Carmelo Sáenz de Santa María. Madrid: Atlas 1960–1963 (Biblioteca de autores españoles 132–135), hier vol. 2, Vorwort zu den Comentarios reales.
[26] Vgl. Garcilaso DE LA VEGA: Obras (Anm. 25), vol. 2, 25.
[27] Vgl. Felipe Guamán Poma DE AYALA: Nueva crónica y buen gobierno, 3 vols., eds. John V. Murra, Rolena Adorno, Jorge L. Urioste. Madrid: Historia 16 1987 (Crónicas de América 29a, 29b, 29c).

mit dem Christentum kompatibel gewesen sei, ja zum Teil auf eine Urvangelisierung in der Apostelzeit zurückginge. Interessant ist das Werk nicht wegen dieser Polemik, sondern weil darin in Wort und Bild (das Werk enthält circa 400 Federzeichnungen) wichtige Informationen über religiöse Bräuche, Sitten, Gesellschaftsstruktur und landwirtschaftliche Kulturtechniken der inkaischen Vergangenheit enthalten sind (Bd. I) und die frühe Kolonialgesellschaft aus indianischer Sicht kritisch dargestellt wird (Bd. II).[28]

Die indigenen Chroniken im mexikanischen Bereich sind entnographisch gesehen nicht so bedeutsam wie die peruanischen. Sie erzählen die Geschichte der Azteken oder der Chichimeken vor der Eroberung und sind bei der Erzählung der religiösen Mythen von der christlichen Sicht (Sintflut, Turm von Babel) beeinflusst.[29]

Im 17. und 18. Jahrhundert blüht auch in Spanisch-Amerika eine kreolische Literatur, die bemüht ist, eine gemeinsame amerikanische Identität mit den Indios und Mestizen zustande zu bringen, und die vorspanische Geschichte Amerikas als eine eigene betrachtet. Vorherrschendes Erkenntnisinteresse ist hier die Rekonstruktion einer eigenständigen nicht-kolonial-missionarischen christlichen Vergangenheit unter Berufung auf eine Evangelisierung Amerikas in der Apostelzeit durch den Apostel Thomas (oder Bartholomäus). Den Anfang mit der Kreolisierung der Thomas-Legende macht der Peruaner und Augustiner Antonio de la Calancha 1639.[30] Das Postulat einer apostolischen Evangelisierung Altamerikas ist für ihn ein Gebot evangelischer Gerechtigkeit und eine logische Folge des universalen Missionsbefehls Jesu Christi (Mk 16,15, Mt 28,19): Warum sollte die Verkündigung oder die universale Erlösung des Christentums räumlich auf die Alte Welt begrenzt gewesen sein? Denen, die solches behaupten, wirft Calancha schlichtweg vor, sie suchten einen Vorwand, um die Verteufelung und Verdammung der indianischen Religionen und Kulturen mit gutem Gewissen weiterhin zu betreiben. Seine Gegenthese lautet: Die Indios sind genauso Christen der ersten Stunde wie wir gewesen, doch im Verlauf der Zeit verdunkelte sich das Licht des Glaubens durch den Mangel an Priestern und Lehrern, der die Arbeit des Teufels begünstigte; sehen wir genauer hin, so stellen viele ihrer Riten nicht die radikal zu beseitigende Nachäffung der wahren Religion dar – so die missionarische *opinio communis* im 16. Jahrhundert –, sondern lediglich von Heidentum überwucherte christliche Sakramente und Feste; diese werden wieder an die Oberfläche kommen, wenn man behutsam die heidnische Patina abträgt, für

---

[28] Vgl. näher dazu: Mariano DELGADO: Abschied vom erobernden Gott. Studien zur Geschichte und Gegenwart des Christentums in Lateinamerika. Immensee: Neue Zeitschrift für Missionswissenschaft 1996, 143–147 (NZM Supplementa 43).

[29] Vgl. einen Überblick bei MARZAL: Historia (Anm. 4), 279–284.

[30] Vgl. Antonio DE LA CALANCHA: Crónica moralizada del Orden de San Agustín en el Perú, 6 vols. (mit fortlaufender Seitenzählung). Lima: Universidad Nacional Mayor de San Marcos 1974–1981, hier vol. 3, S. 710–771. Eine deutsche Auswahlübersetzung dieses Kapitels findet sich in: DELGADO: Abschied (Anm. 28), 286–289.

die die Indios keine Schuld tragen, da sie während so vieler Jahrhunderte von der Kirche der Macht des Teufels überlassen wurden. Was Calancha im peruanischen Kontext geleistet hat, werden in der zweiten Hälfte des 17. Jahrhunderts im mexikanischen Kontext eher kreolische Jesuiten oder jesuitennahe Kreolen tun: etwa Manuel Duarte und vor allem Carlos de Sigüenza y Góngora (um 1675).[31] Auch hier erscheint die Postulierung einer Evangelisierung Altamerikas durch den Apostel Thomas als ein Gebot evangelischer Gerechtigkeit und eine logische Folge des universalen Missionsbefehls Jesu Christi. Es scheint diesen Autoren theologisch unmöglich, dass Amerika, wo circa ein Drittel der Menschheit lebe, nicht die Ehre der apostolischen Evangelisierung empfangen habe. Der wissenschaftliche Wert der kreolischen Ethnographie ist eher beschränkt. Diese Werke neigen zur Idealisierung und Verchristlichung der indianischen Vergangenheit. Anders als die aus Europa kommenden Priester, Militärs und Verwaltungsbeamten fühlen sich die Kreolen als „Amerikaner" und sehen in der Geringschätzung und Verteufelung der indianischen Traditionen auch eine Beleidigung der langsam keimenden eigenen kulturellen Identität. Die kreolische Ethnographie dient nicht zuletzt der Schaffung der geistigen (geschichtstheologischen) Voraussetzungen für ein emanzipiertes amerikanisches Selbstbewusstsein.

5. „Wissenschaftliche" Ethnographie

Es gibt in Spanisch-Amerika auch Autoren von ethnographischen Werken mit einem Erkenntnisinteresse, das am ehesten der heutigen wissenschaftlichen Einstellung entspricht. Drei solcher Autoren – allesamt Jesuiten – seien hier abschließend vorgestellt.

José de Acosta SJ hat seine *Historia natural y moral de las Indias* (1590) geschrieben, weil er mit dem bisherigen Stand der Forschung nicht zufrieden war. Avosta weiß, dass viele Autoren Bücher und Berichte über die Neue Welt und über die neuen und seltsamen Dinge, die man dort entdeckt hat, geschrieben haben. Doch bis heute habe er weder einen Autor gefunden, der die Ursache und den Grund für diese neuartigen Dinge zu erklären vermöge, noch einen, der Nachforschungen in diesem Sinne anstelle; auch habe er kein Buch gefunden, das die Taten und die Geschichte der alten Indios und Ureinwohner der Neuen Welt umfassend behandelt. Diese letzte Aussage ist nicht ohne Pointe. Denn Acosta wusste, dass die Werke der apologetischen und missionarischen Ethnographie aufgrund der Zensurmaßnahmen Philipps II. nicht erscheinen konnten (dazu mehr unten).

Acostas Werk markiert in der Ethnographie Spanisch-Amerikas den endgültigen Wandel von der naiven zur wissenschaftlich-systematischen Neugier-

---

[31] Vgl. Jacques LAFAYE: Quetzalcóatl y Guadalupe. La formación de la conciencia nacional en México. México: Fondo de Cultura Económica 1977, 271.

de, basiert aber eher auf Berichten aus zweiter Hand. Anders als die Vertreter der Missionsethnographie hat Acosta keine indianischen Sprachen gelernt und keine Feldforschung gemacht. Er verkörpert den gebildeten europäischen Theologen, der als Konzilsberater und Organisator der Jesuitenmission einige Jahre in Peru und Mexiko verbringt und nach seiner Rückkehr ein differenziertes ethnographisches Buch nach dem Geschmack der Zeit schreibt (keine Apologie der indianischen Kulturen, Verteufelung der indianischen Religionen, keine Rechtstiteldiskussion, gemäßigte Kritik der Missstände im Kolonialsystem, vorsehungstheologische Rechtfertigung von Eroberung und Missionierung, verbunden mit der „wissenschaftlichen" und geschichtstheologischen Einordnung der Neuen Welt in den bisherigen Gang der Geschichte). Seine Quellen sind „weise und in diesen Dingen sehr verständige Männer", aus deren Gesprächen und Informationen er entnommen habe, was ihm geeignet schien, um über die Bräuche und Taten der indianischen Völker zu berichten.[32] Acostas „wissenschaftlicher" Umgang mit den Fragen, die die Entdeckung der Neuen Welt hervorrief, wird am deutlichsten bei der Beantwortung der Frage nach dem Ursprung der Indios. Er stellt drei Hypothesen auf, die er sorgfältig prüft: Die Indios kamen nach Amerika entweder absichtlich auf dem Meeresweg oder unfreiwillig nach einem Schiffbruch, oder sie kamen auf dem Landweg. Er lässt alle drei Hypothesen als wahrscheinlich gelten, befürwortet aber den Landweg, weil er – noch vor der Entdeckung der Beringstrasse – von einer Landverbindung zwischen Asien und Amerika in der Vorzeit ausgeht.[33] Acostas *Historia* wurde in Europa um 1600 zum Bestseller. Neben den spanischen Ausgaben von Sevilla (1590), Barcelona (1591) und Madrid (1608) erschienen auch zehn Übersetzungen: drei ins deutsche, zwei ins Französische und ins Lateinische und je eine ins Englische, Italienische und Niederländische.[34]

Im Proömium zu einem zweiten, eher missionstheologischen Werk *De procuranda indorum salute* (1588) vertritt Acosta eine differenzierte Barbarentypologie, die der Kulturentwicklung Rechnung trägt, aus den Indios aber unterentwickelte Menschen macht, die der Obhut der Spanier bedürfen. Konkret spricht Acosta im Bezug auf die neu entdeckten Völker von drei verschiedenen Arten von Barbaren: Zum ersten Typ gehören die Chinesen, Japaner und die meisten Völker der ostindischen Provinzen; ihnen bescheinigt er, sie seien genauso zivilisiert wie die Europäer, denn sie haben „feste Regierungsordnungen, staatliche Gesetze, befestigte Städte, hochangesehene Beamte, einen blühenden, wohlorganisierten Handel, und – was noch wichtiger ist – den anerkannten Gebrauch der Schrift". Zum zweiten Typ gehören die Indios der Hochkulturen Mexikos und Perus. Sie kannten zwar keine Schrift (wenn man von der Bilderschrift absieht), hatten aber ein wohlgeordnetes politisches Regiment und einen Götterkult

---

[32] Vgl. José DE ACOSTA: Historia natural y moral de las indias, ed. José Alcina Franch. Madrid: Historia 16 1987, 57 ff. (Crónicas de América 34).
[33] Vgl. ACOSTA: Historia (Anm. 32), S. 108–119 (Buch I, Kap. 19–22).
[34] Vgl. MARZAL: Historia (Anm. 4), S. 103.

*Die Neue Welt als hermeneutisches Problem* 83

mit Priestern und Tempeln. Zum dritten Typ aber gehören die Nomaden, wie etwa die Guaraní und die meisten indianischen Völker, die ohne Gesetz und König, ohne Verträge und Verwaltung und auch ohne einen organisierten Götterkult leben.[35]

Wissenschaftlich will auch das Werk von Bernabé Cobo SJ *Historia del Nuevo Mundo* (1653) sein. Als Hauptbeweggrund nennt er im Vorwort die Verschiedenheit der Meinungen, die er in den Chroniken der Neuen Welt gefunden habe, und den Wunsch, den Dingen, die darin beschrieben werden, auf den Grund zu gehen. Den bisherigen Chroniken hält er vor, man würde merken, dass die einen vielfach von den anderen abgeschrieben haben. Selten werde darin getreu und aufrichtig berichtet, sondern eher mit Leidenschaft, Schmeichelei oder Ehrgeiz. Bei den meisten Autoren vermisst er die Hauptbedingung der Geschichtsschreibung, dass man sich nämlich auf Informationen in den Archiven vor Ort stützen sollte. Anschließend nennt er die Vorzüge, die sein Werk auszeichnen: er lebe seit vielen Jahren (über 57) in Westindien, habe Zeitzeugen der Conquista und der ersten Evangelisierung sowie viele Indios kennen gelernt, die sich an die Zeit der Ankunft der Spanier erinnerten. Zudem habe er in Tagebüchern und Berichten, die manche Konquistadoren geschrieben haben und nun ihre Nachfahren bewahren, vieles über die alte Zeit gelesen. Des Weiteren habe er viele Dienstberichte der alten Konquistadoren sowie viele königliche Erlasse und Anweisungen und Briefe der Vizekönige und Statthalter gelesen, die in den öffentlichen Archiven aufbewahrt werden. Und schließlich habe er aus den kirchlichen und weltlichen Archiven viele Dokumente eigenhändig kopiert.[36] Cobos monumentales Werk ist leider nur im Fragment erhalten. Man hat es „totales Inventar seiner Epoche, Synthese des ersten kolonialen Jahrhunderts, Katalog aller Pflanzen und Tiere der Neuen Welt, Geschichte aller indianischen Völker und Rassen" genannt.[37] Besonders bedeutsam ist Cobos Werk jedoch nicht in den historisch-ethnographischen Anteilen (trotz seiner Absichtserklärung hat er nicht immer eine gute Hand für die Wahl der Quellen), sondern in den „naturwissenschaftlichen" (Geographie, Fauna und Flora).

Der dritte Autor mit einer „wissenschaftlichen" Einstellung ist der Mexikaner Francisco Javier Clavijero SJ in seinem Werk *Historia antigua de México* (1780). Im Vorwort sagt er, er habe alles, was bisher über die mexikanischen Altertümer geschrieben worden sei, gewissenhaft gelesen und geprüft; er habe die Berichte verschiedener Autoren miteinander verglichen und ihre Autorität in der Waage der Kritik sorgfältig gewogen; er habe sehr viele historische Bilder über

---

[35] José DE ACOSTA: De procuranda indorum salute, 2 vols. Madrid: Consejo superior de Investigaciones Científicas 1984–1987, hier vol. 1, Proömium, 60–71 (Corpus hispanorum de pace 23 und 24).
[36] Vgl. Bernabé COBO: Obras, ed. Francisco Mateos. Madrid: Atlas 1964, hier vol. 1, 3–7 (Biblioteca de autores españoles 91 und 92).
[37] Raúl PORRAS BARRENECHEA: Los cronistas del Perú. Lima: 1962, 405, hier zitiert nach: MARZAL: Historia (Anm. 4), 109.

die Mexikaner studiert, ihre Manuskripte herangezogen, mit vielen verständigen Männern gesprochen. Dazu noch habe er 36 Jahre in Mexiko gelebt (zur Zeit der Abfassung des Werkes befindet er sich nach der Auflösung der Gesellschaft Jesu 1767 und der Vertreibung aus dem Spanischen Reich im italienischen Exil). Sein Hauptziel sei die nackte Wahrheit. Wenn er sich aufgrund der Verschiedenheit der Meinungen in den Quellen kein genaues Bild machen könne, werde er die verschiedenen Meinungen darstellen und dem gesunden Menschenverstand folgen. Er habe immer die zwei heiligen Gesetze der Geschichtsschreibung präsent gehabt: weder die Lüge wagen noch die Wahrheit aus Furcht vorenthalten.[38] Aber trotz dieser Vorsätze ist Clavijeros Werk parteiisch. Es geht ihm um eine Apologie der indianischen Altertümer und der Indios selbst angesichts der Anklage-Literatur der Aufklärer (Raynal, Bufon, De Pauw u. a.), die in den Indios nur ungebildete, minderwertige Geschöpfe ohne Kultur sehen.[39] Die dekadente Lage der mexikanischen Indios gehe auf die Conquista und die mangelnden Bildungsmöglichkeiten zurück. Ihre alte Kultur sei hingegen mit den antiken europäischen Kulturen vergleichbar.[40] Dieses apologetische Erkenntnisinteresse hatten wir schon bei Las Casas festgestellt, der über mehr ethnographischen und vergleichenden Sachverstand als Clavijero verfügt.

## 6. Ausblick

Sieht man von der plumpen Instrumentalisierung der Ethnographie zur Rechtfertigung der Conquistas und Encomiendas ab, so sind die Erkenntnisinteressen vielfältig. Die Krone ist daran interessiert, eine möglichst genaue Beschreibung der Überseeprovinzen zu erhalten, um sie besser ausbeuten, aber auch gerechter regieren zu können. Die Missionare studieren die fremden Religionen und Kulturen, um sie besser evangelisieren zu können, aber auch um sie vom Makel der „Barbarei" apologetisch zu befreien oder ihr kulturelles Gedächtnis nach den ersten Zerstörungswellen zu retten. Indios und Kreolen sind bemüht, die vorspanische Vergangenheit „ins rechte Licht" zu rücken. Andere wiederum bewegt, wie später Alexander von Humboldt, die reine intellektuelle Neugierde. Der wissenschaftliche Wert entspricht nicht immer den in den Vorworten festgehaltenen Absichtserklärungen. Die spanische Krone selbst hat uns ein Kriterium

---

[38] Vgl. Francisco Javier CLAVIJERO: Historia antigua de México. 8. Aufl., México: Porrúa 1987, XXI–XXII (Colección Sepan cuantos 29).
[39] Vgl. dazu GERBI: La disputa del Nuevo Mundo (Anm. 4). Selbst der große Hegel wird von der geographischen Unreife der Neuen Welt sprechen und folgendes Urteil über die Indios Spanisch-Amerikas abgeben: „Die Inferiorität dieser Individuen in jeder Rücksicht, selbst in Hinsicht der Größe, gibt sich in allem zu erkennen." Gottfried Wilhelm Friedrich HEGEL: Vorlesungen über die Philosophie der Geschichte. Frankfurt am Main: Suhrkamp 1970, S. 107 f. (Theorie Werkausgabe 12).
[40] MARZAL: Historia (Anm. 4), 398.

für die subversive Kraft der ethnographischen Werke in Spanisch-Amerika geliefert: die staatliche Zensur. Sie folgte drei Prinzipien: „1. alles, was den guten Ruf der Conquista oder Conquistadoren schmälerte, musste unterdrückt werden; 2. bei Behandlung der Missionen mussten alle Hinweise auf Konflikte, vor allem mit den Staatlichen Behörden, weggelassen werden; 3. die Indianer mussten als tiefstehende Menschenrasse ohne Kultur dargestellt werden."[41] Acostas Werke konnten erscheinen, weil sein „wissenschaftliches" Erkenntnisinteresse im Wesentlichen diesen drei Kriterien angepasst wurde (beim missionstheologischen Werk waren dennoch einige Expurgationen nötig, die seine Kritik an Missständen des Kolonialsystems betrafen). Die apologetische Ethnographie des Las Casas und die Missionsethnographie der Bettelmönche Mexikos, die einen Meilenstein in der vergleichenden Ethnographie darstellen, fielen hingegen der staatlichen Zensur zum Opfer, weil sie eine offene (Las Casas) oder subtile (Sahagún, Durán) Apologie der indianischen Kulturen enthielten.

Die historischen und ethnographischen Schriften des Las Casas wurden 1571 auf Anordnung Philipps II. konfisziert und an den Indienrat übergeben, „damit man sie prüft und solche gedruckt werden, die veröffentlicht werden sollten"[42] – in Wirklichkeit aber, damit sie unter Verschluss gehalten und nicht veröffentlicht werden können. Die Konfiskation von Sahagúns Werk wurde am 22. April 1577 per königlichen Erlass an den Vizekönig von Mexiko, Martín Enríquez, verfügt. Darin wird unter anderem gesagt, der Vizekönig solle Sahagúns Originalschriften und alle Kopien konfiszieren und an den Indienrat schicken, damit sie dort geprüft werden können. Der Vizekönig solle künftig in keiner Weise erlauben, dass man – in welcher Sprache auch immer – Werke über den Aberglauben und die alte Lebensweise der Indios schreibt. Obwohl der Eifer des Fray Bernardino de Sahagún ein guter gewesen sei, scheine es aus verschiedenen Rücksichten nicht angebracht, dass sein Werk gedruckt werde oder Kopien davon in Mexiko bleiben.[43]

Die Zensurmaßnahmen von 1577 offenbaren die subversive Kraft der Ethnographie in Spanisch-Amerika und führen dazu, dass seriöse Werke, die ein halb-

---

[41] Johannes BECKMANN: Die Glaubensverbreitung in Amerika. In: Hubert Jedin (Hg.): Handbuch der Kirchengeschichte, Bd. 5. Freiburg: Herder 1985, 262. – Vgl. auch Juan FRIEDE: La Censura Española del Siglo XVI y los libros de Historia de América. In: Revista de Historia de América 47 (México 1959), 45–94. – Vgl. hierzu auch BAUDOT: Utopía (Anm. 4), 471–502.

[42] AGI (Archivo General de Indias), Indif. Gral. 426, Buch XXV, fol. 134 v., hier zitiert nach Isacio PÉREZ FERNÁNDEZ: Estudio crítico preliminar. In: Bartolomé de Las Casas, Obras completas, ed. Paulino Castañeda. Madrid: Alianza Editorial 1992, vol. 3, 11–324, 31.

[43] Der Erlass findet sich in: AGI, Patronato II, Minutas de Reales Cédulas, ramo 79; gedruckt wurde er in: J. GARCÍA ICAZBALCETA: Nueva colección de documentos para la historia de México. 5 vols. México 1886–1892 (Neudruck: Nendeln: Kraus-Thomson 1971), hier vol. 2 (Códice franciscano), 249–259.

wegs positives Licht auf die indianischen Kulturen vor der Ankunft der Spanier werfen, erst im 19. und 20. Jahrhundert erscheinen können. Es ist eine Ironie der Geschichte, dass dies nicht nur die Werke Las Casas' (Erstdruck: 1909), Sahagúns (Erstdruck: 1830) und anderer Bettelmönche betrifft, sondern auch die von Philipp II. selbst – nicht zuletzt um der apologetisch-missionarischen Ethnographie entgegen zu wirken – in Auftrag gegebenen *Relaciones geográficas de Indias* (Erstdruck: 1881–1897) und das ihnen zugrunde liegende Werk *Geografía y descripción universal de las Indias* (1574, Erstdruck: 1894) des königlichen Kosmographen Juan López de Velasco. Aus Angst, dass die mit Spanien rivalisierenden Nationen daraus Munition für die Propagandaschlacht gewinnen könnten, verfügt Philipp II. am 28. September 1582, dass die Bücher seines Kosmographen aufgrund der Materie, die sie behandeln, wie der Nachteile, die entstehen könnten, wenn sie durch viele Hände gehen und Kopien davon gemacht werden, vom Indienrat konfisziert und in einer gut verriegelten Truhe aufbewahrt werden.[44] Die wissenschaftliche amerikanische Ethnographie fiel so der Propagandaschlacht im Schatten der Monarchia hispanica[45] zum Opfer.

---

[44] AGI, Indif. Gral. 740. ramo III von 1582: Consulta del Consejo de Indias al Rey „De Madrid, a 28 de septiembre de 1582"; vgl. hierzu BAUDOT: Utopía (Anm. 4), 471–502, besonders 487.

[45] Vgl. dazu Franz BOSBACH: Monarchia universalis. Ein politischer Leitbegriff der frühen Neuzeit. Göttingen: Vandenhoeck & Ruprecht 1988 (Schriftenreihe der Historischen Kommission bei der Bayerischen Akademie der Wissenschaften 32).

# Frage und Antworten

## Interpretation as Possible Answer

*François Ruegg*

Social anthropology has long abandoned the project of becoming a science, following the model of chemistry or even linguistics as Lévi-Strauss still thought it possible. Since the 1980s, social anthropology entered into a deep depression called reflexivity. One of its main consequences was a general mistrust towards any traditional ethnography (Marcus, Clifford 1986, Geertz 1989). My paper aims to show that anthropology, despite all its self-criticisms, still helps to find new and more productive (and even more accurate) interpretations to phenomena or productions often seen as belonging to, or issued from a nation or an ethnic group. I shall take the example of the so called Roma/Gypsy palaces built in Romania after 1989 to illustrate my argument.

Questions and answers in social anthropology

Questions raised by social anthropology are certainly not new. They are those that philosophy, history and geography have elaborated since Early Antiquity. On the question of the existence of cultural differences, for example, Herodotus, in the fifth Century A. D., comparing Barbarians Egyptians and Greeks, showed that the former do exactly the opposite of the latter:

> Not only is the Egyptian climate peculiar to their country and the Nile different in its behaviour from other rivers elsewhere, but the Egyptians themselves in their manners and customs seem to have reversed the ordinary practices of mankind. For instance, women attend market and are employed in trade, while men stay at home and do the weaving. In weaving the normal way is to work the threads of the weft upwards, but the Egyptians work them downwards. Men in Egypt carry loads on their heads, women on their shoulders; women pass water standing up, men sitting down. To ease themselves they go indoors, but eat outside in the streets, on the theory that what is unseemly but necessary should be done in private, and what is not unseemly should be done openly (Herodotus, The Histories 2.35-36 ).

In doing so Herodotus sets a first answer to cultural (behavioural) differences by the concept of *distance*. Distance, can be seen not only as geographic but also mental: out of the norm, abnormal, strange. Geographically speaking, distance is considered as being at the margin, out of *my* world which stays at the centre. Hence Herodotus formulated in his way what we call *ethnocentrism*, a position which has been criticised from different perspectives in anthropology, particularly by the opposite position, known as *cultural relativism*[1] and linked with the name of Franz Boas (1858–1942), considered as its founder.

Such a binary opposition between us and the others will have a long-lasting success in nascent ethnology, as we know. It paved the way for the concept of the *Grand Partage*, still discussed in the second half of the twentieth Century (Goody 1977, Latour 1980). The question posed here asks whether there are different kinds of humans and why (Leach 1982). The vocabulary attached to the *answer* to difference has changed: *Primitive* people have been replaced by *Backwards* people,[2] the latter by *Underdeveloped* or "in the process of being developed" i.e. developing. However the same question still remains: Is it possible to include in one single category all humans, despite their differences, visible and invisible? Is difference in societies a question of time or nature? Or perhaps culture? But what is culture? Answers to these questions have indeed had a very broad impact on society and politics in particular. They are not mere "scientific" discussions; they contribute to the construction of our social imagination about other (distant) human groups and societies, particularly in the context of colonisation and "development". Furthermore, it is social imagination (about differences) that inspires our decisions and actions, particularly in the field of multiculturalism.

In order to be accepted, such answers have to be, paraphrasing what Geertz says about religion, "cloth[ed] ... with such an aura of factuality that they seem uniquely realistic". In a world which believes in reason and reasonable behaviour (rational action) it is the scientific clothing or disguise of the answers that gives them authority and makes them valid.

---

[1] On the French intellectual history of these concepts see T. Todorov: Nous et les Autres. Paris: Seuil 1989.

[2] See for example this issue of "The World Today" dedicated to *The backward peoples and our relations with them* by Sir Harry Johnston, published in 1920 by Humphrey Milford, Oxford University Press and distributed in London, New York, Toronto, Melbourne, Cape Town, Bombay, Calcutta, Madras, Shangai, Peking and Copenhagen, which in conclusion reads: "But White peoples must try to realize that the still Backward races, the once-decrepit nations, have travelled far in intellectuality since the middle of the nineteenth century and that the continuance of an insulting policy towards them will join them some day in a vast league against Europe and America, which will set back the millennium and perhaps even ruin humanity in general" (61).

Wrong questions, insufficient answers

As a matter of fact, as soon as science replaced theology in the pyramid of knowledge of the Western World and since the divorce of sciences from philosophy in the 17th Century, science became the only model to follow, be it also for the study of societies and cultures. In this context, the development of ethnology and social anthropology as social sciences can be seen as a permanent effort to obtain a scientific status; a status that would compete with the standards of natural sciences. As a matter of fact, all human sciences seemed to have suffered from the same suspicion of being only conjectural. Hence they developed a complex of inferiority. The growing prestige of mere reason in the *Aufklärung*, the development of experimental methods and the administration of the proof in natural sciences in the 19th century even widened the gap between natural sciences and human sciences. However philosophy and natural sciences often inspired each other in the development of new theories as it is the case of Spencer with the theory of evolution. Nonetheless evolutionism and social Darwinism in social anthropology are the most blatant illustration of my hypothesis, i. e. the inferiority complex of social sciences and hence their efforts to *sound* like hard sciences and to imitate them at least formally.

Although the theory of evolution proposed by Darwin has been often misinterpreted in social sciences, the fact is that several scholars have referred to it in order to give a scientific answer to the question of social and cultural differences. Social Darwinism resembles the "intelligent design" (Picq 2008) theory, which is but a projection in social sciences of the final cause theory elaborated by Aristotle. It has very little to do with the theory of evolution but it allows the evolutionist believers to give a reasonable answer/explication of socio-cultural difference, merely to give human history a direction and a meaning.

Incidentally, evolutionism in social sciences pre-dates the famous essay by Darwin on the Origin of species (1859). As we know, the sociologist Auguste Comte (1798–1857) in his *Cours de philosophie positive* (1830 and later *Discours sur l'Esprit positif,* 1844) already gave a most caricatured expression of the *linear* evolutionism. Comte had the ambition to explain the world's cosmological evolution in three steps which I will quickly recall: According to him the evolution of humanity takes place in in 3 phases or ages:
1. the theological age itself developed in 3 steps, fetishism, polytheism, monotheism which also corresponds to the 3 races, black, yellow, white; it is the reign of imagination and childhood;
2. the metaphysical age (era of philosophy) is the reign of transition between imagination and observation; it continues to seek absolute knowledge but makes causes abstract: instead of calling for divine entities it calls for the Being (abstract); this age, as expected, is considered as the adolescence of humanity;
3. the positivist age, finally, represents the culmination of the evolution of humanity whose Prophet is Comte himself; it will lead humanity to the adult stage.

Comte had a considerable descent or at least influence: he set the pattern of the "primitivist discourse", according to which humanity evolves from savagery to civilisation, a discourse which is still applied in the *development ideology* of international organisations today. Notwithstanding the aforementioned politically correct adaptation of terminology, successively from primitive to underdeveloped and developing societies, the idea that *we* have achieved the rational age of maturity is still widespread among a large spectrum of our intellectual elites. This can be observed in various fields, even in social sciences and particularly in the sciences of religions. Marcel Gauchet, for example, speaks of a *"sortie de la religion"* as a major achievement of mankind, by what he means the modern West. In politology, democracy is still presented as the Omega of all political systems; a "stage" that should be aimed and reached by all nations and would mark, as in all millenarism, the end of history.

However, interestingly enough, Comte believes that positivists should no longer consider *causes* but rather *laws*, in other words the *how*, not to the *why*. From this point of view, Comte broke with historical evolutionism and announced somehow another explicative theory, functionalism, which claimed to be scientific too. Functionalism in social sciences can also be seen as an attempt to scientifically explain the variety of social systems. It abandons linear evolution in favour of an organic conception of societies. Again, the model comes from natural sciences, with the ambition of reducing societies to natural organisms. This model promoted by major anthropologists like Malinowski and Radcliffe-Brown, equally failed to explain the functioning of societies, partly because it ignores or deliberately eliminates the historical dimension of societies. Later, Structuralism was established on the conviction that it would finally achieve the dream of the founding fathers: to give social anthropology a real scientific status. We know about Levi-Strauss's attempt to establish a *periodical table* of mythology, after the model of the periodical elements of Mendeleev. We also know that it failed. Moreover the scientific vocabulary borrowed from mathematics and physics to give this endeavour a more scientific "clothing" only convinced anthropologists. This is why the famous Sokal & Bricmont affair in the late 90s that revealed the vanity of the attempt of social sciences to look like hard sciences through the use of a mathematic language should be mentioned here. "Transgressing the Boundaries: Towards a Transformative Hermeneutics of Quantum Gravity", was published in the *Social Text* Spring/Summer 1996 "Science Wars" issue. It stated that quantum gravity is a social and linguistic construct. On its date of publication (May 1996), Sokal revealed in *Lingua Franca* that the article was a hoax, identifying it as "a pastiche of Left-wing cant, fawning references, grandiose quotations, and outright nonsense [...] structured around the silliest quotations [by postmodernist academics] he could find about mathematics and physics".

The end result was a book by Sokal & Bricmont: *Fashionable Nonsense: Postmodern Intellectuals' Abuse of Science,* mocking the idols of French philosophy like Lacan, Kristeva, Baudrillard, Deleuze etc. This book showed how famous Parisian intellectuals abused mathematical language and expressions, using them as metaphors, outside of their context and most of the time without understanding themselves their very meaning or use. This is not to say that human sciences should be irrational, or fall into the trap of absolute relativism and post-modern constructivism. Sciences no more than gender, are pure constructs. After all, physicists or astronomers can fall in similar traps when they try to philosophise and sometimes produce only banal already made statements.

Culturalism itself, although it constituted a first resistance to determinism, gave way to scientism, under the pressure of the same complex of inferiority. Let us only briefly recall how the schism that divided the neo-evolutionists from their culturalist ancestors happened. Steward and White, late heirs of Boas, rejected traditional culturalism to enter into cultural materialism or environmental determinism. They both emphasised the importance of material resources and technologies in societies. Steward concentrated his work on technologies, economy, social organisation and demography which determine, according to his theory, what he called the *culture core*. Other cultural factors develop independently according to local specificities; the combination of the two gave birth to a theory of a multilinear evolution in which each society is keeping in a way or another some specific cultural traits even in similar environments. Leslie White estranged himself far more than Steward from the Boasian school and added a Marxist touch to his thinking, apparently after visiting Moscow in 1929. He pushed materialism to the point of considering the use of energy as a determinant factor of cultural evolution. White is the type of reductionist who wants to submit all the facts to his theory, or in other words, for whom technology comes first and inspires every cultural trait, including philosophy (White 1949 in Sahlins 1976: 103). The materialist trend in cultural ecology, initiated by Steward and White, was taken over by two main authors: Marvin Harris and Roy Rappaport under the name of neo-functionalism. Neo-functionalists "consider the social organisation and culture of specific populations as functional adaptations which permit the populations to exploit their environments successfully without exceeding their carrying capacity. They concentrate their focus on population, the group, and not on the social order, neither the individuals (as opposed to biological ecology)" (Orlove 1980: 240). The emphasis here is put on energy and nutrition (Harris); societies or cultures are considered as eco-systems in which survival and reproduction are fundamental. It is based on the old idea that man is a deprived animal who had to compensate his native handicap by other means (technology and culture), culture being determined by technology. For the evolutionists and functionalists, human behaviour is rational and economic which sounds very much in line with an old ideal of the *Aufklärung* in the 18th Century! I shall not refer much to Sociobiology, which belongs to the same scientific-materialist approach still trendy in the USA today. The main author in the field was Edward Wilson who in 1975 published a book called *Sociobiology: The New Synthesis,* a much-debated book in the North American academic world. Globally the idea was that anthropology and sociology could be finally integrated into biology and become scientific! New Materialist Ecology continues, in its own way, to rely on the old Marxist ideas on society, according to which there are primary elements and secondary elements: the first would be the economic and production (for survival) needs, the second social and symbolic needs (infrastructures and superstructures) determined by the first. This materialistic current sees, as climate deterministic reductionism, nothing else than physical and biological needs and challenges of adaptation to the environment that culture would meet, when biological forces of human (this disadvantaged animal) are not sufficient. Yet our most basic experiences: to eat, to dress, to love on the one hand, and our observations of the animals, on the other, should have taught us that our behaviours are never limited to their physical or functional purpose, but the symbolic and the imaginary are constantly present and most of the time in forms we do not understand immediately and for which symbolic anthropology's interpretation is required, as Clifford Geertz and Marshall Sahlins argued, after other philosophers and sociologists like Cassirer and Weber. In addition, an important point, anthropologists today recognize that societies do never live in total autarky or isolation from each other, and that, consequently, the socio-cultural environment is marked by the relations with other groups. The latter can be pacific in the case of friendly neighbourhood, or tenser in the case of domination or occupation. In any case these relations have an influence on the manner in which a society adapts to the environment, a process which is called acculturation.

It may well be that neurosciences will bring new light on the functioning of societies and individuals, that emotions are but individual reactions to biological stimuli, but in my view, human behaviour remains too complex an object to be reduced to bio-chemical factors. So far I hope to have convincingly demonstrated the vanity of social anthropology in pretending to be a science, as can be the case of biology.


Interpretations instead of answers: more *Verstehen* than *Erklären*

Indeed anthropology can provide models or ideal-types that are useful for the interpretation of social facts, but it cannot provide laws according to which humans would perform their actions or rituals. If post-modernism and the rejection of rationality have brought something to the scientific debate, it is not the proof that everything is a fiction and that there is no reality. Once again, philosophy and religions had already proposed such a view. It is rather the recognition for the necessity of *interpretation* and the fact that we cannot reduce societies and human behaviour to a simple mechanism of stimuli-answers. Social science should not be equal to reductionism; it should accept its limits. After having tried to use a series of theories, imitated from natural sciences (evolutionism, functionalism and ultimately structuralism) to the study of human societies, most anthropologists, except for the above mentioned neo-evolutionists and socio-biologists, have clearly adopted an interpretive stand. This interpretive turn however, associated with Clifford Geertz, can already be observed in the work of Evans Pritchard in the middle of the last Century in his structural-functionalist approach as well as in the already mentioned school of the North-American culturalists. Anthropologists once again followed former models of philosophers and sociologists, from Wilhelm Dilthey to Max Weber, who had successfully proposed this sort of *interpretive* stand. Thus, the question for anthropology is no longer aimed at *Erklären* but at *Verstehen*.

Hermeneutics and phenomenology are the two main sources for interpretive anthropologists[3]. I would like to evoke two main figures of this school, namely Clifford Geertz and Marshall Sahlins. In social anthropology, Clifford Geertz (1926–2006) is considered as the paragon of the interpretive turn. His famous *thick description* model remains a method for anthropologists to try to grasp other social groups in their own logic and complexity, and any action in its cultural context. Geertz uses several metaphors, even to define culture, referring explicitly to Max Weber:

> "Believing, with Max Weber, that man is an animal suspended in webs of significance he himself has spun, I take culture to be those webs, and the analysis of it to be therefore not an experimental science in search of law but an interpretative one in search of meaning. It is explication I am after, construing social expression on their surface enigmatical"(Geertz 1973: 5).

Interpreting a culture's web of symbols means a series of actions to be done by the anthropologist, namely:
– isolating its elements,
– specifying the internal relationships among those elements,
– characterising the whole system in some general way – according to the core symbols around which it is organized, the underlying structures of which it is a surface expression, or the ideological principles upon which it is based (Geertz 1973: 17).

However the interpretive ethnographer has a difficult task to achieve. He has to take into account what he is actually observing on the one hand and the interpretation of it, given by the performers on the other. The latter are not always able to give an interpretation of their own performance. Furthermore, coherence cannot be a test for a cultural interpretation's validity.

In Geertz's understanding, ethnography is by definition "thick description" – "an elaborate venture *in*". Using the action of "winking", Geertz examines how – in order to distinguish the winking from a social gesture, a twitch, etc.) – we must move beyond the action to both the particular social understanding of

---

[3] For a French perspective on interpretive anthropology, see Francis Affergan: Critiques anthropologiques. Paris: Presses de la Fondation nationale des Sciences politiques 1991, III, chap. 10 "Comprendre l'altérité", 156–172.

the "winking" as a gesture, the *mens rea* (or state of mind) of the winker, his/her audience, and how they construe the meaning of the winking action itself. "Thin description" is the winking. "Thick" is the meaning behind it and its symbolic import in society or between communicators. Geertz compares the method of the "interpretive anthropologist" (who accepts a semiotic view of culture) with the method of the literary critique analysing a text:

> Culture is public because "meaning is," and systems of meanings are what produce culture, they are the collective property of a particular people. When "we", either as researchers or simply as human beings, do not understand the beliefs or actions of persons from a foreign culture, we are acknowledging our "lack of familiarity with the imaginative universe within which their acts are signs" (ibidem: 12–13).

Therefore, when faced with "a multiplicity of complex conceptual structures, many of them superimposed upon or knotted into one another, which are at once strange, irregular, and inexplicit", the ethnographer must attempt to grasp and interpret them, striving to understand how and why behaviour is shaped in such and such a way (as opposed to another). Thick description is, thus, much more than a mere data collection although this is an inherent part of anthropological work as well.

Marshall Sahlins is another figure that one must evoke as an anti-deterministic and anti sociobiology scholar,[4] preferring interpretation to demonstration; although he has also tried to argument in a quantitative manner that primitive people are not survivors but rather leisure societies in his first major publication (Sahlins 1974). In his essay "The western illusion on Human nature" (2008), he adopts a very strong stand in favour of culture and a classical posture characteristic of cultural anthropology.

The French school of semiotics was already mentioned above, as far as it abused scientific terminology. This is not to say of course that it did not contribute to renew social sciences in the late 70s. Barthes, Foucault, Lacan, Derrida and Kristeva are sufficiently popular to allow me to only mention their name and the fashion that they created abroad. However there is another important interpretive current which I would like to mention here. It is not recognised by anthropologists in general although it significantly contributed to the development of the study of what is called the *Imaginaire* in French and *Social Imagination* in English. This school has allowed scholars who did not want to go along with the general depressive move of reflexive anthropology or in nihilistic deconstructivism, to continue to explore societies under a new or at least different aspect. It has considerably contributed to broaden the field of social anthropology which found itself in a deep crisis in the 70s, after the disappearance of its traditional colonial object of research: primitive people.

---

[4] See Culture and Practical Reason, 1976.

The French school of the study of the *Imaginaire* stands closer to historical or social psychology than to social anthropology. With names like Gaston Bachelard, Gilbert Durand and many of his disciples like the Romanian Historian Lucian Boia, the study of the imaginary nourished political anthropology as well as economic and of course symbolic anthropology. The latter allows a very broad interpretation of "systems of symbols" as Geertz would call cultures, i. e. new answers to old questions. Boia contributed, among other topics, to the critique of Romanian nationalism, to the social imagination of extra-terrestrials, the climate and many more.

In this respect, I would like to bring about a "religious subject" to illustrate how serious anthropology can contribute to the understanding (interpretation but not explanation) a very complex subject like Islam. I shall refer to one particular publication of Michael Gislenan. In his "Recognizing Islam: Religion and Society in the Modern Middle East" (1982) Gilsenan gives us a brilliant demonstration of a good anthropological answer to a good but more general question. What is Islam, in the particular context of Egypt and the Middle East?

He starts by questioning whether there is such a thing as Islam, as the media tend to make us believe in the first place. His answer is not a general or theoretical one, because he looks at Islam in its economic, social and political contexts. This does not sound particularly original but looking into his case studies one sees how his interpretation can combine historical facts (colonial rule), sociological facts: the urbanization of the Middle East, and political facts: the change in the local powers (under the colonial rule and urbanization). He also, as an anthropologist, shows an Islam "from below", lived on a daily basis by ordinary people and in different ways, according to the local context[5]. Finally Gilsenan adopts a dynamic perspective in looking at what is changing in Islam. Religion does not escape social and political change. These changes can be observed as well at the micro personal level of master-disciple as well as at a *meso* level of the relations between the merchants and clerics or in the change of the configuration of the city.

Beyond the mediatic or fashionable anthropologists who declared after Nietzsche and Fukuyama, the death of their discipline and took refuge in intellectual games which they share with a naïve public, there are still some serious anthropologists producing good pieces of ethnography, trying to understand an always vanishing and changing social reality. Gilsenan is one of them.

---

[5] This was also a topic that Clifford Geertz chose already in 1971: Islam Observed in Morocco and Indonesia.

Roma-Gypsy palaces in Romania: an *interpretation*

As an example of interpretive anthropology that I recently conducted, I would like to briefly discuss the erection of palaces by the Roma/Gypsies in Romania. Poverty and discrimination are the classical western socio-economic terms used to describe different groups of Roma. Chosen indicators are generally limited to income, unemployment rates, housing, hygiene, health and education, to name a few, a highly ethnocentric perspective to which a humanitarian concern for "these poor and discriminated people" is added to morally engage into action.

We anthropologists can easily recognise here the same *miserabilism* or *bonism* that invaded anthropology when it had to come back home after decolonisation. Poor people were and still are our new savages. This is particularly true in urban anthropology because of the old North-American sociological heritage of the school of Chicago that almost exclusively paid attention to the margins of the cities and to those citizens who embody the hobo-like individual – replaced in France by the SDF or more generally in Europe today, by the Roma.

On the positive side of the Roma stereotype, however, several social scientists[6] have pointed out solidarity as being one of the defining characteristics of Roma communities. Anthropologists here will again remember that the same had been said earlier about a variety of small, exotic, segmentary *traditional ethnic* communities or minorities, as if their very size would naturally engender solidarity and harmony among them. This stereotype applies particularly to Indian tribes of the Amazons who were seen as the perfect model of non-authoritarian societies in the 1970s.[7] According to this social representation, such ethnic groups informally celebrate trust and solidarity which are mainly built upon kinship and alliances. Of course this adds to the claimed homogeneity of such groups.

Yet, the problem lies in the fact that if there happens to be "solidarity" among a particular community, and this term should still be looked at in a closer way, the construction of a global *Roma community*, based on such western-humanitarian values, is utterly misleading, primarily because there is no such thing as one Roma community. As documented already in the 19th century Ottoman Empire (Paspati 1870), a strong rivalry separated nomad Gypsies from established Gypsies, the former being blamed by the latter to have mixed with the local (Bulgarian) population. Similarly, *Travellers* (Sinti, Yenish etc.) in different European countries, do not admit to having any link with the mainly Eastern and Central European *Roma*. In Switzerland for example, local *Gypsies,* the Yenish, refuse to have anything in common with other Gypsies/Roma and particu-

---

[6] See among others Michael Stewart: The Time of the Gypsies. Boulder: Westview 1997.
[7] See the essays by Pierre Clastres: La société contre l'Etat. Paris 1977 or Robert Jaulin: La Paix blanche. Paris 1971, and others in France. However, there are many counterexamples and among them the famous Iks studied by Colin Turnbull (1972).

larly with Eastern European groups. They regard them as dirty and uncivilised as they often leave rubbish and disorder on their camping sites once they have left, which in Switzerland is considered as one of the main offence against Swiss traditions (these having been well incorporated by the Yenish). Recent events in Western Switzerland, amply related in the press, would confirm this.

Despite numerous initiatives launched by Roma and non-Roma activists over the last 20 years, aimed at uniting all Roma in a common ethnic/cultural community through the creation of a common language and a new common culture (Liégeois 2007), there is only a *community of fate* and not (yet) of *destiny*. In other words, the Roma common identity is a negative one. Since they are and have always been segregated in diverse ways, under different political regimes (Barany 2002), they are publicly recognised as a globally *discriminated minority*. This ascribed identity – used in turn by the Roma to gain public international attention – does not help to understand the social variety and stratification among diverse Roma/Gypsy groups.

Mobility, associated with nomadic and/or a traveller's lifestyle still represents the main ingredient for the construction of the image of the Roma, and even serves as a derivative for their ethnic definition, at least in Britain (Liégeois 2007). Despite the politically neutral connotation of the term "travellers", or "gens du voyage" in French, mobility has strong negative social implications as it is intricately connoted with instability (which contains the notion of unpredictability, a notion that in turn contradicts the very aim of applied political or managerial sciences). The concept of informality applies to social identities and how they can be essentialised when applied to the Roma. Following classical theories of social representations (Jodelet 1989) informality can be seen as a major characteristic of the Roma/Gypsies. As Norbert Elias had observed for the court society (Elias 1969), social status depends mainly on public opinion or social representations of the majority. In the case of the Roma, informality applies to their identity and status, helping the construction of stereotypes and prejudices linked traditionally with informality. The fact that Roma/Gypsies mainly rely on informal networks and informal economies is also common knowledge. *Informality* is a part of their assigned and assumed identity and also contributes to forming the stereotype which has stuck for years; in the negative light of vagrancy and laziness or, positively, as the expression of their freedom and detachment from or even despise for "bourgeois" values (Ruegg 2004).

Poverty as the expression of informality and the incapacity to manage one's life has attracted much more attention from the scholars and activists than the informal networks linked with corruption and trafficking. However, as far as housing is concerned, the savage urbanisation or acquisition of properties by the new rich – Roma or not – has not hit the front page.

For the Roma, informality is primarily a survival strategy in asymmetrical social relationships, particularly in economically difficult times. I also believe that *Roma informality*, as their major survival strategy, will not be recognised as positive as long as their social status remains as it is now, i.e. that of outcasts. But what about the rich Roma and their visibility? Do they correspond to the stereotype of informality or do they challenge it, as they challenge the stereotype of poverty?

Roma palaces as the sign of an unacceptable Roma establishment

I would argue that the visibility of new rich Roma in solid and ostentatious buildings, in Romania as in other Balkan countries, challenges the representation of their supposed informality and marginality. It also breaks down the stereotype according to which Roma can only perform survival economies and live in poverty. In addition, for the external (moral) observer, successful informality is immediately linked with illegality, which allows public opinion to reject this "exception", rich Roma and their palaces, into the criminal basket of outlaws.

As far as Roma housing is concerned, the image of their nomadic habitat, a wagon or tent, reflects the same stereotype of informality. But even the habitat of sedentary Roma, the majority in Eastern Europe, is considered as "informal housing" made of poor materials and located in peripheral *mahala* (quarters/sectors). However since 1989, wealthy Roma in different regions of Romania have designed and constructed a new type of habitat, the so-called "Gypsy palaces". These huge flashy, exotic buildings contradict the current stereotypes and renew tensions between the non-Roma and the Roma, particularly when they appear in the city centre. My point is to analyse now how such wealthy Roma and their palaces challenge social representations) attached to their (constructed) ethnic identity.

No more than any other group do all Roma belong to the same economic strata. Despite the poverty stereotype discussed earlier, Roma, as each ethnic group or minority in Romania, do have elites of different sorts. Some of them are integrated into the business and the political community. As it has been observed among the Roma, certain "families"[8] tend to monopolise some type of trade or occupation or even social behaviour. According to a research we have coordinated in Moldavia (Neculau 2009), the new, innovative, intellectual and entrepreneurial Roma elites are almost exclusively recruited among the *Ursari* (originally bear showers). Others are more visible and constitute what the late Prof. Adrian Neculau called "cardboard elites" using a metaphor underlining the artificiality or the bluffing aspect of the fact.

In Western Romania, in the city of Timișoara, the owners of already famous palaces are all *Mătase* which means silk workers. In Bucharest *Căldarări* (cauldron or pot makers) are the owners of the palaces (Delepine 2007). Not all of them are rich or really newly rich; some gathered their fortune during the Com-

---

[8] I prefer to speak of families rather than clans, since these groups are not organised as traditional clans in the ethnographic sense but rather as extended families.

munist times, notably by collecting gold and making other shady informal dealings[9]. Although it was common for them to have "extravagant" economic behaviours, spending fortunes in the blink of an eye – a kind of *potlatch* – these were punctual and could be attributed to their famous prodigality.

However through the building of striking palaces, this new elite of Roma has attracted public attention mainly at home and also on the web. Like tribal societies, Roma are frequently used and misused by the media to show some extravagant or exotic features. After early marriage among traditional Roma/Gypsies (blacksmiths are among the most traditional groups, preserving their visible exotic identity and customs), luxurious housing has become the new exotic characteristic for Roma/Gypsies. But only a few socio-anthropological studies have been devoted to this topic.[10]

As previously mentioned, Roma/Gypsies had no "real" or at least fixed homes. Like other nomads of the Balkans, they practised a bi-seasonal type of dwelling: in the summer they would use removable (black) tents or their carriages/wagons. The wagon still figures as the "traditional" shelter of Gypsies, although it has been totally abandoned in South-Eastern Europe for more than half a century. Actually this mode of seasonal housing is or was very common in all pastoral societies particularly among Indians and Inuit or other groups of Eskimos (Mauss 1904/1960). Temporary shepherd huts, made of straw, are equally observed by travellers and in use to this day in the entire Balkan regions.

What is important to recall from these descriptions is the negative image of improper, dirty, sometimes even underground holes, where people lived "like animals in promiscuity". This is at least what one can read in the accounts of travellers in the 18th century. Like the nomad stereotype, the miserable housing of Roma/Gypsies is still alive.

In the winter however they used to stay in "holes" or so-called *bordei,* or semi-buried houses. The latter have no ethnic characteristics and were inhabited as well by Romanians, Serbians and Bulgarians than by Gypsies in the plains along the Danube. Described several times by travellers and ethnographers[11] because of the strange impression they leave, their chimneys rising directly out of the ground, they are sometimes seen more positively. However many travellers note that when occupied by Gypsies these holes are in rather poor conditions: Gypsies live even under the ground in pits above which they build a thatched roof. Their kitchens are located in front of the pit, in the open air (Taube 1777: I, 52).

The level of the house above earth depends on the type of soil they are buried in. According to some theories, the level would raise with time and a higher

---

[9] It is worth noting that a similar older new rich elite established in a mahala in Soroca, in nearby Moldova started constructing palaces long ago.
[10] See Neculau's interviews in Boscoboinik, Ruegg 2009: 84.
[11] See P.-H. Stahl: L'habitation enterrée dans la région orientale du Danube. In: l'Homme XII, 4 (1972): 37–61.

standard of life. *Bordei* would be the ancestor of earthen houses, made with diverse techniques of constructions[12] even out of uncooked bricks.

Today in in the Balkans and more precisely in Romania, Roma/Gypsies are known to live in the *mahala* or peripheral parts of cities and towns, or even of villages. There are cases when they live in slums, but this has happened only after the fall of the Communist regimes. This means that they tend to live in communities, but not necessarily in one single Roma community. Many different scenarios are possible. I have witnessed in Transylvania (Munti Apuseni) small communities living not far from each other, but having nothing in common besides the belonging to the Roma/Gypsy ethnic minority. The first was composed of well-off *fierări* (iron workers), working hard on different types of wrought iron, keys, horseshoes and mending diverse items. A few kilometres away I met a "very poor" community of Roma, living in traditional local wooden houses which were falling apart (had they recuperated them from Romanians?) and begging each visitor. They were not inclined towards doing anything to repair a leaking roof or a falling window but would instead set plastic foil above their beds. Elsewhere, they lived as a community again, in simple wooden or mud house they built themselves and practised one of their traditional occupations: collecting iron, glass, selling clothes etc. Some Roma/Gypsy communities in Romania are actually called brick maker (cărămidari) and exert this profession, making either uncooked or cooked bricks.

It is not possible to find a house that would be exclusively associated with the Roma/Gypsies. There is no typical Roma/Gypsy architecture, since they dwell in whatever type of house is available to them or, recently, if rich enough, ask architects to draw up the plans to their new palaces. Perhaps then, the reason why they choose to build these so-called palaces today is to break completely from the constructed expectations of what *type* of housing a Gypsy would choose to live in or have built, considering their historic dwellings. It is certainly also an attempt to join, symbolically, a cosmopolitan elite as we shall see.

The policy of the Communist regime towards Gypsies was to integrate them in the mainstream working class society, which was carried out in two ways. Sedentarisation was a first objective, taken from older traditions going back to the *Aufklaerung* (Ruegg 1991). It is an obvious measure that has been used by all colonial and neo-colonial powers, in Africa as well as in Latin America to civilise and modernise the "savages". This process includes also a *normalisation* of the house that consists mainly in imposing the use of solid materials: bricks for the walls instead of mud, concrete for the floors instead of earth and corrugated iron for the roof instead of straw or shingle. Under a regime that was keen to civilise Gypsies and include them in the labour force, one of the solutions was the constructions of the so-called blocs of three or more storeys, in which any work-

---

[12] It can be a mix of clay and straw/manure simply piled up in layer or cased or even clay on wickerwork.

ers would be housed, independently of their "nationalities" or ethnic belonging. The history of soviet type architecture, from the time of Lenin to Brejnev's has been largely described and can still be seen in the main cities of Eastern Europe as well as in the country side where factories were newly established.

In Romania, "normalisation" of the housing was a part of Ceaușescu's plan to eradicate the rural type of dwellings in order to transform (modernise) the design of habitat with the view of achieving the industrial revolution. However the planned destruction of hundreds of villages never came through. Globally, what can be said about this period is that the forced assimilation policy helped to integrate Roma people into the general Romanian working class. As other citizens, they joined the newly created urban spaces and lived in the worker's blocs.

Having said that, let us try to identify new trends in Roma housing since the opening of the borders in 1989.

Using other people's houses, informal settlements

This trend actually pre-dates the opening of the borders in Romania. The massive emigration of Germans from Transylvania started under the Ceaușescu regime as early as the 1960s. The German government was actually buying Germans to be "repatriated". These Germans, issued from much earlier colonisation initiative from the Middle Ages to the 18$^{th}$ Century, lived mainly in towns and cities of Transylvania and the Banat. They left behind them empty semi-urban houses. Some were sold, others simply occupied by the Roma/Gypsies. Today one can still see Roma settlements in the fortified medieval villages of Transylvania, constructed by the Saxons in the 13$^{th}$ Century.

Modernised and renovated houses of converts to neo-protestant churches

Among diverse social changes that have occurred in South-Eastern Europe and particularly among Roma/Gypsies after 1989, conversion to neo-Protestantism plays a crucial role. These conversions have been covered by many researches, showing how converts would split from their previous community and create new ones based upon their new identity (Gog 2009).

One could be tempted to attribute new resources and renovated houses to the flow of foreign money channelled through the diverse churches these newly converted Roma families belong to. The reality is more complex. Some financial help may have originated from the US or from more global/international projects of help and development, but it is impossible to generalise. During our research in Romania we witnessed several cases of renovations of older Roma/Gypsy houses through their adherence to neo-Protestant churches. It corresponds not only to the access to financial resources, but also to the adoption of a new style of life, based upon classical Protestant (capitalist) values. This could count for

Photo 1: Christian Roma Family Palace (Constanța). Photocredit F. Ruegg

a first exit from informality and poverty, particularly for pastors and leaders of the communities.

Urban housing

Here again it is impossible to draw a single line of housing policies and practices for and by Roma/Gypsy people. However we can confirm that in general, special parts of the city were traditionally inhabited by Gypsies in the margins of urban centres (Delepine 2007) and that, as elsewhere in the urbanisation process, they were pushed further out during the more recent urban developments and gentrifications. The very name of "gypsy neighbourhood" does not mean that the majority of the population is actually Roma, nor that the houses were different from other houses in the city. It may simply have a deprecative connotation which refers to the poor conditions of older buildings. It is remarkable however that in one particular city, Constanța, Muslim and Christian Roma do not occupy the same neighbourhood.

Photo 2: Roma Palace *à la française* near Caransebeș. Phototocredit F. Ruegg

Palaces

Since the fall of the former regime, Gypsy palaces have been built in every region of Romania. According to one of the few serious, however strictly architectural/ethnographical, studies of the palaces (Gräf 2002), all of them were only built after 1989 in Romania. However we have been able to visit a Gypsy mahala in the city of Soroca in the North of the Republic of Moldova, where similar palaces have been built before this date. These palaces show globally the same features as the Romanian ones. They reproduce some famous historical monuments or imitate Western and Eastern styles, from French mansard roofs to Soviet triumphal youth palaces.

In Romania there is a tendency to build *à la française* in the West, near Timișoara for example, or to use a more Rococo style partly imitated from the bourgeois urban national Romanian style. Gräf also distinguishes the western palaces in Banat following western models (neoclassicism) that are both local imitations, and more recent ones in Transylvania, following local models of architecture, particularly Baroque and Rococo churches built under the Austrians in the 18th and 19th centuries. In Southern Moldavia they follow the Neo-romanesque Romanian style from the beginning of the 20th century. Hence, Neo-classical Gypsy/Roma palaces imitate Romanian bourgeois houses from the turn

Photo 3: Roma Palace in Soroca (R. Moldova). Phototocredit F. Ruegg

of the last century like they were built in Bucharest or in other big cities of the country.

However, according to Delepine, a French geographer who was able to interview the architect who drew the palaces from Timișoara, the latter copied the Royal Palace of Budapest, the Madeleine Church in Paris as well as Viennese and Bucharest models (Delepine 2007: 113). One can identify other architectural styles:
- An "oriental" style particularly characterised by the bulbous church-like roof with also Neo-oriental furniture and decoration as observed in Soroca (photo 3).
- The Caransebeș tin roofed (concrete and marble) houses which can be said Oriental too, or Rococo (photo 4).
- The new store house (in Constanța) belonging to "Turkish" or Muslim Roma with a shop at the bottom (photo 5).

The symbolism and ornamentation of the houses are extremely varied and do not necessarily correspond to any particular architectural style. Before all, they tend to symbolise wealth and power in the form of the material used, white marble and the animals which are represented, lions, and eagles. Similarly the emblems can be seen as astral (stars) or as a car brand (Mercedes), depending on the number of branches they show. The two can actually be mixed. A common

*Frage und Antworten*

Photo 4: Roma Palace in Caransebeș (Western Romania). Phototocredit F. Ruegg

feature of the palaces is the fact that they are unfinished and often empty, i.e. uninhabited. The fact that they are empty emphasises on the one hand their symbolic value as pure representations of wealth, but can also be seen as the sign of an unsustainable wealth cut short.

Are these characteristics enough to give the palaces an ethnic identity? This is what Gräf tends to take for granted. Despite his very serious attempt to approach this new phenomenon, I do not share this view and consider it an old fashioned and narrow minded ethnical approach. His ethnographic bias, studying only the architecture of the new rich Roma brings him to assume that Gypsies have built a typical kind of architecture that relates to, or even worse, that partakes in their ethnicity or culture. This resembles too much the national approach of rural architecture that has dominated the ethnographic scene for a century (Ruegg 2011). In addition Gräf bases his analysis on another old fashioned ethnographic-folkloristic dichotomy, where culture is divided in two parts, the material and the non-material culture, and tends once more to essentialise Gypsies as a particular ethnic group. The fact that Roma are still often living in a separate district of the town is not enough an argument to establish an ethnic style of housing. Similarly the fact that a majority of the palaces owners are *căldarări* and so tend to isolate themselves from the rest of the community does not give license to ethnicise the house style.

Photo 5: Muslim Roma Palace in Constanța (Eastern Romania). Photocredit F. Ruegg

On the contrary, it is possible on the one hand to identify different styles corresponding to different models taken by the owners of the palaces. On the other hand, it is necessary to compare these "Roma" palaces with other new flashy buildings in Romania and elsewhere. Since our research is still on-going it is not yet possible to systematically demonstrate that there are many other architectural expressions of wealth which are as kitsch or pretentious as the Roma palaces. A good example however is this Neo-classic mini-palace built by a medical doctor which I found in Cluj. It expresses also, through the chosen building materials (marble) and its Neo-classic quasi temple design, as well as by its iron gates, the willingness to be separated from the neighbouring profane world and to show off in the darkness (photo 6)!

This is to me a strong argument in favour of interpreting palaces as a quest for a better social status, a process that can be observed among all new money elites and that has nothing to do with a Gypsy culture whatsoever.

Until recently, Roma/Gypsies were more or less invisible in the architectural urban landscape. As I stated before, having no specific architecture, they tended to disappear in the periphery of the cities or towns and villages, at least from the public conscience. They were visible only as social actors, as craftsmen, salesmen, beggars or musicians. They would never dwell in the centre of cities and even less so in their historical sectors. It is their new and arrogant – at least

*Frage und Antworten*

Photo 6: Romanian Palace in Cluj. Photocredit F. Ruegg

this is how it is perceived by the local population – architectural presence that seems to create a major problem. To my view, as it is for the return of (Roma) beggars in post-modern Western societies, it is the challenge that their presence represents to our social representations that creates the major problem: a *normal* Roma is poor and deserves at best our pity, a rich Roma is an abnormality that does not fit in our social landscape. Houses, even if unfinished and empty are more visible and stable than cars: no longer can the Roma identity be properly covered by informality or poverty alone.

Around the globe new rich are showing (off) their wealth, particularly through their most visible acquisitions: cars, women and houses! Why should the Roma be an exception?

Bibliography

BARANY, Zoltan 2002: The East European Gypsies. Regime Change, Marginality and Ethnopolitics. Cambridge: University Press.
DELEPINE, Samuel 2007: Quartiers Tsiganes. Paris: L'Harmattan.
ELIAS, Norbert 1973 [1969]: La civilisation des moeurs. Paris: Agora.
GEERTZ, Clifford 1973: The Interpretation of Culture. Basic Books.

GEERTZ, Clifford 1989: Works and Lives. The Anthropologist as Author. Cambridge: Polity Press.
GILSENAN, Michael 2008: Recognizing Islam. Religion and Society in the Modern Middle East. London, New York: Tauris.
GOG, Sorin 2009: Postsocialist Religious Conversions: How Do Religious Conversions of Roma Fit into the Wider Landscape. In: François Ruegg, Andrea Boscoboinik (eds.): Nouvelles identités rom en Europe centrale et orientale. Bruxelles: Université de Genève, Institut Européen et ULB, 93-108 (Transitions, vol. 48-2).
GOODY, Jack 1977: The Domestication of the Savage Mind. Cambridge University Press.
GRÄF, Rudolf 2008: Palatele țigănești. Arhitectură și cultură. Cluj-Napoca: Institutul pentru Studierea Problemelor Minorităților Naționale (Studii de atelier. Cercetarea minorităților naționale din România. Working Papers in Romanian Minority Studies 9).
JODELET, Denise 2009: Les représentations sociales. Paris: PUF.
LATOUR, Bruno 1991: Nous n'avons jamais été modernes. Essai d'anthropologie symétrique. Paris: La découverte.
LEACH, Edmund Ronald 1982: The Unity of Man. In: idem: Social Anthropology. Oxford: Oxford University Press, 55-83.
LIÉGEOIS, Jean-Pierre 2007: Roma in Europe. Strasbourg: Council of Europe Publishing.
MARCUS, George; CLIFFORD, James (eds.) 1986: Writing Culture. The Poetics and Politics of Ethnography. Berkeley: University of California Press.
MAUSS, Marcel 1950 [1904]: Essai sur les variations saisonnières des sociétés eskimos. In: idem: Sociologie et anthropologie. Paris: PUF, 389-477.
NECULAU, Adrian et alii 2009: Elites rom dans les anciens pays communistes. Le cas de la Roumanie. In: François Ruegg, Andrea Boscoboinik (eds.): Nouvelles identités rom en Europe centrale et orientale. Bruxelles: Université de Genève, Institut Européen et ULB, 71-92 (Transitions, vol. 48-2).
ORLOVE, Benjamin S. 1980: Ecological Anthropology. In: Annual Review of Anthropology, vol. 9: 235-273.
PASPATI, Alexander 1870: Etudes sur les Tchingianes ou Bohémiens de l'empire ottoman.
PICQ, Pascal 2008: Lucy et l'obscurantisme. Paris: Odile Jacob.
RUEGG, François 2011: La maison paysanne: histoire d'un mythe. Gollion: In Folio.
RUEGG, François 2009a: Tsiganes en Europe centrale-orientale. La fin du voyage? In: François Ruegg, Andrea Boscoboinik (eds.): Nouvelles identités rom en Europe centrale et orientale. Bruxelles: Université de Genève, Institut Européen et ULB, 5-17 (Transitions, vol. 48-2).
RUEGG, François; BOSCOBOINIK, Andrea 2009b: Nouvelles identités rom en Europe centrale et orientale. Université de Genève, Institut Européen et ULB, Bruxelles (Transitions, vol. 48-2).

RUEGG, François 2009c: Ethnicisation of poverty, poverty of ethnicisation. In: Christian Giordano, Jean-Luc Patry, François Rüegg (eds.): Trugschlüsse und Umdeutungen. Multidisziplinäre Perspektiven unbehaglicher Praktiken. Berlin, Wien: LIT Verlag, 111–129 (Freiburger Sozialanthropologische Studien 26).

RUEGG, François 2004: L'altérité apprivoisée: De la sauvagerie au caractère national. Transformations dans la perception des nomades et des paysans d'Europe centrale et orientale à travers les récits de voyage. In: Le français dans le monde Numéro spécial "Altérité et identité dans les littératures francophones", coord. Aline Gohard. Paris, 42–54.

RUEGG, François 1991: A l'Est rien de nouveau. De la Barbarie à la Civilisation? Genève: Georg.

SAHLINS, Marshall 1976. Culture and Practical Reason. Chicago: University of Chicago Press.

SAHLINS, Marshall 1974: Stone Age Economics. New York: Routledge.

SAHLINS, Marshall 2008: The Western Illusion of Human Nature. Chicago: PP Press.

TAUBE, Friedrich Wilhelm von 1777: Historische und geographische Beschreibung des Königreiches Slavonien und des Herzogthumes Syrmien sowol nach ihrer natürlichen Beschaffenheit, als auch nach ihrer itzigen Verfassung und neuen Einrichtung in kirchlichen, bürgerlichen und militarischen Dingen. Leipzig.

# Does Having the Same Research Field and Common Questions Imply Reaching the Same Answers?

## Interpreting Situations for Migrants in Various Institutional Contexts through the Prism of Anthropology and Linguistics[1]

*Aline Gohard-Radenkovic, Mirko Radenkovic*

Introduction. Links between the field of languages, migration and anthropological approaches

Researchers specialized in the migration field have only recently resorted to qualitative research, especially to ethnography of communication. This approach, inspired by interactionism, has begun to be established in interpreting situations with actors of migration: it aims at analyzing situations of verbal and non-verbal communication between the protagonists, involving namely ethnomethodology tools in order to observe how mutual comprehension is constructed through interactions. We will return to this point further on in this project.

As a sociodidactian involved[2] in the field of languages, we are directly concerned with the issues of diverse actors of mobility, especially with the questions of "integration through language" as well as the strategies implemented by individuals or groups in order to ensure their sociocultural and socioprofessional insertion in the context of integration of foreigners/asylum seekers.[3]

One could legitimately wonder why language didactics connected again to social sciences and more specifically to applied linguistics, is interested in analyzing such processes in a socioanthropological perspective. One could explain

---

[1] Our special thanks to Mrs Banu Akin, presently PhD student in English Literature and Cultural Studies at the University of Bern, for her precious help to translate and revise this text.
[2] Our academic background is in learning and teaching foreign languages and cultures in a socio-anthropological perspective.
[3] We had the opportunity to train language teachers working in "classes d'accueil" for foreign students (integration classes) and to train interpret-mediators for new arrivals in the Francophone part of Switzerland. Two publications that came out in 2003 witness these reflections from surveys conducted by Mirela Bera Vuistiner and Drita Veshi and myself through semi-directive interviews (2000) in integration classes and in regular classes in a few Junior Secondary High Schools of Geneva, and through narratives with interpret-mediators at the Red Cross in Geneva (2002).

these borrowings from social sciences by an epistemological turning point to which we refer as the "paradigm of complexity" (Zarate, Gohard-Radenkovic 2004),[4] namely marked by an emancipation of linguistics, implying the emergence followed by the affirmation of a pluridisciplinary conception of analyses in the field of languages and cultures.

For the record, we witnessed, between the 60s and the 70s, progressive shifts from a linguistic conception to a sociological conception of language both as a means of communication with the Other and as a social practice referring to a norm that each speaker incorporates at his/her first socialization. Between the 80s and the 90s, the conception of language as a stakeholder of the construction of the social link and of the negotiation of the relation to the Other establishes itself while highlighting that this link is part of a power relationship, an asymmetric one between the speakers according to the status of their language and their local situation. These new conceptions of language in interaction with other languages, and this for the sake of contextualization in space and time, unequivocally are based on the concepts and tools of social sciences:[5] they have introduced new ways of conceiving the problematics in our field and "reading" the socio-linguistic realities in terms of contact but also conflicts.

Between the 90s and 2000, a conception of learner-actor – in charge of his/her learning in co-construction with other actors – is established. The linguistic and educational policies of the *Common European Framework of Reference* popularize these ideas and base themselves on namely action-oriented pedagogy to achieve the competences targeted by "acting", conceptions inspired by interactionism. In addition, works on the analysis of verbal and non-verbal interactions (Stalder 2010, Triantaphyllou 2002, Mondada 2001) have permitted the identification of linguistic "bricolages" and social strategies that actors have developed particularly in situations of displacement. It is therefore not surprising to find these approaches in the observation of interpreting situations where the languages involved and the universe of meanings they carry play an important role in the process of social and identity (re)mediation (Gohard-Radenkovic 2010, Zarate, Gohard-Radenkovic, Lussier et Penz 2003/2004).

Researchers from the field of languages may therefore be related to a discipline but resort to conceptual and methodological positions from other fields (Zarate, Lévy, Kramsch 2008/2011). We chose to base our research on a study of interpreting for newly arrived migrants from the Francophone part of Switzerland to illustrate the history of a tension between anthropology and other disciplines such as linguistics, and to attempt to answer our main question: *Does having the same research field and common questions imply reaching the same answers?*

---

[4] Taken from Edgar Morin: first formulation of the *pensée complexe* in 1982 that he developed in 1990 (see bibliography).
[5] Such as social anthropology, sociology, psychosociology, ethnography of communication, anthropology of communication ...

## 1 Radiography of a study in an ethnomethodological perspective

To illustrate these interpretative readings of interpreting situations in the field of languages, we have chosen to present the research conceived and implemented by Igor Rothenbühler[6], entitled: *"Interpreting" in the North and East of Romandie: Interaction's analysis in the health-care, social and educational services* (2008). As the project manager, he adopted an ethnomethodological perspective[7] for this study gathering a mixed team with researchers and practitioners[8].

After having briefly reconstructed the context and stages of this study, we will base our research more specifically on Mirko Radenkovic's[9] analyses and ask the following questions: what were the methods of analysis adopted and the matrices of interpretation of these interpreting situations at the disposal of migrants in different institutional contexts that have been developed by researchers? What do they tell us about the process underlying the interpreting in the field of migration?

### *1.1 Reasons for this study: findings and questions*

Rothenbüler points out, in his *Introduction* (op. cit.: 6), that the project started from three observations, namely that:
- Hospital services, social and educational environments seek interprets to accomplish their work with migrants. They are considered necessary means to establish a collaboration promoting integration and adaptation;
- Most professionals working in these institutions aspire for an optimal mutual understanding with their beneficiaries[10];
- Opinions concerning the use of trained interprets are extremely divided. Often "band-aid" interprets (family, environment, facility staff within institutions) are mobilized to translate in a temporary and improvised way.

---

[6] Study conducted with the support of FNS-DORE n°13DPD3 – 112451 within the Haute Ecole Arc Santé Neuchâtel Berne Jura, part of Hautes écoles spécialisées (Fachhochschulen) of Western Switzerland (see bibliography).

[7] We will see this conception in detail further on.

[8] Researchers in psychology, psychoanalysis, applied linguistics, ethnomethodology, social anthropology, health professionals, psychologists, social workers, education officers, school coordinators in associations, and interprets "postulated" their involvement in the research team. The very heterogeneous composition of this team and the fact that the majority of professionals refused to be trained in methods and tools of ethnomethodology and in the meaning of a research protocol have led to massive internal conflicts in turn leading to the resignation of a number of project partners including the virtual withdrawal of the project manager who has only kept the editorial part.

[9] In the *Report,* we will mainly refer to Mirko Radenkovic's analyses and examples (first linguist who then became anthropologist), in Chapter 5: "Interpretative analysis of self-confrontation interviews" (see bibliography).

[10] Beneficiaries of interpreting services: migrants in this context.

The researcher suggests the possibility that mutual comprehension is based on a series of activities distributed within the activity. In this perspective, the aim of the project was to capture the *"operationalization of interpreting as collective practice and the mechanisms of co-construction of mutual comprehension"*[11] (ibid.: 6). These objectives are expressed by two initial questions:
1. What is the impact of trained interprets' work on mutual comprehension between professionals and migrants who have access to them? What are the effects and how do they manifest themselves?
2. How are the activities facilitating mutual comprehension distributed within the triad (ibidem)?

The purpose of this applied research project was to develop a set of recommendations intended for partner institutions in the field.

*1.2 Conceptual framework*

As a reminder, in the 70s, this ethnomethodological approach, bringing more of *an observation method and process analysis* than theoretical models, experiences a scission. Coulon (1996: 22) sees two mains approaches with divergent conceptions that we summarize as follows:
- *Conversation analysts' approach:* They focus on the observation of verbal and paraverbal strategies by tracking, in conversations that we exchange, contextual reconstructions allowing the actors to give a meaning to conversations and pursue them.
- *Sociologists' approach:* They study non-verbal and behavioral dimensions in interactions focusing on multimodal exchanges and their meanings in sectors such as education, justice, organizations, and administrations, traditionally occupied by macro-sociologists.[12]

1.2.1 The notions of "interaction" and "common meaning"

The analytical approach adopted by the project initiator is part of an ethnomethodological perspective to observe interpreting situations *in situ* (by filming them) that occurred most often in triads, with the migrant(s), the interpret and the authority representing the Swiss institution, or more rarely in pairs, with the

---

[11] Bold in the original text.
[12] Initially this second perspective was clearly favored by the project initiator. To carry out his analyses in an ethnomethodological perspective as a sociological concept, Mirko Radenkovic felt the need to resociologize the problematic that suffered a conceptual dilution and methodological dispersion due to the heterogeneity of the team (see above); in order to do so, he called upon the expertise of Prof. Marc-Henry Soulet, from sociology, social policy and social work at the University of Fribourg, Switzerland.

migrant(s), and the authority representing the Swiss institution when the migrant could understand enough and was able to translate for his family.

What does one mean by ethnomethodological perspective? Ethnomethodology, founded by Garfinkel, is inspired by the *Grounded Theory*[13]. Rothenbühler attempts to display the adequacy of this approach in relation to his problematic and his field:

> Regarded as social facts (Garfinkel 1967, 1986), face-to-face interactions are co-produced, that is to say, several participants exchange and co-construct their activities in situations. The fulfillment of a situation that took place, is reproduced, and constantly maintained through regular activities. According to Garfinkel, social facts are not pre-existing and external to the interaction but created by members of society. Thus, oral production, situated by the interlocutors, makes sense in a given situation for given participants (ibid.: 12).

Meanwhile, Radenkovic (op. cit.) reminds that to co-construct "common meaning" in a group, Garfinkel postulates a condition *sine qua non:* "to be a member of a speech community":

> The notion of member is the heart of the problem. We do not use the term in reference to a person. It refers to the control over the common language that we understand as follows: we argue that people, due to the fact that they speak a natural language, are somehow involved in the objective production and presentation of the knowledge of common meaning of their daily business as observable and repeatable phenomena ... (in Coulon: 20).

1.2.2 The concept of "mediation": a social regulation

We will also dwell on the concept of "mediation", addressed by Radenkovic (idem: 113), basing ourselves on the questions that the researcher puts forward before analyzing not only processes of comprehension but also miscomprehension and even incomprehension that are built between the various actors of migration in formal situations of communication.

1. Interpreting-mediation: Is it a space of social regulation of conflicts?
2. Interpreting-mediation: Does it allow the transmission and the clarifying of institutional knowledge from one language to another?
3. Can one say that mediation has been at the disposal of the client-migrant and his/her integration?

---

[13] *Grounded Theory*, founded by George H. Mead (1938), is translated into French as "théorie située" or "théorie ancrée" (see bibliography).

De Briant and Palau (1999) have provided relevant definitions regarding the concept of "mediation" which are quite suitable for analyses of interpreting situations: they perceive it as a mechanism of "social regulation."

> The mediation process has to be conceived as *putting in relation two terms and two human beings:* the individuals between themselves on one hand, and the individuals and society on the other; every mediation process is in fact historically situated within a specific context and carries social representations of which both the mediated and the mediators are the vectors (43–44).

*1.3 Methodological framework*
In his *Introduction*, the project initiator recalls his disciplinary anchorage and scientific references ranging as follows:
– Regarding interactions: "The study of interpreting situations in an interactional perspective aims at deepening understanding of the dynamics of roles and personal/professional resources that each partner implements as discursive, behavioral and/or material activities to accomplish the task at the core of the mechanism, namely sharing universes of meanings, practices and values" (ibid.: 12).
– Regarding the analysis of interviews: "a comprehensive, interpretative, Weberian approach has been privileged, supported by sociology of knowledge following the wake of Kaufmann (1996), of Geertz partly (1974, 1986), of Strauss and Corbin (2004), as well as Berger and Luckmann (1966, 2006)" (ibid.: 13).[14]

1.3.1 Data collection
Data collection aimed at understanding the logics and discourses defining the place and conceptions of interpreting in institutions, interviewing various actors in these interpreting situations (representatives of partner institutions, interprets and beneficiary migrants) (ibid.: 7). In order to do so, the team carried out:
– 24 semi-directed interviews recorded on audio,
– 11 samples of interactions from filmed interpreting situations[15],

---

[14] Including the main conceptual positions presented by Mirko Radenkovic (Chap. 5, op. cit.).
[15] But only the audio recordings were kept to protect the anonymity of the protagonists of interpreting situations, which can represent for researchers a huge loss of information on the interactions and behaviors at the time of verbal exchanges.

*Having the Same Research Field* 117

– 22 self-confrontation interviews, that is to say, interviews confronting the protagonists of these interpreting situations (migrants, interprets and representatives) to excerpts selected by the researchers in charge of the interviews.[16]

The choice of multiple approaches to which Rothenbühler refers as "methodological triangulation" is the concern for a better grasp and understanding of a constantly complex empirical reality. Here is what he says regarding this subject:

> We think that understanding the operationalization of interpreting and mechanisms of mutual comprehension as a collective practice goes through exploration and coinciding speech experiential with effective practices, in other words, through a methodological triangulation (diversity of given data sources: semi-directed interviews, interactions and interviews of self-confrontations) and an operational triangulation (different researchers have collected data)" (ibid.: 13).

1.3.2 Self-confrontation interviews

Let us recall that interpreting situations were recorded in different institutional contexts, and the three actors – or sometimes two actors – of these intepreting situations were then individually confronted, by the researchers in charge of these self-confrontation interviews, to sequences extracted and identified as significant in order to understand the relations which were built in these interactions.

In the context of these six self-confrontation interviews, Radenkovic puts forward the following preliminary questions:
– Why are these interactions, considered as key sequences for the interpreting-mediation situation, chosen for self-confrontation by the researcher?
– What preliminary knowledge should be required from each participant in order to build comprehension and common meaning?
– What are the procedures and methods that the researcher needs in order to be able to identify the implicit aspects circulating here?

SF1
The Thai female patient who is diabetic, the dietician doctor, the nurse and the Thai interpret; mediation situation: a dietary consultation; languages: Thaï and French.

TSF3
The Erythrean family (father already an asylum seeker in Switzerland, mother and the two daughters who are refugees), the school mediator from the Red Cross and the father as the interpreter; Situation: meeting concerning the future

---

[16] The analyses of these types of interviews precisely concern our problematic.

of the elder daughter who is at the end of the compulsory school; mediation languages: Amharic, French and occasional interventions in English.

TSJ2
The husband of the patient (his wife: a Rom refugee already expulsed from Germany), an asylum seeker in Switzerland, the German psychiatrist and the Turkish interpret; situation: a psychiatric consultation; mediation languages: Turkish and German (Kurdish is the husband's mother tongue).

EF1
A Portuguese family (father and mother), their son, the elementary school teacher and the Brazilian interpreter; situation: the transfer of the son from an integration class to a regular class; mediation languages: Portuguese from Portugal and Portuguese from Brazil, and French.

SB1
The Georgian patient whose asylum request was denied in Switzerland, the Swiss German doctor, the Nurse, the Educator; situation: a last medical consultation before his expulsion to Georgia; mediation languages: Russian and German.

EJ1
The Portuguese father, his son, the female teacher of Junior High School and the Portuguese interpret; situation: the behavioral problems of the teenager at school; mediation languages: Portuguese and French.

2 Co-construction of "common meaning" in interpreting situations?
  Anthropologist's point of view

*2.1 A new take on interpreting situations through self-confrontation*
While referring to the set of analyses of interpreting situations revisited through self-confrontation interviews with each partner of the triad, we focus our attention on two situations that we consider significant in order to be able to understand and interpret the underlying processes.

Example: 1st situation (EF1)
*The present situation is based on a year-end meeting between the parents, the child (V. 12) and the elementary school teacher in charge of the integration class. At the beginning of the school year V will leave the integration class to attend the "regular curriculum" allowing him to go to a school closer to his home. The meeting today is taking place in a climate seemingly relaxed and quiet. The goal is to facilitate the transition from one school to another in the context of the changes that will take place in August.*

*The interpreter's mother tongue is Portuguese, but she is Brazilian, from a small port on the estuary Northeast, while the parents are Portuguese (small town inland). According to the interpreter, this situation is ideal, because it would be easier, she said, for a Brazilian to "stand up" to a Portuguese man. Father – rather reserved – speaks French well enough for his work, while his wife has some difficulties, hence the teacher's decision to call in the interpreter (Caritas). The teacher herself requested the interpreter's presence through M. T. (in charge of interpreting in the Department of Education), without having to ask for permission from the Department itself. The teacher is the most "concerned" with the recording, unlike the other participants who seem very relaxed from the start.*

Example: 2$^{nd}$ situation (TSF3)

*The present situation concerns a family reunion. The father has been living in Switzerland for 5 years and has a B refugee permit. The family comes from Ethiopia – while originally Eritrean – and the mother and her two daughters have just arrived in Switzerland. The status assigned to the mother and her two daughters is the asylum-seeker status. They can claim refugee status and B permit after a statutory period of six months. As such, the parents and their two daughters – 12 years and almost 16 years old (end of obligatory education with language classes) – met the school coordinator for the asylum seekers of the Red Cross to seek advice with regards to existing schooling possibilities. The father interprets for the family. The coordinator is also a field partner, involved in the research project. A substantial point: the family is fluent in English, which displays a certain level of education (senior high school for the mother and higher education for the father).*

1$^{st}$ example: sequence chosen for the self-confrontation*

| | |
|---|---|
| 96 IP | então vocês vao ver justamente heu como ele vai se comportar talvez uma vez que ele esteja na escola la Vignettaz onde vai ter MAIS collegas que falam francês là pode saber exAtamente a adaptaçao dele |
| | *Alors vous allez voir justement comme il se comporte peut-être quand il sera à l'école la (vignettaz ?) où il aura plus de camarades qui parlent français là vous pourrez savoir exactement son adaptation* |
| 96a CP | hum hum] |
| | *hum hum]* |
| 96b IP | se é integrado numa (sala?) ou nao \ |
| | *s'il s'est intégré (dans une salle ?) ou pas* |
| 97 Ens | donc là ça ne change pas pour les deux parties de l'année première et deuxième semestre la même chose |

| | | |
|---|---|---|
| 98 IP | | então nao muda de jeito nem por o primeiro nem por o segundo semestre na escola continua sempre xxx [P:hum hum]
*Pour le 1er comme pour le 2ème semestre ça reste la même chose il continue toujours xxx* |
| 98a CP | | hum hum |
| 99 Ens | | et puis là par rapport au TRavail donc heu on vpit qu'au premier semestre\ pour ce qui est de manifester de l'intérêt/ faire preuve d'autonomie/ de persévérance et de SOINS c'est au miliEU hein c'était PAS c'était flou un peu la situation |
| 100 IP | | então tudo o que indica justamente a parte de TRAbalho no primeiro bimestre/ heu como por exemplo indicar se sentir a vontade para trabalhar/para poder xx tem interesse de trabalhar justamente é meio a meio
*Alors tout ce qui indique justement la partie travail dans le 1er semestre heu comme par exemple indiquer sa motivation dans le travail pour pouvoir xxx s'il a de l'intérêt dans le travail justement c'est moyen* |
| 100a CP | | hum hum |
| 100b IP | | nao tem realmente uma definição
*il n'y a pas réellement de définition* |
| 101 Ens | | toujours avec ce BEmol parce qu'il y avait ce BRAS cassé, ses absences |
| 101a CP | | ouais |
| 101b Ens | | heu y avait des soucis aussi à la maison donc je pense que c›est peut-être aussi on – c'est PAS forcément ....(3") ouais disons que c'est pas\ – |
| 102 IP | | ela acha que vem sempre justamente do braço do T. que ele NAO pode se sentir a vontade que ele NAO pode avançar talvez em casa também tem sido a mesma situaçao
*Elle trouve que ça vient certainement de son bras qu'il ne se sent pas à l'aise et qu'il ne peut pas avancer peut-être qu'à la maison il était confronté à la même situation* |
| 102a CP | | hum hum] |
| 102b CM | |             hum hum] |
| 103 Ens | | et puis pour le deuxième semestre bon on voit que ça s'améliore NETTement y a JUste pour encore faire le travail avec soin |
| 103a CP | | hum hum]
donc l'écriture/ la tenue des cahiers/ alors LA T. je pense heu tu es d'accord avec moi hein il a vu hein heu encore des progrès à faire souligner correctement un titre mettre la date en haut à droite ces choses qu'on fait systématiquement hein s'entraîner |

\* Ens = teacher; IP = interpret; E = student of 12 years old; CP = father; CM = mother

2nd example: sequence chosen for the self-confrontation*

| | | |
|---|---|---|
| 338 | CS | Mais par CONtre / c'est vrai que ..Mena .. heu non c'est pardon, heu *(bruit de feuille)* .. .. heu Ruta\.. heu RUta/ elle elle a.. seize ans cette année |
| 339 | IamP | [mh-mh/ :] |
| 340 | CS | alors c'qu'on va essayer d'FAIre/ c'est d'l'intégrer enCOre cette année .. .. à l'école secondaire\ hein/ |
| 341 | IamP | [mh-mh/] |
| 342 | CS | ça c'est c'qu'on va faire/ : elle va terminer l'année scolaire à l'école secondaire\ on va faire les les quelques mois de de CROIx-ROUge, pré-scolarisation Croix-Rouge/ pis après elle ira à l'école secondaire .. elle a encore juste l'Age/ pour être à l'école secondaire\ et après l'école secondaire.. quand elle aura terminé : à la fin de cette année/ : on va discuter avec le repsonsable de l'école/ .. voir si c'est possible qu'elle FAsse encore une année/ : |
| 343 | IamP | [mh-mh/] |
| 344 | CS | des fois c'est poSSIble/ OU SINON il y a à l'ECOle professionnelle, il y a une année de COURS, ça s'appelle les cours d'introduction. C'est pour les jeunes qui arrivent qui ne parlent pas français/ pour qu'il apprennent la langue pendant une année\ : |
| 345 | IamP | [mh-mh/:] |
| 346 | CS | alors y'a.. y'aura cette possibilité-là\ mh/ : .. SI l'école se termine il y quand même cette possibilité-là d'apprendre le français pendant une année à l'école professionnelle\ |
| 347 | IamP | Mh-mhhh / : |
| 348 | CS | Alors peut-être vous pouvez lui expliquer/ |
| 349 | IamP | mh\ : |
| (...) | | |
| 368 | CS | est-ce qu'elle pense déjà/ à.. un métier ou à une formation/ qu'elle pourrait faire iciI ? .. Est-ce qu'elle a envie/ :: par exemple de de .. d'étudier/ : ou est-ce qu'elle a envie d'apprendre un métier/ ? Est-ce qu'il y'a quelque chose qui l'intéresse, est-ce que.. heu.. mmm..soit travailler dans unREStaurant/ : travailler dans un magasin/ : étudier/ : |
| 369 | IamP | NON ils (viennent) pour apprendre le.le.ie ..continuer les éducations\ |
| 370 | CS | Oui\..OUI OUI/ là pour le moment c'est qu'elle apprenne le français hein\ |
| 371 | IamP | [ouais..oui\] |
| 372 | CS | et pis après/ elle pourra réfléchir à ..à.. ce qu'elle VEUT étudier\ hein/ parce que elle a déjà SEize ans/ |
| 373 | IamP | [mh-mh\] |
| 374 | CS | donc/ qu'est-ce qu'elle veut : dans quel domaine : elle aimerait travailler/ dans quel domaine elle aimerait étudier\ ?... (1') D ?Accord/ |

375 IamP  Ouais..mais si ça elle n'a pas décidé\ ça.
376 CS    Pour l'moment NON:\
377 IamP  [XXX]
378 CS    elle a le temps/ hein\
379 IamP  [et ouais/]
380 CS    c'est JUSte pour savoir si elle disait moi j'aimerais faire ça quoi (rire) NON\ mais ça il y'a le temps
381 IamP  [oui\]
382 CS    c'qu'est important : pour le moment c'est qu'elle apprenne le français
383 IamP  [oauis, c'est ça/]

* CS = School mediator, IamP = Interpret for Amharic and father, mother and their two daughters (Meron et Rutha)

*2.2 Interpretative Hypotheses*
2.2.1 First observation: the conflict at the heart of in(ter)comprehension
It is only in the conflicts that emerge conceptions of mutual comprehension (Simmel 1995), or rather the challenges and logics of incomprehension of each partner.

The Brazilian interpret immediately states in self-confrontation that there was no misunderstanding or conflict, each party has "understood" what the other meant without actually "agreeing", "that's another level". However, we see in the above extract the values and basic behaviors expected by the Swiss school system such as "autonomy" which the interpret does not translate into Portuguese (she replaces it by the term "motivation") because, she says later, this concept does not exist in the education system in Portugal and therefore the parents cannot understand it.

Throughout the interview, the translator reinterprets in her own way adding comments that the school teacher does not make, omitting certain passages that are vital for the understanding of the student's future who must pass from an integration class to a regular class, such as "having clean notebooks" and a "more legible writing" which are flaws that could compromise his educational progress.

On the one hand, she eventually hurls at the reluctant parents: "That is how things are here" (but in fact it is not the teacher who said that). On the other hand, she will conclude, with the professionals, on the difference of "mentalities" here and there, whereupon the father will react strongly at least once. The interpreter in question was considered "communitarian mediator" and "well-trained".

This episode appears as a consequence of a training that leaves little room for nuance and working distance in its reification of the culture "of origin". In addition, we can see here that the interpret is invested with a fairly substantial delegation of power. What does she do? The Brazilian interpret expresses, aside, her preconception of the role of a "Portuguese husband" – necessarily strict. In any event, we hardly heard the Portuguese husband in question in this situation... These parents, therefore, are robbed of their speech.

2.2.2 Second observation: denial of the history of the Other
In the second situation, there is no open conflict but resistance from the father who is also an interpret attempting to have a better control on what is said in these exchanges because it is the education of his girls and their future in Switzerland and especially that of his eldest daughter are at stake ... During the self-confrontation, he said that he realized that his wife and himself "have to face the reality of the language barrier, but no matter what, they have to try to continue". In other words, the father understood the massively sanctioning and objective reality of the language barrier highlighted by the school coordinator. But he draws his own conclusion, which is to continue in the direction of long-term studies for her daughter, no matter what, despite the conclusion completely opposite of his interlocutor "who constantly repeats with insistence", "what does she would like to do? ... find a job, catering ..." taking R. away from her parents' higher education project for her. This project is obvious since the family had a high level of education: they wished to offer better study opportunities to their daughters, which was not possible in a country at war.

Radenkovic highlights that exchanges were actually organized around a mutual miscomprehension: the project coordinator for migration did not understand the family's higher education orientation and the parents were unaware of the Swiss education system and procedures of early selection[17]. The researcher explains this double misunderstanding as:

> A whole part of the experience before emigration was missing to understand the obviousness of the family project. To obtain and gain their trust, I introduced myself with my own biography in the format I expected from these two people. It would have been interesting to know the experience of the school coordinator to understand her position. But such an approach was not part of the initial method, so it seemed to me extremely difficult to impose it on our partner coordinator.

Here parents are robbed of their migration project by a lack of knowledge of "a whole part of their experience before emigration"; we will add that there is also a denial of their autobiographical story.

---

[17] The selection is done very early in the Swiss school system and leaves few possibilities to young foreigners who are at the end of obligatory education, regardless of their capitals and previous school experiences. In the vast majority of cases, young people arriving in Switzerland at the age of 15–16 are offered a professional apprenticeship (see Gohard-Radenkovic, Farrmer and Veillette 2012).

2.2.3 Third observation: lack of remediation for institutional knowledge
A function of the interpret-mediator, highlighted by the researcher, is the transmission of representations, especially concerning different types of knowledge. It is almost always *local institutional knowledge*, at least those that are relevant to the client, to the space assigned to him/her (operating procedures, the meaning of these procedures). What we were able to observe is that we approached a *mediation of conformation to a standard, little negotiable* as such for the time being; the two terms of such a mediation, as noted above, are the individual and the institution – or the State, society, and community (Briant, Palau 1999: 47).

The co-construction of intersubjective meaning by actors promoted to the rank of authors of their own history is part of a "social project developed without the State otherwise against him with, in the background, the old ideal of a society reconciled with itself and able to self-organize" (Briant, Palau 1999: 9). Such an approach may be relevant in the context of a relation experienced in the symmetric mode or among people with similar status, if not sharing the same language, at least sharing social and cultural references, close symbolic universes; *however, our client-migrants did not speak the local language, had a different language, with other types of knowledge, issues, another story ...*

2.2.4 Fourth observation: the asymmetry at the heart of the relation
In addition, in any institution, and more specifically in the two studied cases, the intersubjective meaning, co-constructed asymmetrically, will most likely be that of a readjusted domination of a speech whose meaning is inevitably preconstructed.

Radenkovic highlights, in both cases, but also more widely in his analyses of self-confrontation interviews in the entire corpus, a structural feature of the relation between the professional actor and the client of an institution, namely asymmetry. The situation with the interprets adds another layer of asymmetry based on a further increased dependence. The legitimate discourse, in the preexisting meaning – in the most legitimate language – is therefore imposed to migrants *in a fully asymmetric relation*.

This raises the question of the relative extent of these "spaces or interstices of integrability" (Gohard-Radenkovic 2007). This extent will be connected to practical expectations: the higher these expectations are, the more likely downward social mobility will be, looking therefore more like a "gap" than a "space".

Rothenbühler precisely asks the following questions: "Who benefits from the interpret? Who will be finally integrated?" or "Who genuinely needs an interpret?". His final interpretation of the studied situations shows that the functions of interpreting clearly fit into an asymmetrical relation and "what determines the need of trained interprets is the degree of challenge of the session for professional purposes".

## Conclusion. Interpreting: an observatory space of processes of non-integration of migrants

As we have already seen, interactions can reveal a set of meanings and obvious notions shared by a group or community, that is to say by its members who identify with these shared evidences. However, this "common meaning" may be undermined if these interactions take place between the protagonists in a foreign language and/or in a foreign context in which "those from elsewhere" do not master the implicitness inherent to the new language and group.

For Radenkovic (op. cit.), this suggests the need to take into account and the objectification of a wider context including both social – familial, professional, economic and political – and temporal or historical aspects because, according to him:

> Whole areas of this context are considered preconstructed, even if they are restructured and reconstructed in the accounts in the Ricoeurian sense. Thus, to understand the meaning given to such exchanges by immigrants, we seek manifestations of the "emigrant" with his/her history and projects (Sayad 1999), "his/her experience and horizon of expectations" (107).

For conversation analyst (Yanaprasart 2008) who has also analyzed these interpreting situations, even though she recognizes "the linguistic asymmetry" between the speakers, she does not see it as a relationship of domination that has real effects on the status of migrants in these situations, and more widely within society. According to her:

> The linguistic asymmetry, if it is significant, in this instance, within the framework of interpretation, could cause a hierarchy of statuses, affecting the sense of identity and having an impact on the representation of Others. By accepting the linguistic limitation of his/her "weak" interlocutor and respecting other languages (linguistic diversity) and cultures (alterity), the native speaker may, with his/her partner during the interaction, build a model that can provide behaviors adapted to the situation in order to help the weak speaker set up his/her operational competence in the language of communication, participate in the discussion, access the shared decision-making, be aware of the symbolic capital related to his/her language(s), abilities, potential, knowledge and experience (104).

The researcher invokes the need for collaborative practices to "co-construct a model that provides him/her (the migrant) with behaviors adapted to the situation" in a prescriptive way, by removing both the constraints and the unsaid from the context, and more widely the "symbolic violence" inherent to each institution (Bourdieu 2000).

Rothenbühler, in his final analyses and findings, will not retain the linguist's dialogic and integrative point of view but the anthropologist's non-integrative point of view. According to him, these situations did not display the "co-construction of a common meaning".

In this context, the project manager shows that the observed movement consists in bringing the presumed beneficiaries in institutional reality and rarely consisting in introducing the institutional actors in the reality of the universe of meanings and subjective logics of these "beneficiaries". He states in this regard:

> We are therefore not in a situation where mutual comprehension takes place between two distinct parts, but between a group of actors whose stakes are not entirely explicit and the patient takes a very secondary active role. It raises the following question: in the situation of integration, who really matters and through whom? Everything occurs as if the expulsion of the asylum seeker-patient forced those four representatives of two different institutions to try to improvise – with no partition – a coordination of their actions, i.e. integration between themselves (118).

We agree with Rothenbühler's point of view, reminiscent of Jean-Pierre Tabin's (1999), when Rothenbühler concludes the report with these words:

> The collected data does not capture the effects of integration on meso- and macro-social interpreting plans beyond these considerations. It seems that institutional practices vary, particularly in terms of financing the interpreting. Overall it is not the inability to communicate in a vehicular language that determines the use of a trained interpreter but the degree of challenge of the session in question. For relatively small issues, one will use interpreters from the socio-familial or institutional network with no training, even if the beneficiaries have little knowledge of the local language. *Given what has been previously stated, one can suppose that the interpreting practices aim more at ensuring minimal conditions for professional practice than the integration of migrant beneficiaries*[18] (124).

What we have learned from these analyses through the prism of anthropologist's viewpoint is that, even though the common meaning was not co-constructed between professionals and migrants – who were supposed to be the "beneficiaries" of interpreting services provided by the institution – it was built and shared between professionals.

These uncompromising conclusions refer us to Pierre Bourdieu's position (op. cit.) towards ethnomethodology and (mis)uses that one could make of an interactionist and decontextualized conception, sometimes resulting in "naïve" interpretations (due to their descriptive nature) in the service of existing established social order:

> Perceiving science only as a conceptualization of common experience, itself constituted by the enunciation, that is to say by ordinary language, as

---

[18] Bold in the original text.

does ethnomethodology, is also a means of identifying science of society *with a recording of a data as it is*, that is to say, of the established order. Once again, one is allowed to aim at producing accounts of an account, provided that one clearly has in mind the function attributed, in practice, to any *account:* the constituent power that is granted to ordinary language is not in the ordinary language but in the group that allows and empowers it, the official language, the licit language of authority, imposes what it states, tacitly defining the boundaries between the thinkable and unthinkable, and thus contributing to the maintenance of the symbolic and social order that gives it its authority.

Recording such a language, without restoring the social conditions of its effectiveness, means bringing forth scientifically and thus legitimizing the construction of social reality that is never an easy, intimate and personal experience but the representation of the reality conformed to the interests of a specific group (238–239).

Does having the same research field and common questions imply reaching the same answers? In order to be able to expose the underlying processes of non-integration of actors who needed it the most, it was necessary to resort to ethnomethodology armed with socio-anthropological tools against the temptations of irenicism that one very often finds in interactionist linguistic analyses revealing a co-constructivist and angelic conception.

References

BERGER, Peter; LUCKMANN, Thomas 1966: The Social Construction of Reality. New York: Doubleday (translated into French: La construction sociale de la réalité. Armand Colin 2006).

BOURDIEU, Pierre 2000: Pour une esquisse de la théorie de la pratique. Paris: Points/Seuil.

BRIANT (DE), Vincent; PALAU, Yves 1999: La médiation. Paris: Nathan Université.

COULON, Alain 1996: L'ethnométhodologie. Que sais-je? Paris: PUF.

FARMER, Diane; GOHARD-RADENKOVIC, Aline; SIETEN, Maria-Luisa; VEILLETTE, Josianne 2012: Chapitre 8: Comment l'école construit-elle l'élève migrant dans les milieux peu exposés historiquement à la diversité? In: C. Belkhodja et M. Vatz-Laaroussi (dir.): Immigration hors des grands centres. Enjeux, politiques et pratiques dans cinq Etats fédéraux. Compétences Interculturelles/L'Harmattan.

GEERTZ, Clifford 1974: "From the Native's Point of View": On the Nature of Anthropological Understanding. In: Bulletin of the American Academy of Arts and Sciences, vol. 28, No. 1 (translated into French: "Du point de vue de l'indigène". In: Savoir local, savoir global, from the same author. PUF 1986, 71–92).

GARFINKEL, Harold 1986: Ethnomethodological Studies of Work. London: Routledge & Kegan Paul.
GARFINKEL, Harold 1967: Studies in Ethnomethodology. Engelwood Cliffs (NJ): Prentice Hall.
GOHARD-RADENKOVIC, Aline; ACKLIN MUJI, Dunza (dir.) 2010: Entre médias et médiations: les "mises en scène" du rapport à l'altérité. Paris: Espaces interculturels/L'Harmattan.
GOHARD-RADENKOVIC, Aline; MURPHY-LEJEUNE, Elizabeth (dir.) 2008/2011: Chapitre 3: Mobilités et parcours/Chapter 3: Mobilities and Itineraries. In: G. Zarate, D. Lévy et C. Kramsch: Précis du plurilinguisme et du pluriculturalisme/Handbook of Multilingualism and Multiculturalism. Paris: Editions des Archives contemporaines.
GOHARD-RADENKOVIC, Aline 2007: Comment analyser les rapports identitaires entre groupes et entre individus en situation de mobilité? In: Igitur, Anno VIII, Lingue/Culture/Identità, a cura di Santone, L. Roma: Nuova Arnica Editrice, 43–58.
GOHARD-RADENKOVIC, Aline; BERA VUISTINER, Mirela; VESHI, Drita 2003: Quelle est la perception des "interprètes médiateurs culturels" de leur rôle et de leurs compétences? In: G. Zarate and D. Lévy (coord.): Le Français dans le monde. Recherches et applications, La médiation et la didactique des langues et des cultures. Sèvres: FIPF, Clé International, 58–70.
GOHARD-RADENKOVIC, Aline; BERA VUISTINER, Mirela; VESHI, Drita 2003: Rôle de l'apprentissage des langues maternelle et seconde dans les classes d'accueil: espace d'inclusion ou d'exclusion sociale? In: A. Gohard-Radenkovic, D. Mujawamarija and S. Perez (eds.): Intégration des "minorités" et nouveaux espaces interculurels. Bern etc.: Transversales/Peter Lang, 101–136.
KAUFMANN, Jean-Claude 1996: L'entretien compréhensif. Paris: Nathan.
MONDADA, Lorenza 2001: Pour une linguistique interactionnelle. In: Marges linguistiques, n° 1, mai: 142–162.
MORIN, Edgar 1990: Science avec conscience. Paris: Points/Fayard (new edition revised from 1982).
RADENKOVIC, Mirko 2008: Chapitre 5: Analyse interprétative des entretiens d'auto-confrontation. In: I. Rothenbühler (coord.) av. A. d'Onofrio, Y. Yanaprasart et M. Radenkovic: L'interprétariat dans le nord et l'est de la Romandie: analyse des interactions dans les institutions de la santé, du social et de l'éducation (2008). Final Report for FNS (DORE). Neuchâtel: Haute école ARC santé, HES SO, 107–113.
ROTHENBÜHLER, Igor 2008: "Introduction" et "Constats finaux". In: I. Rothenbühler, av. A. d'Onofrio, Y. Yanaprasart et M. Radenkovic: L'interprétariat dans le nord et l'est de la Romandie: analyse des interactions dans les institutions de la santé, du social et de l'éducation. Final Report for FNS (DORE). Neuchâtel: Haute école ARC santé, HES SO, 2–13, 115–125.
ROTHENBÜHLER, Igor (coord.) av. D'ONOFRIO, A.; Yanaprasart, Y. and Radenkovic, M. 2008: L'interprétariat dans le nord et l'est de la Romandie: analyse

des interactions dans les institutions de la santé, du social et de l'éducation. Final Report for FNS (DORE). Neuchâtel: Haute école ARC santé, HES SO.

SAYAD, Abdelmalek 1999: La double absence. Des illusions de l'émigré aux souffrances de l'immigré. Paris: Seuil.

SIMMEL, Georg 1995: Le conflit. Paris: Poche/Circé.

STALDER, Pia 2008: Pratiques imaginées et images de pratiques plurilingues. Stratégies de communication dans les réunions en milieu professionnel international. Bern: Transversales/Peter Lang.

STRAUSS, Anselm; CORBIN, Juliet 2004: Les fondements de la recherche qualitative. Fribourg (Switzerland): Academic Press Fribourg.

TABIN, Jean-Pierre 1999: Les paradoxes de l'intégration. Essai sur le rôle de la non intégration des étrangers pour l'intégration de la société nationale. Lausanne: Cahiers de l'EESP.

TRIANTAPHYLLOU, Anna 2002: Pour une anthropologie des échanges éducatifs. Ethnographie filmique de rencontres entre jeunes Européens. Bern: Transversales/Peter Lang.

YANAPRASART, Patchareerat 2008: Chapitre 4: Analyse des interactions. In: I. Rothenbühler (coord.) av. A. d'Onofrio, Y. Yanaprasart et M. Radenkovic: L'interprétariat dans le nord et l'est de la Romandie: analyse des interactions dans les institutions de la santé, du social et de l'éducation (2008). Rapport final au Fonds national suisse (DORE). Neuchâtel: Haute école ARC santé, HES SO, 48-106.

ZARATE, Geneviève; LÉVY, Danièle; KRAMSCH, Claire 2008/2011): Précis du plurilinguisme et du pluriculturalisme/Handbook of Multilingualism and Multiculturalism. Paris: Editions des Archives contemporaines.

ZARATE, Geneviève; GOHARD-RADENKOVIC, Aline (dir.) 2004: La reconnaissance des compétences interculturelles: de la grille à la carte. Paris: Les Cahiers du CIEP, Didier.

ZARATE, Geneviève; GOHARD-RADENKOVIC, Aline; LUSSIER, Denise; PENZ, Hermine (coord.) 2003/2004: Médiation culturelle et didactique des langues/Cultural mediation in language learning and teaching. Graz (Autriche): Conseil de l'Europe CELV/ECML.

# Geheimnisvolle Mafia

## Eine Frage, viele Antworten

*Christian Giordano*

Vorwort: Das Rätsel der Mafia

Seit die Mafia in der zweiten Hälfte des 19. Jahrhunderts in Sizilien *entdeckt* wurde, gilt sie unter Experten und Laien nicht selten als eine undurchsichtige Erscheinung. Sowohl Wissenschaftler (darunter in erster Linie Sozialforscher, Juristen und in der Vergangenheit auch physische Anthropologen) als auch Künstler (vornehmlich Schriftsteller und Filmregisseure) haben sich bemüht, die Frage *was ist eigentlich die Mafia?* zu beantworten. Auf diese einzelne Frage folgten viele, widersprüchliche und manchmal auch nicht überzeugende Antworten, die im Laufe dieses Beitrages kritisch besprochen und beleuchtet werden sollen. Durch die vielen Antworten wird gezeigt, dass die Mafia ein höchst facettenreiches soziales Phänomen ist, das sich nicht auf einfache und allzu generalisierende Begriffe wie etwa *kriminelle Organisation* reduzieren lässt.

Mafia-Mythen

Die Theorieansätze zur Problematik der Mafia sind, vom epistemologischen Standpunkt her gesehen, vielfältig und nicht selten widersprüchlich. Diese einfache Beobachtung kann auf die Tatsache zurückgeführt werden, dass die Versuche, das mafiose Spezifikum zu begreifen, aus zahlreichen unterschiedlichen Disziplinen wie etwa der Kriminologie, der Soziologie, der Sozialanthropologie, der Politikwissenschaft und nicht zuletzt der Geschichtswissenschaft stammen. Außerdem wurden diese untereinander sehr verschiedenen Perspektiven innerhalb einer Zeitspanne von mehr als einem Jahrhundert formuliert. Manche dieser Ansätze haben sich inzwischen als überholt und/oder unannehmbar erwiesen, obwohl sie zu einem gegebenen Zeitpunkt große Popularität und wissenschaftliches Ansehen genossen. Wenn wir sie hier in der Folge detailliert aufführen, dann liegt der Grund darin, dass sie immer noch hie und da in Erscheinung treten, auch wenn sie aus wissenschaftlicher Sicht kaum mehr vertretbar sind.

*Der rassisch-kriminologische Mythos*
Im letzten Viertel des 19. Jahrhunderts bildete sich bekanntlicherweise rund um Cesare Lombroso (1835–1909) eine kriminologische Schule heraus, die als

*Scuola positiva italiana* bekannt wurde. Durch ihre Untersuchungen des *uomo delinquente* (das heißt des kriminellen Menschen), die auf den damals neuesten Methoden der physischen Anthropologie und besonders der kraniometrischen Analyse beruhten, erlangte sie um die Jahrhundertwende grosses nationales und internationales Ansehen (wie z. B. in Spanien). Zu den renommiertesten Anhängern und Schülern Lombrosos gehörten der Strafrechtler und sozialistische Politiker Enrico Ferri (1856-1929), der Experimentalpsychologe und Philosoph Giuseppe Sergi (1841-1936) und nicht zuletzt der Soziologe und Kriminologe Alfredo Niceforo (1876-1960). Vor allem diesem jüngeren Mitglied der *scuola positiva italiana* kam bei der Schaffung und Verbreitung des rassisch-kriminologischen Mythos bezüglich der Mafia eine besondere Rolle zu, obwohl sich die wichtigsten Elemente der Argumentation Niceforos bereits bei manchen Aussagen der anderen drei Autoren herauslesen lassen. So betont etwa Lambroso in einem Passus wörtlich *„das ganze Volk des Mezzogiorno besitzt die Züge des atavistischen Verbrechers"*. Enrico Ferri behauptete in einer ähnlichen Argumentationslinie dagegen, die niedrigeren Kriminalitätsraten in Norditalien seien auf die keltischen Einflüsse zurückzuführen.

Niceforo, der wohlgemerkt Sizilianer war, theoretisierte in seinen Werken und vor allem in *„L'Italia barbara contemporanea"* sowie in *„Italiani del Nord und Italiani del Sud"* jedoch am deutlichsten die Existenz von zwei unterschiedlichen Rassen innerhalb der italienischen Nation (Niceforo 1898, Niceforo 1901). In Verweis auf kraniometrische Daten differenziert dieser Autor zwischen den Ariern keltischer Herkunft, die im nördlichen Teil der Halbinsel bis zur Toskana angesiedelt sind und den Mediterranern, die dagegen den Süden und die Inseln Italiens bevölkern. Die kraniometrischen Befunde dienen Nicerforo in der Folge dazu, eine Hierarchie zwischen einer soziologisch und vor allem kriminologisch überlegenen Rasse im Norden und einer unterlegenen im Mezzogiorno herzustellen. Der Bevölkerung Süditaliens, die Niceforo als *razza maledetta* (das heißt verdammte Rasse) titulierte, schreibt er eine biologisch bedingte, ja gar triebhafte Tendenz zum abweichenden Verhalten und zum Verbrechen zu, die sich in den hohen Kriminalitätsraten der Region niederschlägt. Systematischer Raub und Mord, unzählige Delikte gegen Eigentum und Besitz, chronisches Banditentum sowie die Mafia stellen laut Nicerforo die typischsten und am meisten verbreiteten Zeugnisse einer solch rassisch geprägten Neigung dar.

Aus heutiger Sicht könnte man nun vermuten, dass die *Scuola positiva italiana* und speziell Niceforo mit Ideen der Rechtsextreme sympathisierten. Stattdessen muss man konstatieren, dass sich die Produktion des rassisch-kriminologischen Stigmas bezüglich der süditalienischen Bevölkerung in erster Linie als ein erschreckendes Erzeugnis der bereits in der Einleitung angesprochenen Verwunderung interpretieren lässt. Die *Scuola positiva italiana* war eigentlich eine Art Tempel des Fortschrittes und sämtliche Mitglieder gehörten, wie die Historikerin Claudia Petraccone anhand zuverlässiger Quellen gezeigt hat, bisweilen gar aktiv dem sozialistischen beziehungsweise laizistisch-antiklerikalen Lager an (Petraccone 1994: 511 ff., Petraccone 2000). Diese für uns heute nur schwer fassbare Kombination von Rassismus und Progressismus lässt sich im Endeffekt als die hilflose Antwort auf einen Sachverhalt deuten, der für die *Scuola positiva italiana* kaum erklärlich war: die hartnäckige Persistenz von Verhaltensweisen im Mezzogiorno, die „in der Moderne" als unzeitgemäss und barbarisch betrachtet wurden. Hinzu kam, wie Petraccone zu Recht betont, eine politische Dimension: Für die Mitglieder der *Scuola positiva italiana* war es schlichtweg unbegreiflich, weshalb die süditalienischen Bauern, die in tiefster Armut und halbfeudalen Abhängigkeitsverhältnissen lebten, die alten Notabeln und Patronen, die in Sizilien eine klar mafiose Reputation besaßen, weiterhin wählten und die linksliberalen beziehungsweise sozialistischen Formationen politisch nicht unterstützten. Der Süden Italiens blieb eine so konservative Hochburg, dass sogar Filippo Turati, der historische Leader der sozialistischen Partei Italiens, die These der zwei Rassen und zwei Zivilisationen vertrat und sie in die politische Arena trug.

Es war also die hilflose Verwunderung um die rätselhafte Persistenz bestimmter Verhaltenmustern, welche die Mitglieder der *Scuola positiva italiana* dazu verführte, mit dem rassisch-kriminologischen Mythos zu operieren. Beim Sizilianer Alfredo Niceforo kam vermutlich noch ein negativer Patriotismus hinzu: Er empfand die konservative Innovationsabneigung der sizilianischen Bevölkerung als eine nationale Schande, der er zu entkommen suchte, indem er die Inselbewohner als Angehörige einer unterlegenen Rasse klassifizierte und anprangerte. Die antifortschrittliche Beharrungskraft von abwegigen bzw. abweichenden Handlungsweisen lässt sich nach dem Erklärungsmodell der *Scuola positiva italiana* nur durch die Präsenz einer praktisch unabänderlichen, weil rassisch bedingten Erbanlage plausibel machen.

Paradoxerweise werden die damals als progressiv geltenden Gedanken und Argumente der *Scuola positiva italiana* und Niceforos gegenwärtig von extremen Kreisen der rechtsgerichteten sowohl xenophob als auch rassistisch orientierten Partei der *Lega Nord* aufgegriffen, um die Vorstellung der „jetzigen Barbarei der Süditaliener" zu untermauern. In Anbetracht einer solch aktuellen politischen Instrumentalisierung dürfen, wie bereits angedeutet, diese wissenschaftlich unhaltbaren Ideen nicht bloß als ein Kuriosum der Vergangenheit bagatellisiert werden.

*Der folkloristische Mythos*
Gemäß dieser Betrachtungsweise sind Mafia und mafiaähnliche Erscheinungen mit Untergrundorganisationen beziehungsweise versteckten Geheimgesellschaften praktisch identisch. So gilt beispielsweise die sizilianische Mafia oft als die direkte Tochter eines legendären bruderschaftsartigen Geheimbundes, dem berühmt-berüchtigten *Beati Paoli* (auch *Beati di San Paolo* genannt), der sich vor allem im 17. und 18. Jahrhundert durch die Ausübung von Selbstjustiz, das heißt durch die Androhung und Anwendung privater Gewalt, gegen den Machtmissbrauch der Herrschenden und gegen die Willkür der spanischen Staatsjustiz

wandte (Mühlmann 1969, Giordano 1992: 406). Die Mafia wird des weiteren auch mit der Freimaurerei und der von Mazzini während des italienischen Risorgimento initiierten Karbonaribewegung verglichen oder sogar in enge Verbindung gebracht. In diesem Zusammenhang erklären sich einige Experten auch den Namen der *Mafia:* Manchen Autoren gilt er als Akronym für *Mazzini autorizza furti, incendi, avvelenamenti* (Mazzini autorisiert Diebstähle, Brandstiftungen, Vergiftungen). Obwohl diese Etymologie völlig hirnrissig ist, wurde ihr bis vor kurzem eine gewisse Glaubwürdigkeit zugeschrieben, weil solche Kurzformeln während des Risorgimento nachweislich populär waren und sehr oft benutzt wurden. Man erinnere sich hier nur an den berühmten Spruch *Viva Verdi,* der nicht nur den im Kampf um die Unabhängigkeit und Einigung Italiens engagierten Komponisten evozierte, sondern auch für *Viva Vittorio Emanuele Re d'Italia* stand (Hess, 1988: 4).

Eine solche Betrachtung der Mafia besteht, wie auch das letzte Beispiel zeigt, aus Merkwürdigkeiten exotischer und orientalistischer Natur. Die Mafia wird dabei als eine Ansammlung
- von obskuren und manchmal blutrünstigen Initiationsritualen betrachtet, die die Aufnahme in die Organisation statuiert;
- von mysteriösen Zeremonien gesehen, die Reziprozitätbeziehungen bescheinigen und bekräftigen;
- von verwandtschafts- und freundschaftsartigen Praktiken verstanden, die die Solidarität zwischen den Mitgliedern der Geheimgesellschaft bekräftigen (Alongi 1887: 140 f., Cutrera 1900: 140 f., Hess 1988: 106–110).

Darüber hinaus verweist der folkloristische Mythos immer wieder auf eine spezifisch mafiose Sprache und sogar Kleidungsart.

Der folkloristische Mythos ist jedoch keineswegs als eine lediglich kuriose Kollektion willkürlicher Phantasien der Autoren zu bewerten. Es besteht kein Zweifel, dass man in den erwähnten Darstellungen ein gewisses Quantum an Wahrheit finden kann. Was sich dagegen als irreführend erweist, ist die voyeuristische Übertreibung der geheimen, sprich mysteriösen Dimension und die faszinierte Überbetonung von rituellen beziehungsweise zeremoniellen Merkwürdigkeiten.

Wie trügerisch und letztlich wirklichkeitsfremd der folkloristische Mythos auch bei der praktischen Bekämpfung der Mafia durch die Justiz sein kann, lässt sich am Beispiel des Andreotti-Prozesses in Palermo verdeutlichen: Bekanntlich galt für die Anklage ein ritueller Freundschaftskuss, der die engen Verbindungen des früheren italienischen Premiers mit dem Mafiaboss Totò Riina unwiderruflich dokumentieren sollte, als manifester und offensichtlichster Hauptbeweis. Dieser inzwischen weltberühmte Kuss, auf den der *pentito di mafia* Balduccio Di Maggio in seiner Zeugenaussage vor dem Untersuchungsrichter ausdrücklich verwies, galt als der rechtlich relevante Nachweis für die Vertrautheit Andreottis mit den typisch mafiosen Praktiken und konsequenterweise für seine Zugehörigkeit zur *ehrenwerten Gesellschaft.* Heute gilt die Aussage von Balduccio Di Maggio, der der rituellen Freundschaftsbekundung zwischen Andreotti und dem als *capo dei capi* geltenden Totò Riina, die sich am 20. September 1987 abgespielt haben soll, wohlgemerkt nicht direkt beiwohnt hatte, sondern nur vom Hören-Sagen um sie wusste, unter Mafiaexperten als eine ziemlich plumpe Inszenierung, die dazu diente, den einstigen Regierungschef in gerichtliche Schwierigkeiten zu bringen. Erstaunlich und nicht minder mysteriös bleiben die Motive, warum ein so erfahrener und kompetenter Pool von Staatsanwälten wie der von Palermo dem Kuss als ritueller Handlung so viel Bedeutung beimessen konnte, obwohl sie eigentlich wissen mussten, dass sich eine solche Beweisführung als ziemlich unglaubwürdig hätte erweisen können. Allerdings scheint auch die Behauptung mancher Politiker aus dem Umfeld Berlusconis unwahrscheinlich, es habe sich bei der Inszenierung um eine von den Justizbeamten ins Leben gerufene politische Verschwörung gehandelt; in einem solchen Fall hätte sich die Staatsanwaltschaft von Palermo sicherlich überzeugendere Belastungselemente einfallen lassen können. Meines Erachtens zeigt die undurchsichtige Geschichte des Kusses zwischen Andreotti und Totò Riina vielmehr, wie stark der folkloristische Mythos, der vor allem von Polizei und Justiz, aber auch von Presse und Film häufig gepflegt wurde, praktisch bis heute nachwirkt (Hess 1988: 108).

Auch in diesem Zusammenhang kommt der angesprochene Verwunderungseffekt zum Tragen: Seit der Einigung Italiens (1860), als die Mafia in Sizilien sozusagen entdeckt wurde, inszenierten Polizei, Justiz und Presse die Abnormalität des „mafiosen Phänomens" durch die deutliche Überbetonung der abweichenden Spezifität, sprich, gruseligen Differenz, um das schwer verständliche Handeln und die renitente Kohäsionsfähigkeit der *ehrenwerten Gesellschaft* sich selbst und der nicht sizilianischen Öffentlichkeit plausibel zu machen. Dabei wurde der folkloristische Mythos auch mithilfe von beredeten Zeugen und *pentiti*, die gegen Mafiosi aussagten (Hess 1988: 107) geschaffen und immer weiter bestätigt und verfestigt. Das Paradoxe dabei ist, dass seine Benutzer, zu denen auch sehr gewissenhafte und kompetente Justizvertreter zu zählen sind, Opfer der eigenen Konstruktion wurden.

Durch die Exotisierung und Orientalisierung der Mafia schuf der folkloristische Mythos im Endeffekt eine künstliche Alterität (Giordano 2001: 44), die zugleich auch mit fast unerschöpflichen und erstaunlichen Fähigkeiten ausgestattet wurde. Dadurch entstand eine bis heute noch existente Aura, in der sich das Ungeheure und Schauervolle mit dem Faszinierenden und Energetischen vorzüglich kombinieren (Otto 1936). Der von Mafiafeinden propagierte folkloristische Mythos kam also der kriminellen Organisation letztendlich zu Gute; nicht zuletzt, weil sie es blendend verstanden hat, ihn zu instrumentalisieren, um somit ihre Ausstrahlung zu vergrössern, ihr Image zu verbessern und *last but not least* ihre Autorität bei der Bevölkerung zu stärken.

*Der kulturalistische Mythos*
Die Verbindungen und Analogien zu den zwei bereits vorgestellten Mythen liegen nahe: Die argumentative Struktur des kulturalistischen Mythos zeigt deut-

liche Ähnlichkeiten mit dem rassisch-kriminologischen Diskurs auf, die Illustrationsmaterialien sind dagegen folkloristischer Natur. Die Hauptthese kann folgendermaßen zusammengefasst werden: Zwischen Mafia als Organisation, System sozialer Repräsentationen und geistiger Haltung einerseits und sizilianischer Identität, sprich *sicilianità*, andererseits besteht eine enge, unvermeidbare Korrelation.

Eine solche Betrachtungsweise beruht auf der nicht nachweisbaren Annahme, dass sich die Spuren der Mafia ins fernste Altertum oder sogar in vor- und frühgeschichtliche Zeiten zurückverfolgen lassen. So betonen etwa manche Historiker, dass die Ursprünge der Mafia im Zeitalter der *Magna Graecia* bzw. der römischen Domination oder in der Epoche der arabischen Herrschaft zu suchen seien (Titone 1957 und 1964, Mack-Smith 1968, Falzone 1974: 13 ff.). Damit wird aber suggeriert, dass es in Sizilien eine seit jeher bestehende, in sich kohärente Kultur, sprich, eine *kulturelle Sippe* gab und gibt, die mafios durchdrungen ist. Mit Mafia wird hier vor allem eine spezifische Haltung, der *spirito di mafia* (Mafiageist) (Mosca 1980: 3), angesprochen, der als unabänderlicher, primordialer Nationalcharakterzug angesehen wird. So hat beispielsweise Luigi Barzini, der als einer der Gründungsväter des gegenwärtigen italienischen Journalismus gilt, die mafiose Attitüde der Sizilianer folgendermassen beschrieben:

> „... Mafia ist ein Charakterzug, eine Lebensphilosophie, ein Begriff von der Gesellschaft, ein moralischer Code, eine besondere Empfänglichkeit, die unter allen Sizilianern vorherrscht. Sie werden in der Wiege gelehrt oder wissen es gar, wenn sie geboren werden, dass sie einander helfen müssen, zu ihren Freunden stehen und die gemeinsamen Feinden bekämpfen müssen, auch wenn die Freunde im Unrecht sind und die Feinde Recht haben. Jeder muss seine Ehre unter allen Umständen verteidigen und darf die geringste Nichtachtung oder Beleidigung nicht ungerächt vorübergehen lassen. Sie müssen Geheimnisse bewahren und sich stets von offiziellen Autoritäten und Gesetzen fernhalten (Barzini 1978, zitiert aus Hess 1988: 263 f.).

Eine ähnliche Betrachtung im Sinne des kulturalistischen Mythos ist gegenwärtig auch bei der Analyse der Mafia in Osteuropa, Asien und Lateinamerika zu verzeichnen, vor allem wenn Journalisten mit vereinfachenden Attributen ethnischer oder nationaler Natur wie etwa russisch, albanisch, rumänisch, kaukasisch, balkanisch, chinesisch, kolumbianisch und so weiter operieren.

Auch im kulturologischen Mythos gibt es gewiss aufschlussreiche Elemente, die dem Verstehen des mafiosen Verhaltens dienen. Darauf werde ich später zurückkommen. Was sich dagegen als völlig unhaltbar erweist, ist die kulturell verankerte Unausweichlichkeit solcher Züge und die daraus folgende Einkerkerung der gesamten sizilianischen Gesellschaft in einem System von starren Kulturmustern, das noch dazu mit folklorisierenden Details geschmückt wird, wie der Passus aus Barzinis Buch deutlich zeigt.

Es sei jedoch darauf hingewiesen, dass der kulturologische Mythos auch ins Positive gewendet werden kann. Diese *mafiophile* Umkehrung der Perspektive, die auch eine Umdeutung und Umwertung der Tatsachen mit sich bringt, tritt auf, wenn der *spirito di mafia* bewusst oder unbewusst mit dem eigenen nationalen Ehrgefühl identifiziert wird. Eine solche Empfindung beruht, wie Julian Pitt-Rivers immer wieder betont hat, auf der Überzeugung, dass man sich als Sizilianer nichts vorzuwerfen hat und daher stolz auf sich selbst und auf die eigenen, auch mafiosen Handlungen sein kann. Eine solche Reinterpretation mafioser Phänomene lässt sich bei radikalen Vertretern des *sicilianismo* und der *ideologia sicilianista*, wie etwa manchen Verfechtern und Sympathisanten des sizilianischen Separatismus, beobachten, die die Mafia sowie auch das Banditentum als Widerstandsformen gegen die verschiedenen fernen und fremden Staatsgewalten deuten, die Sizilien seit jeher unterworfen haben (Marino 1971, Kehr 1984, Lupo 1993, Paoli 2000: 20 f.). Die extremste Form dieser sizilianistischen und zugleich mafiophilen Auslegung des kulturalistischen Mythos ist die Negation der ehrenwerten Gesellschaft als strukturierter Organisation und als krimineller Vereinigung.

Mafia-Metapher

*Die Pyramidenmetapher*
Diese Repräsentation beruht auf der Annahme, dass die sizilianische Mafia und andere mafiaähnlichen Erscheinungen innerhalb und ausserhalb Italiens einheitliche, straff strukturierte und zentralisierte Organisationen sind. In diesem Zusammenhang wird immer wieder betont, dass sich die mafiose Assoziation durch hierarchische Strukturen pyramidaler Art kennzeichnet. Als Verband besteht sie also aus formell definierten, vertikal gegliederten Positionen und Rollen. Ganz oben gibt es die *cupola* (die Kuppel, das heißt die Mafiaregierung) mit dem *capo dei capi*, der von manchen Autoren im Sinne des foklorischen Mythos als Oberpriester beziehungsweise als *pontefice massimo* bezeichnet wird (Longo 1957: 51, Candida 1960: 11). In einer Mittelposition befindet sich eine sozial differenzierte Schicht von *sotto-capi* (die Unterführer), während man ganz unten auf die *manovali* (die Handlanger) trifft, die die kleinen und vor allem schmutzigen Arbeiten verrichten. In diesem Sinne sprach der 1984 ermordete sizilianische Journalist Giuseppe Fava von drei organisatorischen Niveaus der Mafia und zwar der Stufe der Killer (erstes Niveau), der Denker beziehungsweise Planer (zweites Niveau) und der Politiker (drittes Niveau) (Fava, 1983: 27 ff.).

Betrachtet man diese Darstellung etwas genauer, dann fällt auf, dass die Mafia nach der Pyramidenmetapher unübersehbare Analogien mit der modernen staatlichen Organisation aufweist. Man kann sich also des Eindrucks nicht erwehren, dass die Mafia mit dieser Metapher nach dem Leitbild des bürokratischen institutionellen Flächenstaates imaginiert wurde. Sie erscheint folglich als ein *Anti-Staat*, als die spiegelbildliche Reproduktion des Staates selbst.

Bekanntlich steht die empirische Evidenz der Pyramidenmetapher noch immer aus. Polizei und Justiz, die mit Begriffen wie *associazione di malfattori*, *associazione per delinquere* und so weiter operierten, waren praktisch nie in der Lage, die straffe, hierarchische Struktur mafioser Gruppierungen nachzuweisen. Die Bekämpfung der Mafia vor allem in Sizilien und in Süditalien war wesentlich erfolgreicher, als das Paradigma der mafiosen Pyramidenorganisationen, etwa zur Zeit der Staatsanwälte Giovanni Falcone und Paolo Borsellino, aufgegeben und die viel flexiblere, juristische Figur der *associazione per delinquere di stampo mafioso* eingeführt wurde. Die Erklärungskraft der Vorstellung des staatsartigen mafiosen Gebildes, das ausschließlich in Opposition zum Staat handelt, erweist sich demnach sowohl im praktisch-kriminalistischen Bereich als auch im theoretisch-wissenschaftlichen Bereich als zweifelhaft.

Man muss zugeben, dass die Pyramidenmetapher bequem ist, weil die Mafia durch sie dem Anschein nach ein Gesicht bekommt, das vertrauter und daher nicht mehr so rätselhaft ist. Gleichzeitig enthält diese Metapher ein ethnozentrisches Vorurteil, das sich besonders in kriminalistischer Hinsicht oft als hinderlich und manchmal als fatal herausgestellt hat. Dabei handelt es sich um die okzidental geprägte Überzeugung, dass eine effiziente Organisation wie die Mafia auf denselben oder ähnlich rational-bürokratischen Institutionen beruhen muss wie der Staat. Die sehr verbreiteten, ja fast regelmässigen Freisprüche mangels Beweise bei Mafiaprozessen lassen sich mehrheitlich auf die Wirksamkeit dieses Stereotyps im Anklageaufbau zurückführen.

Man kann sich abschließend ketzerisch fragen, ob es die Mafia überhaupt noch gäbe, wenn sie tatsächlich eine straff zentralisierte, bürokratieartige Organisation wäre. Man sollte sich dabei vor Augen halten, dass die Mafia immer einen Vorsprung gegenüber dem Staat haben muss. Um zu überleben, ist sie gezwungen, die Aktion der öffentlichen Hand zu antizipieren. In diesem Rahmen sollen, ohne den Anspruch zu haben, eine befriedigende Antwort geben zu können, fünf weitere Fragen angedeutet werden, die die Validität der Pyramidenmetapher in Frage stellen:

– Hätte sich die Mafia so geschickt ins politische und bürokratische Staatsgefüge infiltrieren können, wenn sie eine ebenso schwerfällige bürokratische Struktur wie der Staat selbst hätte?
– Hätten sich die typisch modernen Irrationalitäten der rationalen Bürokratie, die bereits von Max Weber (Weber 1956: Bd. 2, 577 ff.) angesprochen wurden, auf die spezifisch mafiose Effizienz nicht negativ ausgewirkt?
– Braucht nicht die Mafia eine viel wendigere Organisation, die flexible Strategien erlaubt, welche die Aktion des Staates antizipieren und die Illegalitäten verschleiern können?
– Wenn die Mafia tatsächlich ein kompakter Block wäre, wie die Pyramidenmetapher suggeriert, warum brechen fortwährend blutigen Fehden aus, die nicht selten jahrelang andauern und den Charakter von regelrechten Mafiakriegen (it.: *guerre di mafia*) annehmen?

– Wenn die Mafia wirklich ein dem nationalstaatlichen Modell nachempfundener Anti-Staat wäre, hätte sie sich dann so rapide in eine globalisierte transnationale Erscheinung mit neuen Illegalitäten transformieren können, wie dies beispielsweise im Fall der supranationalen Öko-Mafia und ihren globalen Geschäftstätigkeiten zu sein scheint?

*Die Netzmetapher*
Diese Repräsentation der Mafia, die in erster Linie vom Soziologen Henner Hess stammt (Hess 1988: 82 ff.), darf zunächst als der überzeugendste Widerlegungsversuch sämtlicher bisher präsentierter Erklärungsansätze und vornehmlich der Pyramidenmetapher betrachtet werden. Gemäß der Netzmetapher erscheint die Mafia als eine zwar hierarchisch gegliederte, jedoch schwach strukturierte und wenig formalisierte Vergesellschaftung nicht zentralistischer Natur. Somit entspricht sie einer hochkomplexen, netzwerkartigen Assoziation, die eher mit einem System von flexiblen und temporären Koalitionen im Sinne von Eric Wolf (Wolf 1966: 91 ff.) zu vergleichen ist. Solch mafiose Zusammenschlüsse sind durch die Tatsache gekennzeichnet, dass sie sich permanent konstituieren, auflösen und gegebenenfalls im Kontext von anderen gesellschaftlichen Umständen und persönlichen Konstellationen neu- beziehungsweise umbilden. Hess zeigt in seiner Studie, dass die klassischen mafiosen Gruppierungen und zwar speziell die *cosca* (als der harte Kern um einen mafioso) und der *partito* (als das langfristig bestehende Interaktionssystem der Mafiaführer mit den Trägern der offiziellen Herrschaft, das heißt Politiker und Beamten) strukturell keine soziale Gruppe im soziologischen Sinne bilden. Die formalen Requisiten (wie etwa Statuten, offizielle Positionen und Rollen) der ehrenwerten Gesellschaft Siziliens fehlen daher in erster Linie, weil sich mafiose Gruppierungen in Sizilien und anderswo eben eher als ein Netzwerksystem von pragmatischen Tauschbeziehungen konstituieren. Um diese strukturelle Spezifität zu illustrieren soll hier nur erwähnt werden, dass der Ausdruck *amici degli amici* vor allem in Sizilien sowohl von den Betroffenen selbst als auch von den Aussenstehenden als Synonym der Mafia gebraucht wird.

Die sozialen Relationen innerhalb einer so evidenten Pluralität von mafiosen Netzwerken sind, wie auch die gerade erwähnte Redewendung evoziert, höchst personalisiert. Sie gehören in erster Linie zu vier Grundtypen: den Familien- und Verwandtschaftsverhältnissen, den fiktiven oder rituellen Verwandtschaften, den instrumentellen Freundschaftsbindungen und den Patron-Klient-Dyaden (Hess 1988: 119–133, Giordano 1992: 374–399). Mafiastrukturen weisen also nach der Netzmetapher deutliche Ähnlichkeiten mit denen der komplexen und erweiterten Klientelen auf, die vornehmlich aus zwar ziemlich beständigen, jedoch eher informellen Verhältnissen bestehen. Dies bedeutet aber auch, dass die illegale Androhung und Anwendung von physischer Privatgewalt, der ausdrücklichen Spezifität mafioser Verbände, in erster Linie durch die Mobilisierung solcher Beziehungsketten zu Stande kommt.

In solchen Netzwerksystemen gibt es vertikale, asymmetrische Beziehungen hierarchischer Natur, wie etwa vornehmlich die Patron-Klient-Dyaden, welche die Abhängigkeits- sowie die Machtverhältnisse innerhalb eines mafiosen Strukturgefüges definieren. Die Autorität der Mafiabosse ist also nicht so stark formalisiert, wie oft angenommen wurde. Vielmehr beruhen sie, wie Diego Gambetta in überzeugender Weise gezeigt hat, in erster Linie auf einer erfolgreichen *Transaktionalität* und zwar auf der gelungenen Abwicklung von Tauschleistungen zwischen unteren und oberen Mitglieder der Netzwerke (Gambetta 1992: 48–53). Ein Mafialeader muss also, um seine Herrschaftsposition zu beanspruchen und zu erhalten, stets beweisen, dass er die versprochenen Leistungen unter Umständen durch die Ausübung von psychischem Druck oder durch Androhung bzw. Anwendung physischer Privatgewalt einhalten kann. Fähige *capimafia* sind, in Kontrast zu normalen Patronen, per se als *violente Entrepreneurs* zu betrachten (Blok 1974). Die Autorität innerhalb von Mafianetzwerken ist also nicht durch formelle, zugeschriebene Kriterien, sondern vornehmlich durch eine erworbene und stets gesellschaftlich validierte Reputation garantiert, die ihrerseits mit dem Idiom der Ehre rhetorisch bekräftigt wird.

Die Netzmetapher weist im Vergleich zur Pyramidenmetapher einige eindeutige analytische Vorteile auf: Die Mafia erweist sich dadurch als eine extrem flexible, anpassungs- und wandlungsfähige sowie vielgestaltige Realität, die in der Lage ist, den Staat im Falle eines offenen Konfliktes durch eklatante terrorartige Oppositionsstrategien zu kontern und sich im transantionalen Rahmen problemlos auszudehnen. In diesem Zusammenhang lassen sich noch zwei wichtige Aspekte hinzufügen:

- Die Mafia als System von Netzwerken muss nicht unbedingt einen Anti-Staat oder einen Staat im Staate bilden. Mafiose Organisationen können sich durch die Mobilisierung von netzwerkartigen Verbindungsketten leicht in den Staat einschleichen. Mit Hilfe dieser Infiltrationsstrategien gelingt es den mafiosen Assoziationen, den Staat zu unterwandern, zu neutralisieren und schließlich für die eigenen Zwecke und Interessen zu instrumentalisieren. Wie auch der palermitanische Staatsanwalt Ferdinando Imposimato, der zum Team von Falcone und Borsellino gehörte, zu Recht betont, werden der Staat und seine Repräsentanten (Politiker und Beamten) als Inhaber des rechtlich verankerten Gewaltmonopols von potentiellen Feinden zu faktischen Komplizen gemacht (Imposimato 2000). Zwischen dem legalen Staat und der illegalen Mafia besteht also ein dialektisches Ambivalenzverhältnis, das eine permanente Wechselwirkung und Interdependenz zwischen beiden schafft. Dazu tritt in einem solchen Kontext zwischen den Instanzen der öffentlichen Hand und den mafiosen Netzwerken eine kuriose Gegenseitigkeitsbeziehung diskursiver beziehungsweise ideologischer Natur (Heyman und Smart 1999: 11 ff.): Einerseits braucht der Staat ein Quantum an Mafia, um seine Funktionen als Hüter der öffentlichen Sozialordnung zu legitimieren. Andererseits rechtfertigen die Mitglieder mafioser Netzwerke ihre Machenschaften, indem sie die Abwesenheit und die Unzuverlässigkeit des fremden und fernen Staates hervorheben.

– Durch die wendige netzwerkartige Struktur gelingt es der Mafia mit Leichtigkeit, die Grenzen der nationalstaatlichen Staatsverbände zu überschreiten und in den globalisierten Arenen effizient aufzutreten. Dadurch ergibt sich die Möglichkeit, immer neue illegale, sprich, kriminelle Märkte transnationaler Art zu erobern und zu monopolisieren. Dies ist beispielsweise bereits sowohl beim internationalen Menschenhandel als auch bei der Organisation des Mülltransfers und -abbaus, wie das Beispiel der bereits genannten Öko-Mafia lehrt, der Fall.

Obwohl gegenwärtig die Netzmetapher von kaum einem der einschlägigen Autoren (Blok 1974, Hess 1988, Gambetta 1992, Varese 2001, Mappes-Niediek 2003) grundsätzlich in Frage gestellt wird, sollen hier einige Vorbehalte formuliert werden, die den Bedarf bestimmter Korrekturen und Modifikationen zum Ausdruck bringen. Es ist der italienischen Soziologin Letizia Paoli zu verdanken, wenn das Netzwerkparadigma in den letzten Jahren partiell revidiert worden ist (Paoli 2000). Diese Autorin stellt am Beispiel der sizilianischen *cosa nostra* und der *'ndrangheta* Kalabriens die Vorstellung in Frage, dass die mafiosen Assoziationen strukturell nur aus losen, informellen Bindungen und Koalitionen dyadischer Natur bestünden. Ihr Hauptargument besteht darin, dass die Mafia als eine in spätmodernen Zusammenhängen wirkende segmentäre Organisationsform eine gewisse Formalisierung der Positionen und Rollen braucht, denn Netzwerke, wie sie beispielsweise von Hess konzipiert wurden, sind zwar sehr flexibel, jedoch strukturell entsprechend schwach. Sie drohen vor allem in den heutigen stark erweiterten Wirkungsbereichen der Mafia und mafiaartigen Organisationen leicht zusammenzubrechen (Paoli 2000: 5–8), weil die in den dyadischen Abmachungen festgelegten gegenseitigen Verpflichtungen immer häufiger nicht eingehalten werden müssen und/oder können (Paoli 2000: 7). Aufgrund der breiteren Konstellation illegaler Interessen und Tätigkeiten kommen die immer stärker polyfunktionalen Mafiagruppierungen ausserdem nicht mehr ohne genau definierte, fachlich qualifizierte Positionen und Rollen aus. Heute ist die Mafia mehr denn je auf die Dienstleistungen von Buchhaltern, Anwälten, Finanzexperten, Chemikern, Informatikern und so weiter angewiesen. Der generalistische Berater, das heißt der alte, inzwischen fast mythologische *consigliori* ist entweder verschwunden oder wird von einem Team von Spezialisten unterstützt. Man kann wohl sagen, dass sich auch die Mafia bis zu einem gewissen Grade bürokratisiert hat: Innerhalb des dyadischen Netzwerkgefüges informeller Natur und speziell um die patronenähnlichen Leader haben sich Organisationssegmente herausgebildet, die den Charakter eines festen, extrafamilialen Subsystems von vertraglich verankerten, polyadischen Beziehungen tragen. Diese *verdichteten Kerne* mafioser Strukturen beruhen, wie Letizia Paoli in überzeugender Weise zeigt, auf rituell untermauerten Statuskontrakten wie beispielsweise Verbrüderungsverträgen (Paoli 2000: 77, Weber 1956: Bd. 2, 416 f.), die nicht nur für kurzfristige zweckrationale Motive abgeschlossen werden, sondern zugleich eine dauerhafte, formelle Veränderung der Beziehungsqualität zwischen den Betroffenen beinhalten. Durch solche Abmachungen werden die Mitglieder

der mafiosen Organisationskerne zu Genossen, die sich durch einen im Rest des Netzwerkes kaum vorhandenen *esprit de corps* kennzeichnen. In diesen relativ kleinen Zellen der Mafia lassen sich eine Vielfalt ritueller Handlungen mit grosser symbolischer Wertigkeit beobachten, die wir im entsprechenden Abschnitt als Bestandteil des folkloristischen Mythos dargestellt haben. Wenn wir das Beispiel von Andreotti wieder aufnehmen, können wir sagen, dass er in einem oder mehreren mafiosen Netzwerken verwickelt sein konnte, ohne in einem formalisierten harten Kern eingegliedert zu sein. Ob dies ein Zufall oder eine besonders gut ausgeklügelte List des früheren Premierministers war, lässt sich zwar vermuten, jedoch selbstverständlich nicht beweisen.

Aus heutiger Perspektive scheint es also, zusammenfassend formuliert, dass die Mafia sowie viele andere analoge Assoziationen wie beispielsweise auch die des globalen Terrorismus (z. B. Al Qaida) etwas strukturierter sind, als die Netzmetapher sie präsentiert, obwohl der zugrundeliegende Netzwerkcharakter solcher Verbände nicht mehr in Frage gestellt werden kann.

*Die Betriebsmetapher*
Diese Repräsentation der Mafia, die Diego Gambetta (Gambetta 1992) für Sizilien und Federico Varese (Varese 2001) für das postkommunistische Russland entworfen hat, befasst sich mit der Rekonstruktion des zweckrationalen Funktionierens mafioser Organisationen. Beide Autoren, deren empirische Recherchen den dezentralisierten Charakter der Mafia bekräftigen, versuchen nachzuweisen, dass ein mafioses Gefüge als organisierte Kriminalität funktionale Ähnlichkeiten mit einem Industriebetrieb aufweist. Mafiaassoziationen sind demnach im Endeffekt Firmen oder manchmal Kartelle, welche im Rahmen der öffentlichen Sphäre Schutz privater Natur produzieren. Ohne die Details der gesamten Argumentation von Gambetta und Varese berücksichtigen zu können, soll hier exemplarisch gezeigt werden, wie diese zwei Autoren anhand der Betriebsmetapher eine der wichtigsten Funktionen des psychischen Druckes sowie der physischen Privatgewaltandrohung und -anwendung deuten.

Vor allem Gambetta betont, dass die bei der Mafia immer präsente Dimension der brachialen und mentalen Violenz eigentlich als eine spezifische Form der Werbung betrachtet werden kann (Gambetta 1992: 43): Will der *mafioso* als ein fähiger Beschützer, das heißt als ein erfolgreicher Schutzproduzent, gelten, dann muss er in der Öffentlichkeit permanent zeigen, dass er in jeder Situation mit großer Entschlossenheit handeln kann. Im Fall der Fälle muss der Mafiaboss folglich in der Lage sein, Gewalt auszuüben. Demnach kann er seine Reputation als zuverlässiger Ehrenmann gerade durch Gewaltausübung erhalten oder gar steigern und folglich weitere Kunden, die nach Protektion suchen, anziehen. Schliesslich funktioniert die Industrie des privaten Schutzes, so Gambetta, nicht anders als eine Autofabrik: während diese die Sicherheit und den Komfort der von ihr produzierten Autos anpreist, wirbt die erstgenannte mit der Entschlossenheit ihrer Lieferanten (Gambetta 1992: 43).

Hier stellt sich jedoch die Frage, warum eine Gesellschaft und ihre Mitglieder eine Industrie der privaten Protektion brauchen. Gambetta und Varese führen in diesem Zusammenhang einen Begriff ein, der meines Erachtens von zentraler Bedeutung ist, um das Phänomen der Mafia in Sizilien und anderswo zu verstehen. Es handelt sich dabei um das Konzept des Vertrauens als Grundlage zwischenmenschlicher Kooperation und – wie Niklas Luhmann sagen würde – als Mechanismus der Reduktion von Komplexität (Gambetta 1988: IX ff., Luhmann 1973: 23 ff. und 40). In der Sprache der Betriebsmetapher kann man also sagen, dass die Mafia als nicht nur sizilianisches Phänomen die von ihr fabrizierten Produkte in jenen Gesellschaften erfolgreich anbieten kann, in denen Vertrauen vor allem öffentlicher Natur Mangelware ist. Angebot und Nachfrage an privater Protektion mafioser Art entsteht erst, wenn innerhalb eines sozialen Gebildes ein weit verbreitetes Misstrauen gegenüber den Trägern der Staatsgewalt und den Institutionen der Zivilgesellschaft zu verzeichnen ist.

Der soziogenetische Horizont

Dieser Komplex von Deutungsversuchen berücksichtigt in erster Linie die Zeitdimension, wobei er nicht mit einer klassischen historischen Rekonstruktion des mafiosen Phänomens zu verwechseln ist. Es geht vielmehr darum, aus der Vielfalt historischer Fakten die soziologisch und anthropologisch relevanten Voraussetzungen, Bedingungen und Faktoren herauszufinden, die in der nahen oder fernen Vergangenheit einen entscheidenden Beitrag zur Entstehung, Verwurzelung, Ausbreitung, Transformation und nicht zuletzt Permanenz mafioser Strukturen geleistet haben. Dabei handelt es sich einerseits um spezifische institutionelle Konfigurationen, wie etwa die Präsenz einer Pluralität von miteinander konkurrierenden Sondergerichtsbarkeiten (Hess 1988: 16 ff.), andererseits um langfristige Prozesse des wirtschaftlichen, sozialen und politischen Wandels, wie etwa die Einführung und Auflösung feudaler beziehungsweise totalitärer Verhältnisse (Blok 1974) oder auch die zu einem bestimmten Zeitpunkt einsetzenden Urbanisierungstendenzen innerhalb eines bestimmten gesellschaftlichen Gefüges (Arlacchi 1989).

So haben Experten beispielsweise lange debattiert, ob die Mafia in Sizilien und im Mezzogiorno ein genuin agrarisches Phänomen darstellt oder ob sich ihre Wurzel auch im städtischen Milieu, wo sie heute besonders grassiert, nachweisen lassen. Entgegen der populären Vorstellung, dass die süditalienische Mafia in direktem Zusammenhang mit dem absentistischen Latifundismus steht und deshalb mit dem baronalen Feudalismus einhergeht, haben einschlägige Untersuchungen eine andere Realität gezeigt, die auf den ersten Blick etwas verblüffend erscheinen mag: Sie verweisen darauf, dass die Mafia vor allem in Sizilien faktisch seit ihrer Entdeckung im 19. Jahrhundert sowohl auf dem Lande als auch im städtischen Bereich mit derselben Intensität auftrat (Gambetta 1992: 107 ff.). Die von manchen Autoren als selbstverständlich betrachtete Personalunion zwischen ländlichen Großpächtern – den berüchtigten *gabelloti* – und den *mafiosi* erweist sich somit, vom soziogenetischen Standpunkt her gesehen, als nicht so obligat wie allzu oft angenommen wurde (Gambetta 1992: 109). Auch der klassische Periodisierungsvorschlag, in dem zwischen zwei Phasen mafioser Entwicklung, nämlich zwischen dem Zeitalter der ruralen (bis 1950) und der urbaner Mafia (nach 1950) unterschieden wird, erscheint in diesem Zusammenhang als nicht ganz überzeugend.

Außerdem zeigen sozio-genetische Rekonstruktionen, dass die ersten süditalienischen Mafiaorganisationen ein eher rezentes Phänomen darstellen. Tatsächlich lassen sich ihre Aktivitäten *in statu nascendi* erst während des Entfeudalisierungsprozesses am Ende des 18. und zu Beginn des 19. Jahrhunderts beobachten. Selbstverständlich gab es schon vorher zahlreiche mafiakompatible Handlungsstrategien sowie eine ganze Reihe von mafiaähnlichen Verbänden wie beispielsweise die Konfraternitäten und die Zünfte (Giordano 1975). Die Entstehung der eigentlichen Mafia steht jedoch mit einer generalisierten Öffnung der Gesellschaft in Zusammenhang. In anderen Worten ergeben sich die Bedingungen für die Herausbildung mafioser Schutznetzwerken erst dann, wenn sich, wie Leopoldo Franchetti und Sydney Sonnino, die beiden Autoren einer inzwischen klassisch gewordenen Enquete zur politischen, administrativen und sozialen Lage Siziliens, bereits im Jahre 1876 vermuteten, in einer gegebenen Gesellschaft eine demokratische Wende abspielt (Franchetti und Sonnino 1974, Gambetta 1992: 128).

Diese Annahme mag auf den ersten Blick abwegig und abstoßend erscheinen. Man kommt sogar in Versuchung, diese Hypothese umzukehren und zu behaupten, dass Demokratisierungsprozesse die Entstehung von *Mafiaphänomenen* verhindern. Franchetti und Sonnino verfügten aber über subtile und überzeugende Argumente, um ihren soziogenetischen Interpretationsvorschlag plausibel zu machen. Es ist eine Tatsache, dass es in Süditalien, solange die Feudalverhältnisse vorherrschten und das Schutzmonopol vornehmlich in den Händen der Barone lag, keine Marktlücke für die Mafia gab. Erst im Laufe des 19. Jahrhunderts, als die Auflösung des Feudalismus begann und dieser durch die Institutionen des modernen liberalen Flächenstaats ersetzt wurde, bildeten sich die Prämissen für die rapide Entwicklung mafioser Schutznetzwerke. Die verblüffende Gleichzeitigkeit, die sich zwischen der Einführung des parlamentarischen Systems liberaldemokratischer Provenienz und dem aufkommenden Florieren mafioser Aktivitäten im Mezzogiorno und speziell in Sizilien nach der italienischen Einigung (1860) feststellen lässt, ist nicht zu verleugnen.

Die Demokratisierungsthese Franchettis und Sonninos lässt sich vermutlich generalisieren und auf andere Gesellschaften jenseits Süditaliens, die von der Präsenz mafiaartiger Erscheinungen betroffen sind, übertragen. Wahrscheinlich lässt sich gar eine Parallele zwischen dem süditalienischen Feudsystem und den sozialistischen Regimes in Osteuropa herstellen. Solange der Sozialismus als totalitäre Herrschaftsform im östlichen Teil des alten Kontinents dominierte, war das Schutzmonopol in den Händen des Staates und der allein herrschenden kommunistischen Partei konzentriert. Mafiaähnliche Netzwerke konnten sich logischerweise erst dann herausbilden und entfalten, als die alten allumfassenden Protektionsstrukturen des Sozialismus nach dem Fall der Berliner Mauer (1989) vom Wind der Demokratisierung weggefegt wurden. Erst zu diesem Zeitpunkt ergaben sich die Voraussetzungen für die Entstehung der osteuropäischen Mafiaorganisationen, die sich seit der Wende immer deutlicher als die fast einzigen glaubhaften Garanten zur Befriedigung von Schutzbedürfnissen profilieren.

Selbstverständlich lassen sich solch soziogenetische Zusammenhänge zwischen Mafiabildung und Demokratisierungsprozessen nur beobachten, wenn es dem demokratischen Rechtsstaat als Gewaltmonopolist sowie den Verbänden der Zivilgesellschaften – aus welchem Grunde auch immer – faktisch nicht gelingt, die Rechtsordnung aufrechtzuerhalten, die Befriedung des eigenen Territoriums zu garantieren, die korrekte Verwaltung des Gemeinwohls zu gestalten oder, ganz allgemein gesagt, den von den Bürgern verlangten Schutz zu gewähren. Bei solchen Konstellationen, die wohlgemerkt in Europa und außerhalb gar nicht so außergewöhnlich sind, entsteht eine tiefe Kluft und ein gegenseitiges Misstrauen zwischen öffentlichen Institutionen und Gesellschaftsmitgliedern, die, wie im nächsten abschließenden Abschnitt noch näher thematisiert wird, mit dem Anhalten und Grassieren mafioser Handlungsstrategien und Organisationen einhergeht.

Plädoyer für einen anthropologischen Horizont anhand einer
historisch-verstehenden Perspektive

Giovanni Falcone hat mit Nachdruck für eine *laizistische* das heißt *entzauberte* Betrachtung der Mafia und der mafiaartigen Erscheinungen plädiert. Mit unserer Darstellung der verschiedenen sozialwissenschaftlichen Repräsentationen der Mafia sind wir der Frage nachgegangen, ob und inwieweit die vom ermordeten Staatsanwalt formulierte Forderung eines verwunderungsfreien Blickes mindestens partiell eingelöst wurde. Man kann festhalten, dass in fast allen Mythen, Metaphern und Horizonten jenseits irreführender Übertreibungen beziehungsweise unzutreffender Überlegungen wichtige und aufschlussreiche Reflexionen theoretischer Natur zu verzeichnen sind. Es handelt sich dabei jedoch um partielle Wahrheiten, die nur teilweise zur Klärung dessen, was man als *Planet Mafia* bezeichnen kann, beitragen.

Allen bisher genannten Deutungsparadigmen fehlt zum Beispiel eine plausible Erklärung, warum die Mafia in Sizilien, trotz der Präsenz einer ziemlich starken Antimafia-Bewegung während der neunziger Jahren, unverändert präsent ist oder weshalb mafiaartige Organisationen in vielen anderen Teilen der Welt, vor allem aber in den postsozialistischen Gesellschaften, in so sensationeller Weise Fuß gefasst haben. Ich glaube, dass Gambetta und Varese mit ihrer Betonung der Bedeutung von Vertrauen beziehungsweise Misstrauen in der öffentlichen Sphäre in dieser Hinsicht eine ganz wichtige Spur aufgedeckt haben, die bisher auch von den beiden Autoren selbst viel zu wenig beachtet wurde. Gambetta beispielsweise will die Persistenz beziehungsweise die Ausdehnung mafioser Strukturen in erster Linie als Folge einer universellen, ausschliesslich zweckorientierten Betriebsrationalität und -logik sehen. Das Misstrauen der Kunden mafioser Privatschutzfirmen reduziert sich somit auf eine gesellschaftliche Konstante, die einfach als vorgegeben vermutet wird.

Ein anthropologischer Horizont muss meines Erachtens an den Konzepten des Vertrauens beziehungsweise des Misstrauens anknüpfen, kann sich aber mit einer fast apodiktischen Annahme, wie die von Gambetta, nicht begnügen. Misstrauensbildung beziehungsweise Vertrauensschwund sind gesellschaftlich produziert und können deshalb nur als historisch gewachsene Prozesse verstanden werden. Geschichte darf dabei allerdings nicht so sehr als mechanische oder gar automatische Abfolge objektiver Fakten, die miteinander in einem Kausalzusammenhang stehen, betrachtet werden. Vielmehr ist sie als *interpretierte Vergangenheit* zu verstehen, die von den betroffenen Akteuren selbst in ihrer *interpretierenden Gegenwart* verarbeitet ist (Ricoeur 1985: Bd. 3, 314). Hiermit kommen wir zum zentralen Punkt dieses Abschnittes, nämlich der Problematik der erfahrungsgeprägten Rezeption von Geschichte als Voraussetzung für die Existenz und Persistenz sozialer Phänomene (Giordano 1992: 495). Es geht also darum zu zeigen, wie Geschichte durch ihre maßgebende *Präsenz* (Schaff 1976: 129) und durch ihre verblüffende *Effizienz* (Ricoeur 1985: Bd. 3, 314) in der Gegenwart auf die Beständigkeit von sozialen Repräsentationen und Leitbildern bei konkreten Handlungsentwürfen und -vollzügen wirkt. Ein historisch-anthropologischer Horizont befasst sich, anders als der soziogenetische, nicht in erster Linie mit den soziologisch relevanten Wurzeln der Mafia, sondern mit der sozial produzierten *Kontinuität in den Köpfen*, die dazu führt, dass mafiose Aktivitäten bei den Mitgliedern bestimmter Gesellschaften einen sozialen Sinn erhalten beziehungsweise beibehalten.

Die Frage nach der Kontinuität und Persistenz des soziologischen Tatbestandes Mafia in Sizilien und anderswo soll weder mit einem kulturalistischen Ansatz, der in der Regel mit einem allzu rigiden und dementsprechend statischen Kulturbegriff operiert, welcher die Akteure zu unmündigen Robotern reduziert, noch mit dem inzwischen völlig in Verruf geratenen biologischen Paradigma angegangen werden. Aus historisch-anthropologischer Sicht entspringt die Beständigkeit mafioser Phänomene trotz ihrer unumgänglichen strukturellen Wandlungen aus dem permanenten engen Verhältnis zwischen den *kollektiven Erfahrungsräumen* als *gegenwärtiger Vergangenheit* und den entsprechenden *Erwartungshorizonten* als *vergegenwärtigter Zukunft* (Koselleck 1979: 349 ff.). Aktuelles öffentliches Misstrauen und Mafia als dafür adäquates Organisationsprinzip stehen also in engem Zusammenhang mit den von den Akteuren einer Gesellschaft immer wieder erlebten schlechten Erfahrungen mit dem Staat in einer nahen beziehungsweise fernen Vergangenheit. Selbstverständlich reproduzieren sich diese negativen Erfahrungsräume, die dann die Erwartungshorizonte prägen, nicht durch bloßes Tradieren von Generation zu Generation, sondern in erster Linie durch ihre Wiederholung und Bestätigung in der Gegenwart. Traditionen sind, ebenso wie Mentalitäten, plastische Erscheinungen, die ihre Plausibilität und Adäquatheit fortwährend unter Beweis stellen müssen. Je nach wahrgenommener Erfahrung werden sie dann von den Gesellschaftsmitgliedern validiert, modifiziert oder gegebenenfalls gar aufgegeben.

Die Reproduktion negativer Erfahrungsräume in Gesellschaften des öffentlichen Misstrauens, wie etwa Süditalien oder Osteuropa, gehen, wie bereits angedeutet, mit dem sich ständig wiederholenden sowohl faktischen als auch von den Bürgern subjektiv empfundenen und dementsprechend sozial konstruierten Scheitern des Staates und der zivilgesellschaftlichen Institutionen einher, die ihren Funktionen nicht länger nachkommen können. Die Persistenz mafioser Handlungsmuster ist aus der Sicht der Betroffenen selbst eine der möglichen rationalen Antworten auf dieses fortwährend bestätigte Debakel im öffentlichen Bereich.

Paradigmatisch ist in diesem Zusammenhang der Fall Berlusconis und vor allem seine trickreiche und geradezu übermütige Weigerung, den Interessenskonflikt zu lösen, der sich nach der Übernahme des Amtes als Ministerpräsident bei gleichzeitiger Beibehaltung des Besitzes einer nationalen Fernsehkette ergab. Durch das eklatante Verhalten des italienischen Premiers musste sich der italienische Bürger einmal mehr in seinen historisch gewachsenen sozialen Repräsentationen bestätigt fühlen, nach der die öffentliche Sphäre einem Selbstbedienungsladen gleicht, in dem sich unzuverlässige Politiker, Beamte sowie Leiter zivilgesellschaftlicher Verbände ausschliesslich in Hinsicht auf die eigenen Interessen bedienen. Berlusconis Unwilligkeit, den Interessenskonflikt zu beseitigen, hat im Endeffekt sowohl das Misstrauen in den öffentlichen Sozialräumen als auch folglich die Idee gefestigt, dass man im nicht-privaten Bereich, d.h. jenseits von Familie und Verwandtschaft, auf die Hilfe- und Schutzleistungen von Freunden, Paten, Patronen und Mafiosi angewiesen ist.

Diese Ausführungen zeigen, dass die Mafia – egal, in welcher Gesellschaft des öffentlichen Misstrauens sie grassiert – weder ein kultureller Überbleibsel noch eine anachronistische Anomalie ist. Aus historisch-anthropologischer Perspektive ist sie eher ein geschichtliches Vermächtnis, dessen Sinn durch ein kongruentes kognitives Kapital beziehungsweise ein dementsprechendes soziales Wissen, das die Akteure eines Kollektivs miteinander teilen, fortwährend aktualisiert und daher neu legitimiert wird.

Bibliographie

ALONGI, Giuseppe 1887: La maffia nei suoi fattori e nelle sue manifestazioni. Studio sulle classi pericolose della Sicilia. Torino: Bocca.
ARLACCHI, Pino 1989: Mafiose Ethik und der Geist des Kapitalismus. Die unternehmerische Mafia. Frankfurt am Main: Cooperative-Verlag.
BARZINI, Luigi 1978: Gli italiani. Milano: Mondadori.

BLOK, Anton 1974: The Mafia of a Sicilian Village, 1860–1960. A Study of Violent Peasant Entrepreneurs. Oxford: Basil Blackwell.
CANDIDA, Renato 1960: Questa mafia. Caltanissetta, Roma: Salvatore Sciascia Editore.
CUTRERA, Antonino 1900: La mafia ed i mafiosi. Origine e manifestazioni. Studio di Sociologia Criminale. Palermo: Reber Editore.
FALZONE, Gaetano 1974: Storia della mafia. Milano: Pan Editrice.
FAVA, Giuseppe 1983: I quattro cavalieri dell'Apocalisse mafiosa. In: I Siciliani 1: 21–41.
FRANCHETTI, Leopoldo; SONNINO, Sydney 1974: Inchiesta in Sicilia. Firenze: Vallecchi.
GAMBETTA, Diego (Hg.) 1988: Trust. Making and Breaking Cooperative Relations. Oxford: Basil Blackwell.
GAMBETTA, Diego 1992: La mafia siciliana. Un'industria della protezione privata. Torino: Einaudi.
GIORDANO, Christian 1975: Handwerker- und Bauernverbände in der sizilianischen Gesellschaft. Zünfte, Handwerkerkonfraternitäten und Arbeiterhilfsvereine zwischen 1750 und 1890. Tübingen: J. C. B. Mohr, Paul Siebeck.
GIORDANO, Christian 1992: Die Betrogenen der Geschichte. Überlagerungsmentalität und Überlagerungsrationalität in mediterranen Gesellschaften. Frankfurt am Main, New York: Campus Verlag.
GIORDANO, Christian 2001: Réseaux mafieux: la gestion de la méfiance publique. In: Le guide 2001 des PME, Supplement de l'AGEFI, Le Quotidien suisse des affaires et de la finance. Lausanne, 44–46.
HESS, Henner 1988: Mafia. Zentrale Herrschaft und lokale Gegenmacht. Tübingen: J. C. B. Mohr Verlag, Paul Siebeck.
HEYMAN, Josiah McC.; SMART, Alan 1999: States and Illegal Practices: an Overview. In: Josiah McC. Heyman (Hg.): States and Illegal Practices. Oxford, New York: Berg.
IMPOSIMATO, Ferdinando 2000: Un juge en Italie. Pouvoir, corruption, terrorisme. Les dossiers noirs de la Mafia. Paris: Editions de Fallois.
KEHR, Martin 1984: Der sizilianische Separatismus. Eine Studie zur Kultursoziologie Siziliens. Berlin: Dietrich Reimer Verlag.
KOSELLECK, Reinhart 1979: Vergangene Zukunft. Zur Semantik geschichtlicher Zeiten. Frankfurt am Main: Suhrkamp Verlag.
LONGO, Giuseppe 1957: La nostra cara mafia. In: L'osservatore politico-letterario III, 4: 48–62.
LUHMANN, Niklas 1973: Vertrauen. Ein Mechanismus der Reduktion von Komplexität. Stuttgart: Ferdinand Enke Verlag.
LUPO, Salvatore 1993: Storia della mafia dalle origini ai nostri giorni. Roma: Donzelli Editore.
MACK-SMITH, Denis 1968: History of Sicily: Medieval Sicily 800–1713 and Modern Sicily after 1713. London: Chatto and Windus.

Mappes-Niediek, Norbert 2003: Balkan-Mafia. Staaten in der Hand des Verbrechens. Eine Gefahr für Europa. Berlin: Links.
Marino, Giuseppe Carlo 1971: L'ideologia sicilianista. Palermo: Flaccovio.
Mosca, Gaetano 1980: Uomini e cose di Sicilia. Palermo: Sellerio.
Mühlmann, Wilhelm E. 1969: Zur Sozialpsychologie der Mafia. In: Kölner Zeitschrift für Soziologie und Sozialpsychologie 21, 2: 289–303.
Niceforo, Alfredo 1898: L'Italia barbara contemporanea. Milano, Palermo.
Niceforo, Alfredo 1901: Italiani del Nord e Italiani del Sud. Torino.
Otto, Rudolf 1936: Das Heilige. Über das Irrationale in der Idee des Göttlichen und sein Verhältnis zum Rationalen, München: C. H. Beck'sche Verlagsbuchhandlung.
Paoli, Letizia 2000: Fratelli di mafia. Cosa Nostra e 'Ndrangheta. Bologna: Il Mulino.
Petraccone, Claudia 1994: Nord e Sud: le due civiltà. In: Studi Storici 35, 2: 511–541.
Petraccone, Claudia 2000: Le due civiltà. Settentrionali e meridionali nella storia d'Italia. Bari: Laterza.
Ricoeur, Paul 1985: Temps et récit. 3 Bde. Paris: Editions du Seuil.
Schaff, Adam 1976: Die Präsenz von Geschichte. In: SSIP-Bulletin 43: 122–131.
Titone, Virgilio 1957: Considerazioni sulla mafia. Palermo.
Titone, Virgilio 1964: Storia, mafia e costume in Sicilia. Milano.
Varese, Federico 2001: The Russian Mafia. Private Protection in a New Market Economy. Oxford: Oxford University Press.
Weber, Max $^4$1956: Wirtschaft und Gesellschaft. Tübingen: J. C. B. Mohr Verlag, Paul Siebeck.
Wolf, Eric J. 1966: Peasants. Englewood Cliffs, N.J.: Prentice Hall Inc.

# Die Frage, die Umfrage, der Fragebogen

*Justin Stagl*

„Policemen don't answer questions. They ask them."
(Ruth Rendell: The Vault, ch. 12).

I. Die Frage

Fragen dringen in die Persönlichkeitssphäre Anderer ein. Sie sind sprachlich durch besondere Partikel wie „was?" oder „warum?" sowie durch das Anheben der Stimme am Satzende hervorgehoben und erheischen damit die Aufmerksamkeit des Gefragten. Sie sollen ihn zu einer Reaktion nötigen, die man Antwort nennt. Auch Schweigen, Sich-Abwenden, das Übergehen der Frage und die Abfertigung des Fragenden sind Antworten: Immerhin weiß der Fragende nun, woran er mit dem Gefragten ist. Frage und Antwort gehören zu den Phänomenen, die „als Paar konstituiert" (Edmund Husserl)[1] sind. Sie bilden die beiden Seiten ein und desselben Vorganges, welcher sich zwischen zwei – oder auch mehr – Personen abspielt. Das soziale Leben ist durchgezogen von immer neuen Fragen und Antworten. Damit regieren die Beteiligten auf den Wandel, der sich in ihnen selbst, in ihrem Verhältnis zueinander und zur Außenwelt vollzieht. Sie vergemeinschaften ihr Wissen über solchen Wandel und dies kann zur Neuorientierung das darauf bezogenen Handelns führen.[2]

Die Initiative hierzu ergreift der Fragende. Er wagt sich mit seiner Frage vor und setzt sich dem Risiko einer Abweisung aus. Damit will er den Gefragten nötigen, sich auf ihn und seine Probleme einzulassen. So ungefähr weiß er auch schon, wonach er fragt, doch der Gefragte soll ihm helfen, es genauer zu wissen. Fragen sind zielgerichtet und der Fragende sucht dem Gefragten dieses Ziel als ein ihnen beiden gemeinsames vorzugeben. Insofern ist jede Frage ein Versuch, den Gefragten zu vereinnahmen. Ihre Formulierung bedeutet schon eine Weichenstellung für die Antwort. Diese soll die Frage „parieren" und sich so auf deren Weichenstellung einlassen. Mit seiner Antwort legt sich der Antwortende dem Fragenden gegenüber in gewisser Weise fest. Dieser kann sich nun die Antwort merken, den Gefragten an ihr messen, ja sie eventuell gegen ihn verwen-

---

[1] Edmund HUSSERL: Cartanesianische Meditationen. Eine Einleitung in die Phänomenologie, § 51: „‚Paarung' als assoziativ konstituierende Komponente der Fremderfahrung". Hg. v. Elisabeth Ströker. Hamburg ²1987, 114–116.
[2] Alfred SCHÜTZ, Thomas LUCKMANN: Strukturen der Lebenswelt. Bd. 2. Frankfurt am Main ³1994, 103, 116, 130.

den. Er kann sie auch als Ausgangspunkt für weitere Fragen („Nachfragen") verwenden oder Handlungen setzen, die sich aus dieser Antwort rechtfertigen. Das Fragen und das Antworten sind insofern auch ein Machtspiel. Das Machtverhältnis zwischen den Beteiligten kann dadurch bestätigt oder neu festgesetzt werden.

Wenn der Fragende weniger Macht hat als der Gefragte, sucht er bei diesem ein „geneigtes Ohr" für seine Frage zu finden. Je größer das Machtgefälle, desto kleiner muss er sich zum Ausgleich für die Belästigung durch seine Frage machen. Zum Beispiel durch eine Vorfrage („Darf ich Sie etwas fragen?"), eine Entschuldigung („Verzeihen Sie, wie komme ich zum Bahnhof?") oder eine Demutsgeste („Bitte, ich kenne mich hier gar nicht aus."). Fragen dieser Art sind eigentlich Bitten. Erst wenn sie „erhört" sind, kann man in aller Vorsicht weiterfragen. Fragen an Mächtigere oder an ungefähr Gleichmächtige sind überdies durch die guten Sitten eingeschränkt. Nicht jeden darf man nach allem fragen. Wer diese subtilen Grenzen verletzt, erhält die ihm gebührende Abfuhr. Damit verliert er Status und die von der Sitte gezogenen Grenzen werden neu bekräftigt.

Unter Gleichen oder von oben nach unten erlaubt die Sitte auch die Gegenfrage. Sie ist ein „erprobtes Mittel der Abwehr" (Elias Canetti) lästiger Fragen.[3] Die Möglichkeit zur Gegenfrage verhindert, dass das Fragenstellen zur einseitigen „Befragung" ausartet. Die Griechen haben die Umkehrbarkeit des Fragens und Antwortens zu einer hohen Kunst entwickelt, der „Dialektik", deren bis heute unbestrittener Meister Sokrates war. Die sokratische Dialektik arbeitete durch systematisches Fragen und Antworten in einem Kreise Gleichstrebender an der menschlichen Selbsterkenntnis. Die Teilnehmer und Zuhörer solcher Gespräche repräsentierten gleichsam die sich selbst befragende Menschheit. Denn die Kunde davon wurde weitergetragen oder von Sokrates' Schüler Platon niedergeschrieben. Perelman und Olbrechts-Tyteca definieren als das letzte Ziel solcher Gespräche die „Übereinstimmung des universalen Auditorismus" („agreement of the universal audience").[4]

Frage und Antwort wirken über die soziale Sphäre hinaus auch auf die Außenwelt ein, da sie wie schon erwähnt zu Handlungen führen können: „I feel strongly about putting questions", heißt es in Stevensons *The Strange Case of Dr. Jekyll and Mr. Hyde*, „it partakes too much of the style of the day of judgement. You start a question, and it's like starting a stone. You sit quietly on top of a hill; and away the stone goes, starting others; and presently some bland old bird (the last you would have thought of) is knocked on the head".[5] In der Frage

---

[3] Elias CANETTI: Masse und Macht. Frankfurt am Main ²⁷2001, 337–343: „Elemente der Macht: Frage und Antwort".
[4] Ch. PERELMAN, L. OLBRECHTS-TYTECA: The New Rhetoric. A Treatise on Argumentation. Notre Dame, London ³1969, 31–34: „The Universal Audience", hier 31.
[5] Robert Louis STEVENSON: The Strange Case of Dr Jekyll and Mr Hyde, „Story of the Door" (The Strange Case of Dr. Jekyll and Mr. Hyde and Other Stories, ed. Jenni Calder). Harmondsworth ³³1979.

ist die archaische Wirkmacht der Sprache lebendig wie je. Zunächst ruft sie aus dem Inneren des Gefragten Wissensinhalte ab, die sich in der Antwort von seiner Person abtrennen und damit die von Stevenson geschilderte Eigendynamik gewinnen. Dann erfährt der Fragende auch etwas über die Person des Gefragten, etwa seine Fähigkeiten oder seinen Gemütszustand. Schließlich wird der Gefragte durch die Formulierung seiner Antwort genötigt, sich über diese selbst einmal klar zu werden und dann auch zu ihr zu stehen, also nach ihr handeln oder es sich gefallen zu lassen, nach ihr behandelt zu werden.

In der Befragung ist all dies radikalisiert. Sie hat tatsächlich etwas vom Stil des Jüngsten Gerichts an sich. Befragt wird von oben nach unten. Aus Bitte und Gewährung werden hier Befehl und Gehorsam. So kann der Befragende vom Persönlichkeitsschutz der guten Sitten absehen und tiefer als es diese erlauben würden in die Persönlichkeitssphäre des Anderen (den man statt des „Gefragten" nun besser den „Befragten" nennt) eindringen. Dieser wird durch die Befragung genötigt, „mit der Sprache herauszurücken": „‚Was wolltest du mit dem Dolche, sprich!' entgegnete ihm finster der Wüterich. ‚Die Stadt vom Tyrannen befreien!' ‚Das solltest du am Kreuze bereuen'" (Schiller: Die Bürgschaft).[6] Canetti hat in *Masse und Macht* die archetypischen Befragungsfragen angeführt: Wer bist du? Was hast du vor? Was hast du getan?[7] Sie folgen einander im Stakkato. Die Antworten können nach Belieben abgeschnitten werden. Gegenfragen sind ausgeschlossen. Aus der Weichenstellung des Fragens wird hier ein Zwang. Die Antworten werden miteinander verglichen und auf Inkonsistenzen abgeklopft. Dies führt zu immer weiteren Nachfragen, bis der Befragte sich unterwirft und sein Inneres aufschließt. Befragungen gibt es seit jeher bei Gericht, im Extremfall als Verhör unter Folter. Verwandt damit sind die Beichte, die ärztliche Anamnese und die Prüfung. Die Antworten werden memoriert oder protokolliert und der Befragte wird nach ihnen bewertet und behandelt.

Dagegen steht ihm aber der Schutzmechanismus der Geheimhaltung zur Verfügung. Canetti vergleicht sie mit einer unsichtbaren Rüstung, die die Fragen abprallen lässt.[8] Der Befragte kann zum Beispiel lügen. Dabei muss er freilich auf die Konsistenz des Lügengebäudes achten, denn der Befragende rechnet damit und versucht, ihm „dahinterzukommen". Oder er kann die Antwort verweigern (mit Lohengrin: „Nie sollst du mich befragen."). Das ist noch schwerer durchzuhalten als das Lügen. Mit der Antwortverweigerung masst sich der Befragte eine Unabhängigkeit dem Befragenden gegenüber an, die ihm nicht mehr zukommt, und die Reaktion darauf sind Strafmaßnahmen wie die Folter. Immer wieder wird vom Verstummen, Verschwinden oder dem Tode Befragter erzählt (etwa bei *Rumpelstilzchen*). Die sicherste und darum häufigste Form der Geheimhaltung ist ein Kompromiss: Der Befragte gibt einiges aus seinem Inneren

---

[6] Friedrich SCHILLER: Die Bürgschaft, Z. 4–7.
[7] CANETTI: Masse und Macht, 340.
[8] Op. cit., 339.

preis und hofft, damit das übrige: „für sich behalten" zu können. Er stellt sich unwissend, beschränkt und harmlos, damit man ihn als unergiebig „laufen lasse": „It's not the lying that counts, it's evading the necessity for it. Rendering all questions foolish in advance" (Margaret Atwood).[9] Diesen Selbstschutzmechanismen von Personen am unteren Ende des Machtgefälles entspricht am oberen Ende des Machtgefälles das Sammeln des aus den Antworten gewonnenen Wissens als eine schützenswerte Ressource, insbesondere das durch Massenbefragung gewonnene „statistische" Wissen.[10]

II. Die Umfrage

Eine Sonderform der Befragung nennt man „Umfrage" oder auch „Rundfrage". Dabei richtet man statt vieler Fragen an einen Einzelnen nur eine – wenn auch manchmal vielgliedrige[11] – Frage an Viele. Man geht hier also mehr in die Breite als in die Tiefe. Dazu wird die Frage entindividualisiert („standardisiert") und den vielen Befragten in identischer Form gestellt. So kann man die Antworten, die nun auch stärker festgelegt sind als bei der flexibleren Befragung Einzelner, besser miteinander vergleichen.[12] Wie die Begriffe Rund- oder Umfrage andeuten, sind die Befragten Mitglieder eines Kreises, der – sei es als Honoratioren oder als Experten – die Gemeinschaft als solche repräsentiert. Im Grunde ist die Umfrage die Selbstforschung dieser Gemeinschaft. Mit ihrer Hilfe soll deren Wissen, das die jeweils Einzelnen nur unvollständig besitzen oder von sich aus nicht preisgeben würden, offengelegt und zur Vorbereitung einer anstehenden Entscheidung genutzt werden.

In einfachen Gesellschaften bedeuten Umfragen einen erheblichen organisatorischen Aufwand, den nur die Machthaber erbringen können. Man veranstaltet sie daher eigentlich nur unter politisch-militärischem Entscheidungsdruck. Im Hinblick darauf wird die Frage formuliert. Neben der Offenlegung verstreuten Wissens geht es dabei auch um eine Sondierung, Bewertung und Vereinnahmung der Wissensträger selbst. Dadurch kann die zu treffende Entscheidung erzwungen und legitimiert werden. Die Teilnahme an solchen archaischen

---

[9] Margaret ATWOOD: The Blind Assassin. London 2001, VI: „Street Walk", 317.
[10] Justin STAGL: Eine Geschichte der Neugier. Die Kunst des Reisens 1550–1800. Wien, Köln, Weimar 2002, bes. 37–39.
[11] Die klassische Rhetorik unterschied drei Komplikationsgrade der Frage: die einfache *(questio simplex)*, die aus mehreren *questiones simplices* derselben Art bestehende *(questio coniuncta)* und die aus zwei oder mehr Alternativfragen bestehende *(questio comparativa)* (Heinrich LAUSBERG: Handbuch der literarischen Rhetorik. Eine Grundlegung der Literaturwissenschaft. Stuttgart ³1990, § 67, hier 61). So kann aus einer Frage eine Fragenliste werden.
[12] Diesen Effekt kann die Einzelbefragung freilich auch erreichen, wenn sie, wie bei Verhören gebräuchlich, dieselbe Frage in Abständen wiederholt.

*Die Frage, die Umfrage, der Fragebogen*

Umfragen ist verpflichtend. Sie sind „Reihendienste" (Jost Trier)[13] beziehungsweise „privilegierende Belastungen" (Leiturgien) (Max Weber).[14] Bei derartigen Diensten, etwa dem Wacheschieben, Robotten, Gerichtsdiensten oder dem Bekleiden rotierender Ämter, kommt im Kreise der dazu Befugten und Verpflichteten jeder einmal „dran". Die Beantwortung der Umfrage ist keine unverbindliche Meinungsäußerung. Man muss für die gegebene Antwort einstehen und vorgeschlagene Maßnahmen eventuell auch selber durchführen.

Die Organisation solcher Umfragen fällt am leichtesten, wenn der Befragtenkreis an einem Ort zusammengerufen wird, wie bei Volks- oder Ratsversammlungen. Die Anwesenden kontrollieren sich dann gegenseitig. Abwesende kann man notfalls über Boten befragen. Volksversammlungen können leicht tumultuarisch entarten; Ratsversammlungen eignen sich besser zur unbehinderten Diskussion von Problemen und es gibt hier Regeln für das Einholen und Bewerten der Antworten. Eine solche Umfrage schildert Aischylos – mit leicht parodistischen Zügen – im *Agamemnon*. Nach der Ermordung des Königs steht die Entscheidung an, ob man sich der Tyrannei der Mörder fügen oder widersetzen soll. Auf die Aufforderung des Vorsitzenden: „Einet, Männer, euer Denken, dass sich füg' ein fester Plan!" geben die zwölf Ratsherren nacheinander ihre teils praktikablen, aber einander widersprechenden, teils auch irrelevanten oder geradezu obstruktiven Meinungen ab.[15] Da in solchen Situationen die zuerst gegebenen Antworten auf die späteren „ausstrahlen", befragt man um unfruchtbares Gerede zu vermeiden zuerst entweder die bedeutendsten Ratsmitglieder (wie im römischen Senat) oder solche, mit denen man sich zuvor abgesprochen hat (nicht nur in modernen Fakultätssitzungen). Wo es tatsächlich um das Sammeln von Wissen geht, kann man zuerst auch die unbedeutenderen Mitglieder oder die Experten befragen.

Ein bekanntes Beispiel bietet die Bibel. Moses hatte die Eroberung Kanaans durch eine heimliche Erkundung des Landes vorbereitet. Dazu hatte er zwölf Kundschafter ausgesandt, einen aus jedem der zwölf Stämme Israels. Diese Kommission hatte die folgende vielgliedrige Frage abzuarbeiten: „Seht euch das Land an, wie es ist, und das Volk, das darin wohnt, ob es stark oder schwach, wenig oder viel ist; und was es für ein Land ist, darin sie wohnen, ob sie in Zeltdörfern oder festen Städten wohnen; und wie der Boden ist, ob fett oder mager, und ob Bäume da sind oder nicht." Glücklich zurückgekehrt legte die Kommission vor der Volksversammlung unter dem Vorsitz Moses' und Aarons ihren Bericht ab. Zehn Mitglieder rieten von einem Eroberungsversuch ab, da die Kanaanäer zu stark seien. Zwei rieten zu. Diese beiden wären in der Versammlung fast gesteinigt worden, da sich das Volk vor dem Wagnis fürchtete. Doch ihre Minderheitsmeinung setzte sich mit der Unterstützung Moses' und

---

[13] Jost Trier: Reihendienst. Münster 1957.
[14] Max Weber: Wirtschaft und Gesellschaft. Grundriss der verstehenden Soziologie. Tübingen ⁵1980, sub „Leitungie(n)", Zitat 116.
[15] Ag. 1347–71. Zitat 1347.

Aarons durch. Der Versuch wurde unternommen. Er endete aber mit einem Desaster. Die zehn vorsichtigen Kundschafter, die mit ihren Antworten wohl auch die mangelnde Kriegsbegeisterung ihrer Stämme zum Ausdruck gebracht hatten, raffte Gottes Zorn dahin. Die beiden optimistischen dagegen überlebten, um in nächster Generation einen neuen, nunmehr erfolgreicheren Eroberungszug anzuführen.[16]

Der archaische Umfragetyp ist nicht bloß ein Phänomen ferner Vergangenheit. Am 18. Februar 1943 fragte Josef Goebbels mit der ihm eigenen Emphase: „Wollt ihr den totalen Krieg?" Befragt waren ausgewählte Honoratioren und Parteimitglieder, die im Berliner Sportpalast zusammengebracht worden waren. Dies war die vierte von zehn zusammenhängenden Fragen, mit denen das Regime die deutsche Kriegsmoral erkunden und bestärken wollte. Sie waren sämtlich mit einem rauschenden „Ja!" zu beantworten. Jede andere Antwort wäre für die Teilnehmer sicher ungesund geworden. Mit diesem „Ja" vereinnahmte aber das Regime das durch die Versammelten repräsentierte deutsche Volk. Es müsste den totalen Krieg nun auch führen und sich seine Folgen gefallen lassen.[17]

Derartige Umfragen sind an bloßem Wissen nicht interessiert. Sie brauchen das erhobene Wissen nur für einen Augenblick, nur für die anstehende Entscheidung. Danach kann es getrost wieder vergessen werden. Ja, das Vergessen ist sogar erwünscht, weil die Entscheidung damit als einmütige erscheint, das heißt an Legitimität gewinnt.[18] Wenn es um Wissen als solches geht, dauerhaftes Wissen, muss man die Begrenztheit dieses Umfragestils überschreiten. Dies taten etwa die in früheren Hochkulturen zu fiskalisch-militärischen Zwecken durchgeführten „statistischen" Erhebungen. Sie waren bereits flächendeckende Massenbefragungen. Befragt wurde zwar nicht ein jeder, aber doch immerhin die Haushaltsvorstände, womit über den magischen Kreis der Honorationen und Experten hinausgegangen wurde. Das so gewonnene Wissen wurde schriftlich niedergelegt, womit die Entscheidungen der Machthaber eine rationalere und dauerhaftere Grundlage erhalten sollten. Doch da es unter das Herrschaftsgeheimnis fiel, blieb es intellektuell unfruchtbar.[19]

Umfragen nur um des Wissens willen gab es dagegen in Hellas. Christian Meier hat für die kulturelle Konstellation der klassischen Epoche geradezu von einem „Neubeginn der Weltgeschichte" gesprochen.[20] In einer Wendung von der

---

[16] 4 Mos. 13–44.
[17] Iring FETSCHER: Joseph Goebbels im Berliner Sportpalast 1943: „Wollt ihr den totalen Krieg?". Hamburg 1998.
[18] Justin STAGL: Vom Umgang sozialer Verbände mit neuem Wissen. In: Verstehen und Verständigung. Ethnologie, Xenologie, interkulturelle Philosophie, hg. Wolfdietrich Schmied-Kowarzik. Würzburg 2002, 153–161.
[19] STAGL: Eine Geschichte der Neugier. 9–70, Kap. I: „Zur Archäologie der Sozialforschung".
[20] Christian MEIER: Athen. Ein Neubeginn der Weltgeschichte. München 1995.

*Die Frage, die Umfrage, der Fragebogen*

menschlichen Selbstvergewisserung eines Sokrates und Platon[21] hat deren Schüler und Enkelschüler Aristoteles das Ziel der Befragung erweitert, wenn er dabei auch den magischen Kreis der Honoratioren und Experten immer noch nicht verließ. Aristoteles hat eine für die Kommunikations- und Transportbedingungen der Epoche ungeheur weit gespannte Umfrage über die politischen Ordnungen der ihm bekannten Welt durchgeführt. Die Antworten auf seine brieflich gestellten Fragen legte er in zwei Materialsammlungen nieder, den *Politien*, Beschreibung von 158 Verfassungen hellenischer Staatswesen, und den *Bräuchen der Barbaren,* Beschreibungen anderer Herrschaftssysteme, die nach hellenischer Ansicht nicht wie die hellenischen auf dem Recht, sondern eben auf dem Brauch beruhten. Diese Materialsammlungen, die seiner *Politik* als empirische Grundlage dienten, sind zwar untergegangen.[22] Doch die Kunde von ihnen hat überdauert, sodass sie beinah zwei Jahrtausende später der europäischen Renaissance als Vorbilder für vergleichbare Materialsammlungen dienen konnten.[23]

Wissensumfragen unter Honoratioren oder Experten sind gleichsam ein abgekürzter Weg zur Erfahrung von der Außenwelt. Sie weisen aber eine wesentliche Schwäche auf: Unter Intellektuellen ohne politische Verantwortung erodiert der Verpflichtungscharakter der Teilnahme. Die Beantwortung der Fragen wird zur persönlichen Gefälligkeit, und darunter leidet wiederum ihre Standardisierung und Vergleichbarkeit. Paradoxer Weise finden die erfolgreichsten Umfragen dieser Art in einer Grauzone statt, wo ein noch vorhandenes Machtgefälle nicht thematisiert wird, um den Antwortenden nicht die Illusion ihrer sozialen Gleichheit mit den Befragenden und der Freiwilligkeit ihrer Mitarbeit zu nehmen. So war es auch bei der Umfrage des Aristoteles. Er war der berühmteste Philosoph der Zeit, mit dem zu korrespondieren eine Ehre bedeutete. Zugleich war er aber auch Lehrmeister und Berater Alexanders des Großen.[24] Später sind derart gigantische Umfragen nicht mehr durchgeführt worden. Weder die hellenistischen Monarchien noch das römische Reich trauten privat veranstalteten Umfragen, die sich darum auch von heiklen politischen Themen ab und ungefährlichen philosophisch-naturwissenschaftlichen Themen zuwandten.[25] Die

---

[21] Freilich findet sich in Platons Menon die gleichsam experimentelle Befragung eines Sklaven durch Sokrates, durch die Sokrates seine Theorie vom Lernen als Wiedererinnerung unter Beweis stellen wollte. (82b–85b).

[22] Klaus E. MÜLLER: Geschichte der antiken Ethnologie. Reinbeck bei Hamburg 1997, 183–195.

[23] Siehe dazu: Geschichte der Staatsbeschreibung. Ausgewählte Quellentexte 1456–1813. Hg. Mohammed Rassem, Justin Stagl. Berlin 1994, 11–13 und passim.

[24] Zeitgenossen, die nicht an eine voraussetzungslose Sozialwissenschaft zu glauben vermochten, sahen im Lykeion, der Forschungs- und Lehrstätte des Aristoteles, ein „Büro des makedonischen Geheimdienstes" (Werner JAEGER: Aristotle. Fundamentals of the History of His Development. Oxford ²1948, 314. Siehe auch STAGL: Eine Geschichte der Neugier, 57–61.

[25] Op. cit., 62–67.

klassische Rhetorik hat demgemäß zwischen praktisch und theoretisch motivierten Umfragen unterschieden, indem sie die konkreten personenbezogenen Fragen *(questiones finitae)* der Gerichtspraxis und solche allgemeinerer, theoretischer Natur *(questiones infinitae)* der philosophischen Diskussion zuwies.[26]

Das Wiederaufleben eines universalen Auditoriums im Humanismus gehört gleich dem Wiederaufleben des aristotelischen Empirismus in die Frühgeschichte der modernen Wissenschaft. Bis zur „wissenschaftlichen Revolution" des 17. Jahrhunderts standen die kontrollierte Beobachtung und das Experiment, die heute als die eigentlich wissenschaftlichen Methoden gelten, immer noch im Schatten der Wissensumfrage unter Honoratioren und Experten. Ging es doch zunächst vor allem darum, das vorhandene, aber verstreute und insofern unfruchtbare und vom Vergessen bedrohte Wissen zu sammeln, in Beziehung miteinander zu setzen sowie durch den Buchdruck zu stabilisieren und zu verbreiten.[27] Aus der Verbindung zwischen der Wissensumfrage und dem Geist der wissenschaftlichen Revolution ergab sich dann die moderne empirische Sozialforschung.

III. Der Fragebogen

Die Sozialforschung richtet sich über die Honoratioren und Experten hinaus auf die „gewöhnlichen Leute". Vorbilder dafür boten die schon erwähnten „statistischen" Umfragen und die gleichfalls erwähnten Befragungen der Justiz, Medizin und Kirche. Dafür hielt die klassische Rhetorik Listen von Standardfragen bereit („wer, was, warum, wo, wann, wozu, womit?"), die dazu halfen, den Redestoff ins Gedächtnis zurückzurufen und zu gliedern,[28] die aber auch bei Befragungen nützlich waren. Die Elemente lagen also bereit. Sie brauchten nur noch kombiniert und auf Massenbefragungen angewandt werden. Doch das war ein langer, mühsamer Prozess.

Im 16. Jahrhundert erforderte die Rationalisierung der Verwaltung in zunehmendem Maße neues Erfahrungswissen und damit auch Wissensumfragen. Am deutlichsten war dieser Bedarf in den Überseegebieten, das heißt in der Kolonialverwaltung und der Mission. Hier musste die Verwaltung am ehesten schrift-

---

[26] LAUSBERG: Handbuch der literarischen Rhetorik, §§ 67–78, hier 61–64. Eine verwandte Unterscheidung war die zwischen allgemeinverständlichen *(questiones civiles)* und Spezialkenntnissen voraussetzenden Fragen *(questiones artium propriae)*, op. cit., § 48, hier 48.
[27] STAGL: Eine Geschichte der Neugier, Kap. 3, „Umfrage, Sammeln, Forschungs- und Dokumentationszentren vom Humanismus zur wissenschaftlichen Revolution", 123–194. – Wolfgang E. J. WEBER: Buchdruck. Repräsentation und Verbreitung von Wissen. In: Macht des Wissens. Die Entstehung der modernen Wissensgesellschaft. Hg. Richard van Dülmen, Sina Rauschenbach. Köln, Weimar, Wien 2004, 65–88.
[28] LAUSBERG: Handbuch der literarischen Rhetorik, § 328, hier 182 f.

lich, und das heißt aktenförmig, erfolgen. Vom Machtzentrum aus gingen Listen von Fragen an die lokalen Honoratioren und Experten und deren Antworten sollten wiederum im Zentrum zusammenlaufen – nicht unähnlich der großen Umfrage des Aristoteles. Dabei neigten die in den zentralen Kanzleien tätigen Humanisten dazu, mit den praktisch-administrativen Befragungszielen auch wissenschaftliche zu verbinden, ging es dem Humanismus doch um eine Erkundung der ganzen Welt. Dabei haben diese Humanisten die Schwierigkeiten geflissentlich unterschätzt, die solchen Wissensumfragen entgegenstanden. Die befragten Kolonialbeamten und Missionare zeigten wenig Lust, für ihre fernen Vorgesetzten aufwendige Nachforschungen anzustellen, damit diese ihnen dann in die Karten blicken konnten. Die Vorgesetzten ihrerseits blieben Gefangene ihres Herrschaftsgeheimnisses. So lief das gesammelte Wissen oft verspätet ein und wurde überdies der öffentlichen Diskussion entzogen. Der Gegensatz zwischen den Erfordernissen der Politik und denen des „universalen Auditoriums" erwies sich als unaufhebbar.[29] So sind denn viele schwungvoll begonnene Umfragen kläglich versandet.

1568 entwarf der niederländische Humanist Hugo Blotius eine Liste von Standardfragen zur Beschreibung von Städten. Ein Reisender, der diese 117 Fragen aufgrund seiner Nachforschungen vor Ort beantwortete, konnte damit die betreffende Stadt umfassend beschreiben und derartige Städtebeschreibungen wären zudem vergleichbar gewesen. Blotius, der bald darauf Bibliothekar Kaiser Maximilians II wurde, träumte davon, das Wissen der Menschheit in einer Sammlung von Manuskripten, Büchern, Objekten und Modellen aus Pappe zu dokumentieren. In dieses „Reich aus Papier" (Paola Molino),[30] das den kaiserlichen Sammlungen angegliedert hätte werden sollen, wären auch die standardisierten Beschreibungen aller Städte der Welt eingegangen. Es hätte dazu dienen können, die Zivilisation originalgetreu zu restaurieren, wenn sie etwa durch die Türken zerstört worden wäre. Aus diesem hochfliegenden Plan ist nichts geworden. Blotius' *Tabula Peregrinationis continens capita Politica* ist erst 1628 aus dem Nachlass gedruckt worden, ohne dass sich ein einziger Reisender die Mühe gemacht hätte, ihre 117 Fragen zu beantworten. Warum auch? Blotius war nicht Aristoteles und Maximilian II nicht Alexander.[31]

Doch die Tendenz zu solchen Umfragen lag in der Luft. Der Vetter des Kaisers, König Philipp II von Spanien, auch er ein Zögling des niederländischen Humanismus, organisierte ab 1577 Umfragen in seinen amerikanischen und dann auch europäischen Ländern. Für die Neue Welt versandte er an die örtlichen Beamten Listen von 39 Fragen – ergänzt um Sonderfragen für die Küstenstädte –, an deren möglichst präziser Formulierung er selbst mitgearbeitet hatte.

---

[29] Siehe Anm. 27.
[30] Paola MOLINO: L'Impero di Carta: Hugo Blotius, „Hofbibliothekar" nella Vienna die fine Cinquecento. Diss., Florence 2011.
[31] STAGL: Eine Geschichte der Neugier, 86–90, 160–162. – MOLINO: L'Impero di Carta, 48–68.

Das Erhebungsziel erstreckte sich über das Verwaltungspraktische hinaus auch auf naturhistorische und ethnographische Gegebenheiten. Doch die Antworten, die der König zurückhielt, waren trotz all seiner Macht und Energie ungleichmäßig, lückenhaft und oft so verspätet, dass sie für praktische Zwecke kaum noch zu verwenden waren. Sie wurden also im Archiv abgelegt.[32] Ähnlich war das Los eines Gutteils der „Regierungsethnographie" (Mario Delgado) dieses Jahrhunderts. Mit der Missionsethnographie stand es etwas besser.[33]

Die Umfragen des Humanismus richteten sich an Honoratioren oder Experten. Ihre Crux war die unausgesprochene Mischung von Privatem und Öffentlichem, Bitte und Befehl. König Philipp trat seinen Befragten als Humanist und Herr zugleich entgegen. Diese demonstrieren darauf Beflissenheit, während sie seine Fragen an ihrer unsichtbaren Rüstung abgleiten ließen. Die Hugo Blotius zuarbeitenden Städtebeschreiber hätten dagegen nicht einmal Beflissenheit nötig gehabt. Bestenfalls wäre ihnen eine ehrende Erwähnung in der kaiserlichen Bibliothek zuteil geworden.

Privat veranstaltete Umfragen funktionierten oft besser, wenn sie sich an einen begrenzten Kreis von Befragten hielten. Sebastian Münsters *Cosmographia Universalis,* eine Beschreibung der Welt und ihrer Länder, war mit ihren zwischen 1544 und 1628 erschienenen 21 Auflagen Wissenssynthese und Forschungsinstrument in einem. Münster konnte sich dabei auf seine prominente Stellung in der Gelehrtenwelt sowie im Drucks- und Verlagswesen stützen. Er konnte zwar niemanden nötigen, ihm zu antworten, doch er hielt sich die Befragten mit Bitten, Schmeicheleien, Münztäuschen, Verlagsempfehlungen und ehrenden Namensnennungen gewogen. Zunächst war die Welt in seinem Werk nur ungleichmäßig und lückenhaft repräsentiert. Doch das Werk entwickelte sich zum „Selbstläufer", der auch nach Münsters Tode weiterfunktionierte. Mit jeder Neuauflage wurde es vom Verlag durch Nachfragen unter den Experten ergänzt, verbessert und auf den letzten Stand gebracht.[34]

Der magische Kreis der Gebildeten wurde im 17. Jahrhundert durch private Umfragen in der Armenpflege durchbrochen. Zuvor hatte man Ungebildete als Einzelne befragt, wenn sie sich für Staat und Kirche als Problemfälle zeigten. Nun sah man den systematischen Charakter solcher Problematik und ging zur Massenbefragung über. Freilich konnten die Philanthropen des 17. und 18. Jahrhunderts die Beantwortung ihrer Fragen nicht erzwingen. Sie konnten sich die Befragten aber durch Wohltaten verpflichten. 1642 veröffentlichte Théophraste Renaudot die Broschüre *La Presence des Absens, ou facile moyen de rendre present au Médecin l'estat d'un malade absent.* Auch sie ist im Wesentlichen eine

---

[32] Howard E. CLINE: The Relaciones Geográficas of the Spansih Indies, 1577–1648. In: Handbook of the Middle American Indians XII: Guide to Ethnohistoric Sources I. Austin, Texas 1972, 183–241.

[33] Siehe den Beitrag zu Delgados in diesem Werk.

[34] Karl-Heinz BURMEISTER: Sebastian Münster. Versuch eines biographischen Gesamtbildes. Basel, Stuttgart 1969.

Liste von Fragen. Mit ihren Antworten darauf sollten arme Kranke dem vielbeschäftigten Arzt ihre Symptome beschreiben. Die Fragen sind eingängig formuliert, zum Teil auch in geschlossener Form mit vorgegebenen Antwortalternativen, die man nur noch anzustreichen brauchte. So konnte der Arzt die Diagnose stellen und dem bettlägerigen Kranken die benötigten Medikamente schicken.[35] Man wird hier statt von einer Fragenliste bereits von einem Fragebogen sprechen können, der vom Geist kontrollierter Beobachtung zeugt. Solche Privatumfragen unter Ungebildeten erbrachten die technischen Fortschritte, auf denen die moderne Sozialforschung aufbauen konnte.[36]

Ein Fragebogen ist mehr als eine Liste von Fragen. Er übersetzt die Befragungsziele (die „Programmfragen") in eine den Befragten verständliche und akzeptable Form (die „Testfragen"). Darin zeigt sich das naturwissenschaftliche Vorbild der modernen Sozialforschung. Man kommt den Befragten möglichst entgegen, um ihnen jede Anstrengung, besonders die des Denkens, abzunehmen und sie gleichsam einzulullen. Die damit verbundenen Mühen und Kosten müssen die Befragenden auf sich nehmen. Dazu brauchen sie Geld. An die Stelle des Machtgefälles tritt also ein ökonomisches Gefälle. Sobald die Befragenden, etwa als Behörden, über die nötigen Machtmittel verfügen, ist ihre Fürsorglichkeit für die Befragten wie weggeblasen und die Fragen sind schwerer verständlich, dafür aber im Kommandoton gehalten.

Moderne Umfragen möchten die Ausstrahlung früherer Antworten auf die späteren möglichst unterbinden. Im Unterschied zu archaischen Umfragen wollen sie die Befragten weder vereinnahmen noch zur Konsistenz zwingen, sondern deren „wahre" Meinung zu bestimmten konkreten Fragen herauslocken, die ihren sonstigen Meinungen durchaus widersprechen kann. Daher können sie die Antworten auch nicht mit Gegenleistungen erkaufen. Die Antworten sollen ja spontan und frei sein. Doch immer wieder zeigt sich die Tendenz, statt aufrichtiger lieber sozial erwünschte Antworten zu geben. Wie sehr man die Befragten mit Samthandschuhen anfasst, der Eindruck, den sie den Befragenden zu vermitteln trachten, ist immer noch: „Mit mir ist ja eh alles in Ordnung und so wie es sein soll", das heißt also die unsichtbare Rüstung.

Heute wird diese innere Rüstung etwas lockerer getragen. Man hat sich an die vielen Umfragen gewöhnt. Zudem begünstigt der demokratische Rechtsstaat die freie Meinungsäußerung – innerhalb gewisser Grenzen. So können die Befragten dem Vergnügen nachgeben, über sich selbst zu sprechen, ohne die Konsequenzen scheuen zu müssen. Die Sozialforschung tut hier noch ein Übriges mit ihrer Anonymitätszusage, die den Befragten hinter seinen Meinungen verschwin-

---

[35] Howard M. SOLOMON: Public Welfare, Science and Propaganda in Seventeenth Century France. Princeton 1972. – STAGL: Eine Geschichte der Neuhier, 175–182.
[36] Fritz HARTMANN, Hans-Joachim KLAUKE: Anfänge, Formen und Wirkungen der Medizinalstatistik. In: Statistik und Staatsbeschreibung in der Neuzeit, vornehmlich im 16.–18. Jahrhundert, hg. v. Mohammed Rassem und Justin Stagl. Paderborn u. a. 1980, 283–305.

den lässt. Dabei hegt sie trotzdem seine Illusion, er sei persönlich gemeint: „Auf Ihre Meinung kommt es an!", heißt es etwa in den Anschreiben, oder „Ihre Ansicht ist uns wichtig!" Mündliche Interviews suggerieren gerne eine Atmosphäre herrschaftsfreier Kommunikation, wo man einem Seelenfreund sein Inneres aufschließen kann. Und doch ist befragt zu werden immer noch eine heikle Situation. Auch wer sich aus purer Höflichkeit darauf einlässt, steht doch am unteren Ende eines sozialen Gefälles und spielt in einem Spiel mit, dessen Regeln er nicht mitbestimmt hat und nicht ganz durchschaut. Und auf die Anonymitätszusage muss er schlicht vertrauen.

Modernen Umfragen, die die Antworten weder erzwingen noch erkaufen können, kommt immerhin eine Gesinnungsgemeinschaft zwischen Befragenden und Befragten zur Hilfe. Manche meinen mit ihrem Antwortverhalten eine demokratische Pflicht zu erfüllen. Sind doch letzten Endes auch Wahlen Umfragen. In den Wahlen ist sogar noch etwas von der archaischen Einheit zwischen Antworten und politischem Handeln lebendig. Wenn sich der Normalbürger oder Normalverbraucher aber seine Meinungen abpflücken lässt wie ein Baum die Früchte, dann überlässt er es eben Mächtigeren oder Reicheren, daraus die Konsequenzen zu ziehen. Mit seinem Antwortverhalten gibt er denen am oberen Ende des sozialen Gefälles ein Stückchen Legitimation für ihr Handeln. Noch deutlicher zeigt sich die Wirksamkeit der Gesinnungsgemeinschaft bei Umfragen unter Kollegen, Studenten und Bekannten. Es sind dies Umfragen auf Gegenseitigkeit wie die der Humanisten.

Mit der Gewöhnung an das Befragtwerden hat sich aber auch eine gewisse Umfragemüdigkeit ausgebreitet. Die Befragten haben Routine und damit die Gewitztheit erworben, die unausgesprochenen Intentionen der Umfragen zu durchschauen. Statt manipuliert zu werden beginnen sie selber zu manipulieren. So erreichen bei universitären Rankings oft gerade die bedrohten Fächer und Einrichtungen die Bestnoten. Und je größer die manipulatorische Gewitztheit der Befragten, desto weniger Vertrauen verdienen die Antworten.

Der Fragebogen wird bei aller technischen Raffinesse eine grundsätzliche Beschränktheit nicht los. Es hat eine Wahlverwandtschaft mit der Mittelschicht. Mit seiner Hilfe, so könnte man sagen, erforscht deren artikulierte Fraktion ihre weniger artikulierten Fraktionen. Andere Schichten und Gruppen verschließen sich seinem Charme. Hier sind andere Forschungsmethoden angemessen. So hat denn auch die moderne Massenumfrage den Gegensatz zwischen ihrem universalistischen Anspruch und ihrem besonderen Ort im Sozialgefüge nicht auflösen können.

Das über Umfragen erhobene Wissen hat immer noch ephemeren Charakter. Es hat, könnte man sagen, vor allem Neuigkeitswert. Das Interesse an ihm mag akut sein, doch nachhaltig ist es nicht, und so ist derartiges Wissen darauf angelegt, vergessen zu werden. Die großen Theorien der Sozialwissenschaften benützen es nach Bedarf, doch sie bauen nicht darauf auf. Seit Generationen spottet man schon über die mit ebenso viel Aufwand wie demokratischem Pathos angelegten „Datenfriedhöfe" der Sozialwissenschaften.[37] Heute scheint die Internetethnographie", die systematische Auswertung spontaner Meinungsäußerungen im Internet,[38] verlässlichere Ergebnisse zu versprechen als der gute alte Fragebogen.

---

[37] R. S. LYND: Knowledge for What? Princeton 1939. – Pitirim A. SOROKIN: Fads and Foibles in Modern Sociology and Related Sciences. Chicago 1956.
[38] Siehe http://www.theinder.net. Selbstverständlich melden sich auch im Internet nicht alle zu Wort, sondern die mit Internetzugang und hier vorzugsweise Vertreter extremer Meinungen.

# Alles eine Frage der Perspektive

## Wie die Formulierung von Entscheidungsproblemen den Prozess des Entscheidens und die Akzeptanz von Alternativen beeinflusst

*Oswald Huber, Anton Kühberger*

Einleitung

Jeder von uns muss in seinem beruflichen oder privaten Bereich immer wieder Entscheidungen fällen. Manche dieser Entscheidungen sind auch längerfristig bedeutsam (z. B. Wahl eines Studienfaches, Kauf eines teuren Produktes, moralische Entscheidungen), andere haben längerfristig kaum bedeutsame Auswirkungen (z. B. ob man im Restaurant zum Hauptgang roten oder weißen Wein wählt). Manche Entscheidungen sind einfach, weil die Präferenzen klar sind und man meint, die Konsequenzen der Wahl absehen zu können. Andere sind schwierig, weil man sich über seine Präferenzen nicht klar ist, weil persönliche bedeutsame Werte miteinander in Konflikt stehen, oder weil man die Konsequenzen nicht voraussehen kann.

Gemeinsam ist allen Entscheidungen, dass man aus mindestens zwei Handlungsalternativen eine auswählen muss. Wir konzentrieren uns in unserem Beitrag auf Entscheidungssituationen, in denen für die Wahl persönliche Bewertungen wichtig sind und stützen uns auf folgende Arbeitsdefinition von *Entscheiden*, die sich für die psychologische Entscheidungsforschung als sehr nützlich erwiesen hat:

> Entscheiden ist der Prozess des Bewusstwerdens von mindestens zwei Handlungsmöglichkeiten (Alternativen) bis zur Wahl einer Handlungsmöglichkeit, wobei für die Wahl persönliche Präferenzen und Werte zentral sind (vgl. Jungermann, Pfister, Fischer ²2005).

Entscheiden ist charakterisiert als ein kognitiver Prozess, der eine Präferenz über Alternativen herausarbeitet und dabei laufend mit anderen kognitiven Prozessen interagiert (z. B. Wahrnehmung, Gedächtnisabruf, Konstruktion von mentalen Repräsentationen). Entscheiden ist aber auch ein motivationaler Prozess, der mit persönlichen Zielen und Bewertungen verknüpft ist. Entscheidungen sind eng mit emotionalen Prozessen verbunden. Emotionen spielen einerseits oft eine Rolle beim Bewerten von Zuständen, Konsequenzen und Alternativen (z. B. Angst, Vorfreude, Unsicherheit, antizipierte Schuldgefühle), andererseits gibt es prozessbegleitende Emotionen wie zum Beispiel Enttäuschung, wenn sich herausstellt, dass eine bisher favorisierte Alternative auch unerwünschte Konsequenzen hat. Wie andere kognitive Prozesse wird auch der Entscheidungsprozess von Emotionen beeinflusst. So gehen Menschen unter dem Einfluss von (nicht allzu starken) negativen Emotion (z. B. Angst) rationaler beim Entscheiden vor: sie verarbeiten mehr Information und diese genauer als unter dem Einfluss von positiven Emotionen (z. B. Freude).

Wir können in unserem Beitrag nicht auf die vielen verschiedenen Arten von Entscheidungen und die vielfältigen Einflüsse auf Entscheidungsprozesse (z. B. sozialer Kontext, Zeitdruck) eingehen. Interessierte Leser finden in Jungermann, Pfister und Fischer ($^2$2005) und Baron ($^4$2008) ausführliche Informationen. In den folgenden Ausführungen konzentrieren wir uns auf Risiko-Entscheidungen.

Entscheiden bei Risiko

Alternativen ziehen Konsequenzen nach sich. Solche Konsequenzen können mit Sicherheit eintreten, oder ihr Eintreten kann unsicher sein. Risikoentscheidungen (oft auch: *Entscheidungen unter Unsicherheit und Risiko*) sind dadurch gekennzeichnet, dass mindestens eine der Alternativen unsichere Konsequenzen hat. Oft hängt es von unsicheren Ereignissen ab, welche der Konsequenzen eintritt. In vielen Fällen lässt sich die Wahrscheinlichkeit für das Eintreten der Konsequenz bestimmen.

Betrachten wir als Beispiel die Patientin E. V., die an einer unangenehmen Erkrankung leidet, und entscheiden muss, ob sie ein bestimmtes Medikament einnimmt oder nicht. Wenn sie das Medikament nicht einnimmt (Alternative A), bleibt ihre Krankheit unverändert bestehen, weil es keine andere Heilungsmöglichkeit gibt. Nimmt sie das Medikament ein (Alternative B), wird ihre Krankheit geheilt, es *können* aber unerwünschte Nebenwirkungen auftreten. Alternative B zieht also zwei mögliche Konsequenzen nach sich: entweder Heilung *ohne* Nebenwirkungen oder Heilung *mit* Nebenwirkungen. Die beiden Konsequenzen sind unsicher. In diesem Beispiel kann die Patientin vermutlich die Häufigkeit von Nebenwirkungen (also ihre Wahrscheinlichkeit) vom Arzt erfahren.

Ein anderes typisches Beispiel für Risikoentscheidungen ist eine wirtschaftliche Investition wie der Ankauf einer zusätzlichen Produktionsmaschine für eine Fabrik. Ob diese Investition einen wirtschaftlichen Erfolg bringt oder ein Desaster, hängt von der zukünftigen Auftragslage ab, die natürlich im Moment nicht mit Sicherheit vorhergesagt werden kann. Möglicherweise können Experten die zukünftige Entwicklung und damit die Wahrscheinlichkeit schätzen.

Ein spezieller Typ von Risikoentscheidungen sind (reine) Glücksspiele, wie sie in den meisten bekannten Kulturen gespielt werden und schon seit tausenden Jahren bekannt sind, zum Beispiel: Würfelspiele, Glücksräder, Wetten oder Lotterien. Alternativen bei Glücksspielen können zum Beispiel die Höhe des Einsatzes betreffen, oder auch worauf gewettet wird (z. B. beim Wurf mit zwei Würfeln auf eine Summe von 7, oder von 2). Üblicherweise sind bei Glücksspielen für jede Alternative nicht nur die möglichen Gewinne und Verluste bekannt, sondern es lassen sich auch die Wahrscheinlichkeiten für ihr Eintreten genau bestimmen.

*Das Glücksspielparadigma*
Entsprechend dem Glücksspielparadigma kann man jede Risikoentscheidung als Wahl zwischen (mindestens) zwei Glücksspielen oder Lotterien auffassen. Ein Glücksspiel in diesem Kontext besteht aus einer Menge von Konsequenzen (Gewinne, Verluste) und deren Wahrscheinlichkeiten. Alle Konsequenzen und alle Wahrscheinlichkeiten sind dem Entscheider bekannt. Beispielsweise kann ein Entscheider wählen zwischen den Lotterien A und B, die durch folgende Eigenschaften charakterisiert sind:
Lotterie A: Gewinn von 8 EUR mit Wahrscheinlichkeit 0,6,
Verlust von 12 EUR mit Wahrscheinlichkeit 0,4;
Lotterie B: Gewinn von 50 EUR mit Wahrscheinlichkeit 0,2,
Verlust von 9 EUR mit Wahrscheinlichkeit 0,8.
Lotterien waren und sind für die Entscheidungsforschung besonders wichtig, weil man meint, sie böten die Möglichkeit, Risikoentscheidungen in ihrer reinsten Form und ohne störendes Beiwerk zu untersuchen. Für die Entscheidung sind ausschließlich die persönlichen Bewertungen der Gewinne und Verluste und deren wahrgenommene Wahrscheinlichkeiten relevant, sonst nichts. Für die experimentelle Erforschung von Risikoentscheidungen verwendet die traditionelle Entscheidungstheorie aus diesem Grund fast ausschließlich einfache Glückspiele oder Entscheidungssituationen, die vom Experimentator wie eine Lotterie vorstrukturiert werden. Die wichtigsten Theorien der traditionellen Entscheidungsforschung (Subjectively Expected Utility Theory: Edwards 1961, Prospect Theory: Kahneman, Tversky 1979, 1992) bauen auf dem Glücksspielparadigma auf.

Wir haben schon erwähnt, dass das Ergebnis eines Enscheidungsprozesses von vielen Faktoren beeinflusst wird. In unserem Beitrag fokussieren wir auf die Frage, inwieweit die Formulierung des Entscheidungsproblems und der Handlungsalternativen die Wahl beeinflusst. Auf die Frage, ob die Ergebnisse der Forschung mit dem Glücksspielparadigma auf alle Arten von Risikoentscheidungen generalisiert werden können, gehen wir im Abschnitt über passive und aktive Risikovermeidung ein.

Der Einfluss der Formulierung auf Entscheidung

Wenn Entscheidungen untersucht werden geschieht das meist, indem man Versuchspersonen mit schriftlich dargestellten Entscheidungssituationen konfrontiert. Hier stellt sich die Frage, wie die Situation beschrieben werden soll. Sehen wir uns den Fall der Patientin E. V., nochmals an. Wir hatten die Situation auf eine bestimmte Art und Weise beschrieben: dass sie an einer unangenehmen Erkrankung leidet, dass die Entscheidung zwischen Einnahme und Nicht-Einnahme des Medikamentes zu treffen ist; dass die Konsequenzen *keine Heilung, Heilung,* oder *Heilung plus Nebenwirkungen* sind, und dass die Konsequenzen sicher beziehungsweise unsicher sind. Diese Beschreibung wurde gewählt, weil sie nach der Subjectively Expected Utility Theory (SEU) oder der Prospect Theory adäquat strukturiert ist und die theoretisch relevanten Informationen enthält. In der Struktur gibt es eine Wahl, Alternativen, Konsequenzen und Wahrscheinlichkeiten. Die Konsequenzen müssen im Fall von Unsicherheit mit ihrer Eintrittswahrscheinlichkeit gewichtet werden Für eine rationale Wahl nach SEU oder Prospect Theory braucht es nicht mehr: es soll die Alternative gewählt werden, deren Konsequenzen für den Entscheider den höchsten Wert haben.

Man hätte die Situation natürlich auch anders schildern können: etwa, dass Frau E. V. überlegt, ob sie sich einer medikamentöse Behandlung unterziehen soll, dass sie an der Krankheit Hyperhidrose leidet (krankhaftes Schwitzen), an der etwa 2–3 Prozent der Mitteleuropäer leiden, dass sie der klassischen Medizin misstraut; dass sie sich im Internet über ihre Krankheit informiert hat, und dass sie sich in der Öffentlichkeit wegen des Schwitzens schämt.

Obwohl die gleiche Situation zugrunde liegt, wird durch die andere Beschreibung ein komplett anderes Szenario erzeugt. Die Stuktur ist unterschiedlich (keine Konsequenzen, keine Wahrscheinlichkeiten), die Information ist anders (Art der Krankheit, persönliche Umstände, Emotionen usw.). Es wäre auch nicht verwunderlich, würde man unterschiedliche Entscheidungen in den beiden Beschreibungen finden.

Die Entscheidungsforschung hat zur Frage der Formulierung unterschiedliche Zugänge parat. Zum einen implizieren theoretische Überlegungen, welche Informationen gegeben werden müssen. Nach SEU sind das eben nur Alternativen, Konsequenzen, und Wahrscheinlichkeiten. Alles andere ist überflüssig und daher wegzulassen. Andererseits gibt es Modelle, die auch Emotionen als Einfluss zulassen, wie etwa die Theorie des Bedauerns (Regret theory). Nach dieser Theorie wird das vermutete Bedauern vorweg genommen, und man wählt die Option, bei der man hinterher vermutlich das geringste Bedauern empfinden wird. Wenn also die Vorstellung bei einem öffentlichen Anlass besonders zu schwitzen starkes Bedauern in Frau E. V. auslöst, wird sie diese Alternative zu vermeiden suchen. Wollte man diese Theorie überprüfen, müsste man die Information dass Frau E. V. sich in der Öffentlichkeit wegen des Schwitzens schämt, bei der Beschreibung der Situation hinzufügen. Schließlich kann man es auch dem Entscheider selbst überlassen, nach Information zu suchen, z.B. dadurch, dass Fragen gestellt werden können (vgl. zum Beispiel Huber, Huber, Schulte-Mecklenbeck 2011). In diesem Fall geht man davon aus, dass Entscheider hauptsächlich nach Informationen suchen, die sie selbst für ihre Entscheidung als wichtig erachten.

## Äquivalente Beschreibungen

Die Tatsache, dass unterschiedliche Formulierungen eines Entscheidungsproblems zu unterschiedlichen Wahlen führen, ist nicht weiter verwunderlich, wenn verschiedene Formulierungen andere Aspekte in den Vordergrund rücken oder gar völlig andere Informationen liefern. Es gibt allerdings interessante Situationen, wo Beschreibungen in Struktur und Inhalt identisch, aber dennoch nicht wortgleich sind. So ist zum Beispiel ein halbvolles Glas gleichzeitig auch halbleer. Hat man als Mitteleuropäer im Alter von 40 Jahren das Leben zur Hälfte hinter sich oder zur Hälfte vor sich? Fürchten wir mehr die Operation mit 90 Prozent Überlebenschance, oder jene mit 10 Prozent Todesrate? Ist die Prüfung, bei der 35 Prozent der Prüflinge durchfallen schwieriger als jene, bei der 65 Prozent bestehen?

Diese Beschreibungen sind äquivalent, das heißt, sie bieten gleichwertige Information. Bei gleichwertigen Beschreibungen kommt ein Prinzip zum Tragen, das in der Sprache der Entscheidungstheorie *Invarianz* heißt. Invarianz meint, dass die Präferenz für Alternativen nicht von Art der Darstellung der Alternativen und der Art der Präferenzerhebung beeinflusst sein soll.

Die Invarianzannahme mag plausibel erscheinen, aber die Forschung hat viele Verstöße gefunden. Eines der bekanntesten Entscheidungsprobleme, in welchem sich ein Verstoß gegen das Invarianzprinzip zeigt, ist das *Asian Diasease Problem* (Tversky, Kahneman 1981). Dabei handelt es sich um ein Entscheidungsproblem, bei dem zwischen einer sicheren Option und einer unsicheren Option zu entscheiden ist. Das Problem kann aber unterschiedlich formuliert sein. Zunächst einmal die positive Formulierung (positiver Frame):

> Stellen Sie sich vor, die USA bereiten sich auf den Ausbruch einer ungewöhnlichen asiatischen Epidemie vor, die vermutlich 600 Menschen töten wird. Zwei alternative Programme zur Bekämpfung der Epidemie wurden entwickelt. Die exakten wissenschaftlichen Erwartungen für die Konsequenzen der beiden Programme sind folgende:
> Wird Programm A angewendet, werden 200 Personen gerettet.
> Wird Programm B angewendet, werden mit $\frac{1}{3}$ Wahrscheinlichkeit 600 Personen gerettet und mit $\frac{2}{3}$ Wahrscheinlichkeit wird niemand gerettet.
> Welches der beiden Programme würden Sie bevorzugen?

In dieser Formulierung wählt der Großteil (ca. $\frac{3}{4}$) der Versuchspersonen die sichere Option A. Im positiven Frame, in dem die Konsequenzen als Gewinne dargestellt sind, zeigt sich also eine Risikoaversion. Dies, obwohl der Erwartungswert beider Alternativen rein rechnerisch äquivalent ist:

$$1 \times 200 = \frac{1}{3} \times 600 + \frac{2}{3} \times 0$$

Eine andere Gruppe von Versuchspersonen sollte sich nach der wortgleichen Einleitung zwischen folgenden zwei Programmen entscheiden:

Wird Programm C angewendet, werden 400 Personen sterben.
Wird Programm D angewendet, wird mit ⅓ Wahrscheinlichkeit niemand sterben und mit ⅔ Wahrscheinlichkeit werden 600 Menschen sterben.

In dieser negativen Formulierung (negativer Frame) wählt der Großteil (ca. ¾) der Versuchspersonen Programm D, also die riskante Option. Es zeigt sich also Risikosuche im Bereich der Verluste. Wiederum sind beide Alternativen rein rechnerisch äquivalent:

$$1 \times 400 = \tfrac{1}{3} \times 0 + \tfrac{2}{3} \times 600$$

Der interessante Punkt ist aber folgender: ein Vergleich der Programme A und C, sowie B und D zeigt, dass diese bis auf die Formulierung identisch sind. Denn wenn 200 von 600 Personen gerettet werden, dann heißt das in beiden Fällen, dass 400 Personen sterben werden. Durch die Entscheidung der Versuchspersonen wird also das Invarianzprinzip verletzt, und zwar sehr robust: das Muster tritt sowohl bei erfahrenen als auch bei unerfahrenen Versuchspersonen auf und wird selbst dann nicht behoben, wenn man dieselbe Person beide Probleme innerhalb von wenigen Minuten beantworten lässt. Im Gegenteil: viele Versuchspersonen bestehen darauf, dass A in der positiven und D in der negativen Version besser ist.

*Die Prospect Theory*
Ein akzeptiertes Modell der Erklärung von Framingeffekten ist die Prospect Theory von Kahneman und Tversky (1979). Die Theorie postuliert eine Wertfunktion und eine Funktion, die Wahrscheinlichkeiten gewichtet.

Bevor wir die Prospect Theory behandeln können, müssen wir kurz auf das Konzept der Wertefunktion eingehen. Eine Wertefunktion ist in der Regel eine psychophysikalische Funktion. Psychophysikalische Funktionen beschreiben für viele Bereiche den Zusammenhang zwischen einer objektiven Größe (z. B. physikalische Lichtstärke) und der subjektiv wahrgenommenen Intensität dieser Größe (empfundene Helligkeit). Dieser Zusammenhang lässt sich in Form einer Potenzfunktion beschreiben (Stevens 1957), etwas vereinfacht:

$$S = O^k$$

Dabei bezeichnet O die physikalische Größe, S die subjektiv empfundene Intensität, mit k als Exponent.

k ist spezifisch für einen bestimmten Sinnesbereich, und variiert auch mit der Person. Beispielsweise ist beim Zusammenhang zwischen subjektiv empfundener Lautheit und dem physikalischen Schalldruck der Exponent üblicherweise circa 0,6.

Wenn $k < 1$ wird ein bestimmter Zuwachs zu einem objektiven Reiz subjektiv stets als kleiner empfunden. So wird zum Beispiel eine Verdoppelung der Zahl der Sänger in einem Chor von 100 auf 200 subjektiv nicht als doppelt so laut empfunden, sondern eben nur als 1,52 mal so laut. Außerdem wird bei k < 1 die gleiche Differenz zwischen zwei objektiven Reizen als umso kleiner empfunden, je weiter weg sie vom Nullpunkt sind. Bei einem k > 1 sind die Konsequenzen umgekehrt (z. B. elektrische Reizung der Haut).

Die Prospect Theory greift das Konzept der Wertefunktion auf und erweitert es um einige zusätzliche Aspekte:

*Abhängigkeit von Bezugspunkten:* Personen beurteilen Ergebnisse nicht absolut (als Abweichungen von einem Nullpunkt) sondern als Abweichungen von einem Referenzpunkt. Der Referenzpunkt ist oft die aktuelle Situation (momentaner Gesundheitszustand, derzeitiges Gehalt etc.). Ergebnisse *über* dem Referenzpunkt werden als Gewinn interpretiert, solche *unter* dem Referenzpunkt als Verlust.

*Abnehmender subjektiver Wert:* Je weiter ein Beurteilungsobjekt von einem Bezugspunkt entfernt ist, desto geringer wird die Veränderung des subjektiven Wertes. Personen sind daher sensibler für Quantitäten, die näher am Referenzpunkt liegen. So ist zum Beispiel bei einem Referenzpunkt von 0 der Unterschied zwischen 100 € und 200 € subjektiv größer als der Unterschied zwischen 1 100 € und 1 200 €.

*Verlustabneigung:* Verluste wiegen schwerer als Gewinne (bei vielen Dingen etwa doppelt so schwer). Der Exponent für Verluste ist also größer als jener für Gewinne. Ein Verlust von 100 € wird als extremer wahrgenommen als ein Gewinn von 100 €.

*Gewichtung von Wahrscheinlichkeiten:* Kleine Wahrscheinlichkeiten (bis etwa 30 Prozent) werden überschätzt, größere Wahrscheinlichkeiten (ab etwa 40 Prozent) werden unterschätzt.

Zurück zum Asian-Disease-Problem: Um mit psychophysischen Funktionen Vorhersagen ableiten zu können, müssen Annahmen über die Parameter gemacht werden (die empirisch zu überprüfen sind). Machen wir die Unterschiede nicht allzu groß, und setzen k = 0,5 für Gerettete und k' = 0,8 für gestorbene Menschen, bei einem Referenzpunkt von 0 geretten/gestorbenen Menschen. Sind die Unterschiede größer, wird das Resultat noch deutlicher.

Wenn $x$ Menschen gerettet werden, ergibt sich so ein subjektiver Gewinn von $x^{0,5}$. Wenn $x$ Menschen sterben, ergibt sich ein subjektiver Wert von $-(x^{0,8})$ (negativ, weil es ein Verlust ist).

Wenn wir nun den subjektiv erwarteten Wert für die Alternativen im positiven Frame berechnen, ergibt sich:

A: $200^{0,5} = 14.1$
B: $\frac{1}{3} \times 600^{0,5} = 8.2$

A ist also subjektiv besser als B und wird deshalb gewählt. Im negativen Frame erhalten wir folgende Werte:

C: $-(400^{0,8}) = -120.7$
D: $\frac{2}{3} \times -(600^{0,8}) = -111.3$

D ist also subjektiv besser (weil weniger negativ) als C und wird deshalb gewählt.

Diese spiegelbildliche Präferenz in den beiden Framing-Bedingungen folgt somit aus der Tatsache der Kodierung von Ergebnissen als Gewinne oder Verluste relativ zu einem Referenzpunkt und der Form der Wertfunktion (siehe Abb. 1).

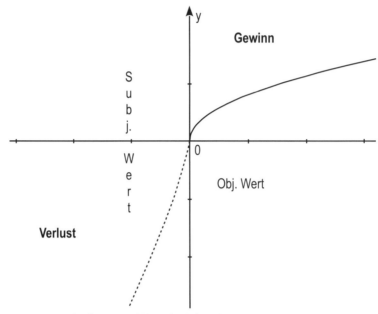

Abbildung 1: Wertefunktion der Prospekt Theory

Anwendungsbeispiele für Framing

Bis hierher haben wir uns hauptsächlich mit Laboruntersuchungen beschäftigt, die seit der ersten Publizierung des Asian Disease Problems einen unglaublichen Aufschwung genommen hat (Kühberger 1998). Es stellt sich dabei natürlich die Frage, ob die Befunde der Laborforschung über Framing in der Praxis ebenso relevant sind. Inzwischen gibt es relativ viele Beispiele dafür, dass diese Forschung durchaus Praxisbezug aufweist.

Zunächst zum generellen Befund, wenn Personen passiv mit Framingaufgaben konfrontiert werden: Positives Framing führt zur Bevorzugung der sicheren Alternative, negatives Framing führt zur Bevorzugung der riskanten Alternative.

*Passiver Umgang mit Risiko bei Framing*
Im Bereich der Gesundheitsvorsorge lassen sich Anwendungsfälle finden: Wie soll man Kampagnen formulieren, die gesundes Verhalten fördern sollen? Welche Formulierung wirkt besser: *Wenn Sie Ihre Muttermale untersuchen lassen,*

*dann besteht eine gute Aussicht, dass ein Hautkrebs entdeckt wird, bevor er tatsächlich lebensbedrohend wird* (positiv), oder *Wenn Sie Ihre Muttermale nicht untersuchen lassen, dann besteht keine Aussicht, dass ein Hautkrebs entdeckt wird, bevor er tatsächlich lebensbedrohend wird* (negativ)?

Es findet sich ein konsistentes Muster (Rothman, Salovey 1997). Wenn es um die Entdeckung eventueller Krankheiten (Hautkrebs, HIV, ...) geht, zeigt sich ein Vorteil von negativem Framing *(Wenn Sie ... nicht untersuchen lassen, dann besteht keine Aussicht, dass ... rechtzeitig behandelt werden kann ...).* Sich der Diagnose zu unterziehen ist riskant (man könnte ja erfahren, dass man erkrankt ist) und riskante Optionen werden eher bei negativem Framing gewählt. Wenn es aber um das Vorbeugen eventueller Krankheiten (Verwendung von Sonnenschutzcreme, Kondom, ...) und die Bewahrung des guten Gesundheitszustandes geht, zeigt sich ein Vorteil von positivem Framing *(Wenn Sie Sonnenschutzcreme verwenden, dann besteht eine gute Aussicht, dass Sie die Entwicklung von Hautkrebs vermeiden können).* Die sichere Option ist das vorbeugende Verhalten und sichere Optionen werden eher bei positivem Framing gewählt.

Weitere Anwendungen finden sich im Bereich der Wirtschaft. Steuerehrlichkeit wird vom Framing beeinflusst: ist die Steuer ein entgangener Gewinn (positiv) oder ein erlittener Verlust (negativ)? Wenn es gelingt, eine Sichtweise auf die Steuer als entgangenen Gewinn zu induzieren, dann verringert sich die Tendenz zur Steuerhinterziehung im Vergleich zur Verlustformulierung, wo Personen eher das Risiko eingehen, bei einer Steuerprüfung erwischt zu werden – allerdings gilt das nicht immer (Hasseldine, Hite 2003).

Der Erfolg von Verhandlungen hängt ebenfalls von der gewählten Perspektive ab: Verhandlungspartner, die ihre Verhandlungsposition als Handeln um Gewinne sehen haben eine größere Wahrscheinlichkeit, sich auch tatsächlich zu einigen als Verhandlungspartner, die ihre Position als Verlust wahrnehmen (Bazerman, Moore 2008).

Im Bereich der internationalen Politik wurde das Framing-Konzept ebenfalls angewandt: Man fand zum Beispiel, dass Staatsführungen riskanter agierten um ihre internationale Position gegen mögliche Verluste aufrechtzuerhalten, als um ihre Position zu verbessern (McDermott 2004).

Insgesamt hat die Idee des Framings als Gewinn beziehungsweise Verlust in der empirischen Forschung breite Unterstützung gefunden und die ist durchaus aus dem psychologischen Labor hinaus gekommen. Es ist also nicht egal, welche Perspektive durch die Formulierung nahe gelegt wird.

Allerdings ist die Prospect Theory nicht die einzige Theorie, die den Framing-Effekt bei Risiko erklären kann. Neuere Forschung hat auch andere Konzepte auf das Framingparadigma angewendet und auch durchaus kritische Ergebnisse für die Prospect Theory gefunden (Kühberger, Tanner 2010; Kühberger, Gradl 2013). Eine Diskussion dieser Befunde würde den Rahmen hier sprengen, wir wollen jedoch ein spezifisches Merkmal neuerer Forschung herausgreifen und dessen Konsequenzen näher beleuchten: die Verwendung des Begriffes *Risiko*.

Passive – aktive Risikovermeidung

Wir haben im Abschnitt über Risiko-Entscheidungen erwähnt, dass die klassische Entscheidungsforschung diese Entscheidungen generell als Wahlen zwischen Glücksspielen interpretiert. In den letzten 15 Jahren hat jedoch eine Reihe von Experimenten gezeigt, dass die Resultate von Experimenten mit Glücksspielen nicht auf alle Risikoentscheidungssituationen generalisiert werden können, zum Beispiel: Bär und Huber (2008), Huber, Huber und Bär (2011), Huber, Wider und Huber (1997), Ranyard, Hinkley und Williamson (2001), Tyszka und Zaleśkiewicz (2006) oder Wilke, Haug und Funke (2008). In diesen Studien wurden den Versuchspersonen quasi-realistische Szenarios anstelle von Glücksspielen präsentiert, und die Alternativen auch nicht wie Glücksspiele vorstrukturiert. Dabei fand man Formen des Entscheidungsverhaltens, die bei Glücksspielen überhaupt nicht vorkommen. Eine ausführlichere Zusammenfassung dieser Ergebnisse findet sich in Huber (2007, 2012). Das Entscheidungsverhalten mit realistischen Szenarien unterscheidet sich in zwei wesentlichen Aspekten vom Verhalten bei Glücksspielen:

(1) Sehr häufig genügt es Entscheidern zu wissen, ob eine Konsequenz möglich ist, oder mit Sicherheit eintritt. Sie sind an präziseren Wahrscheinlichkeiten gar nicht interessiert.
(2) Entscheider suchen – bei einer sonst attraktiven Alternative – häufig nach zusätzlichen Handlungsmöglichkeiten, welche das Risiko verringern oder eliminieren.

Ein Risikoentschärfungsoperator (REO) ist eine Handlung, die ein Entscheider zusätzlich zu einer bestehenden Alternative intendiert, um das mit dieser Alternative verbundene Risiko zu eliminieren oder zu reduzieren. Betrachten wir ein Beispiel aus Huber (2012): Eine Managerin beabsichtigt, in die Hauptstadt das hypothetischen Staates Burtengo zu fliegen, um einen wichtigen Vertrag über Anlagen zur Wasserreinigung abzuschliessen. Kurz vor der Abreise erfährt sie, dass in Burtengo eine gefährliche ansteckende Krankheit ausgebrochen ist. Was soll sie nun tun: nach Burtengo reisen oder die Reise absagen? Die Reise nach Burtengo ist einerseits attraktiv, weil die Managerin dann den Vertrag abschließen kann; allerdings besteht die Gefahr, sich mit der gefährlichen Krankheit zu infizieren. Die klassische Entscheidungstheorie postuliert, dass die Managerin für beide Alternativen die Konsequenzen bewertet und die Wahrscheinlichkeiten in Erfahrung bringt oder abschätzt, zum Beispiel die Wahrscheinlichkeit einer Ansteckung. Dann hätte sie alle Information, die sie für die Entscheidung braucht.

In der Realität würde die Managerin aber vermutlich ganz anders vorgehen: sie würde sich zum Beispiel kundig machen, ob es eine Impfung gegen die Krankheit gibt. Wenn es eine zuverlässige Impfung gibt, ist die Gefahr durch die Ansteckung gebannt, und es ist weniger wichtig, wie groß genau die Wahrscheinlichkeit einer Ansteckung ist.

Eine Impfung ist ein typisches Beispiel für einen REO, der das Eintreten der negativen Konsequenz verhindert. Ein anderer Typ von REO ist das Abschließen einer Versicherung, was zwar nicht das Eintreten der negativen Konsequenz verhindert, aber eine Kompensation bringt. Huber (2007, 2012) fassen die wichtigsten Faktoren zusammen, welche die Suche nach REOn beeinflussen (z. B. Attraktivität der Alternative, Rechtfertigungsdruck), und die Bedingungen, unter denen ein entdeckter REO akzeptiert wird oder nicht (z. B. Kosten). Wenn für eine Alternative ein akzeptabler REO gefunden wird, wird diese üblicherweise auch gewählt. Aus diesen Überlegungen entsteht ein realitätsnäheres Modell von Entscheiden unter Risiko und Unsicherheit als SEU oder die Prospect Theory anbieten, die *Risk-Management-Decision Theory* (Huber 2012).

Die Planung und Einführung eines REO ist eine *aktive* Auseinandersetzung mit dem Risiko, in dem Sinn, dass der Entscheider nach Möglichkeiten sucht, in das Geschehen einzugreifen und das Risiko aktiv zu reduzieren. Dieser Aspekt spielt nicht nur in Experimenten mit realistischen Szenarien eine große Rolle. Shiloh, Gerad, und Goldman (2006) haben zum Beispiel bei Echt-Entscheidungen im Rahmen von genetischen Beratungen in einem Krankenhaus die generellen experimentellen Resultate bestätigt. Die Entscheider waren auch hier zentral an REOn interessiert, und wenig an genauen Wahrscheinlichkeiten.

Der Aspekt der aktiven Risiko-Entschärfungen konnte mit dem klassischen Glücksspielparadigma nicht entdeckt werden, weil aktiver Umgang mit Risiko in diesem Paradigma nicht möglich ist (vgl. Huber, Huber 2008). Entscheider können Risiko nur *passiv* vermeiden oder reduzieren, indem sie eine aus ihrer Sicht weniger riskante Alternative wählen.

*Unterschiede im Framing-Effekt bei aktiver Risikovermeidung*
Wir haben gesehen, dass die Art und Weise, wie Alternativen formuliert werden, den Prozess der Entscheidung und die Wahl beeinflussen. Dies wurde bisher nur im Rahmen von passiver Risikovermeidung untersucht. Es erhebt sich natürlich die Frage, ob dies auch in Situationen der Fall ist, in denen aktive Risikovermeidung durch die Einführung eines REO möglich ist. Dazu haben Huber, Huber and Bär (2012) ein Experiment durchgeführt, dessen wichtigstes Resultat hier kurz dargestellt werden soll.

Die Autoren untersuchten die Hypothese, dass Framing unterschiedlich auf aktive und passive Risikovermeidung wirkt: Es wurde erwartet, dass *aktive* Risikovermeidung (REO-Suche) häufiger im negativen als im positiven Frame auftritt, während *passive* Risikovermeidung (Wahl der sicheren Alternative) häufiger im positiven Frame als im negativen ist. Die Vorhersage für passive Risikovermeidung entspricht damit dem klassisches Muster.

Den Versuchspersonen wurden zwei Szenarien mit je zwei Alternativen vorgegeben. Im Szenario *Pflanzenanbau* agiert die Versuchsperson als Manager einer Beerenstrauch-Plantage und muss zwischen zwei Methoden zur Befruchtung der Pflanzen entscheiden. Im Szenario *Autoimmunkrankheit* ist die Versuchsperson in der Rolle einer Person, die an an einer Erkrankung leidet, welche zur Lähmung des Bewegungsapparates führt. Sie muss zwischen zwei Medikamenten entscheiden.

Jeweils eine der beiden Alternativen war nicht-riskant, hatte also sichere Konsequenzen, während die andere – die riskante – Alternative unsichere Konsequenzen nach sich zog. Die riskante Alternative wurde in zwei Versionen formuliert: in einem positiven Frame beziehungsweise einem negativen. Als Beispiel seien die Alternativen aus dem Szenario *Autoimmunkrankheit* vorgestellt. Die beiden Alternativen waren Medikamente, die beide zur vollständigen Heilung führen, allerdings unterschiedlich schnell.

*Sichere (nicht-riskante)* Alternative: Medikament *Spiruol*. Dieses Medikament führt zu einer Heilung in drei Monaten, hat aber sicher die Nebenwirkungen Kopfschmerz und Schwindel.

*Riskante* Alternative: Medikament *Dultan*. Dieses Medikament führt entweder zu einer sehr raschen Heilung in zwei Wochen oder zu einer langsamen Heilung in vier bis sechs Monaten, je nachdem, ob ein bestimmtes Enzym im Körper aktiviert ist oder nicht.

Die riskante Alternative wurde in zwei Framing-Versionen formuliert, wobei jeder Versuchsperson nur *eine* der beiden Framing-Versionen vorgelegt wurde. Jeweils die Hälfte der Versuchspersonen bekam den positiven beziehungsweise negativen Frame.

*Negativer Frame:*
Das Medikament führt zu einer sehr raschen Heilung (2 Wochen). Falls ein bestimmtes Enzym im Körper aktiviert ist, kommt es zu einer langsamen Heilung (4–6 Monate).

*Positiver Frame:*
Das Medikament führt zu einer langsamen Heilung (4–6 Monate). Falls ein bestimmtes Enzym im Körper aktiviert ist, kommt es zu einer sehr raschen Heilung (2 Wochen).

Im negativen Frame wird die sehr rasche Heilung als Referenzpunkt eingeführt, und die mögliche Veränderung führt zu einer Verschlechterung (Verlust). Dagegen wird im positiven Frame die langsame Heilung als Referenzpunkt eingeführt, und die mögliche Veränderung besteht in einer Verbesserung (Gewinn). *Formal* sind beide Versionen identisch: es gibt zwei unsichere Konsequenzen, die Konsequenzen sind in beiden Frames gleich, und welche Konsequenz eintritt, hängt vom Eintreten eines bestimmten Ereignisses ab. Nur durch die unterschiedliche Formulierung – dem Frame – erscheint die Veränderung als Verbesserung oder Verschlechterung.

An dem Experiment nahmen 64 Versuchspersonen teil. Die folgenden Unabhängigen Variablen wurden experimentell variiert: Szenario: Krankheit vs. Pflanzenanbau (jede Versuchsperson arbeitete mit beiden Szenarien); Framing: negativ (Verschlechterung) vs. positiv (Verbesserung) bei der riskanten Alternative (jede Versuchsperson bekam pro Szenario nur einen Frame); Erfolg: die

*Alles eine Frage der Perspektive*

Suche nach einem REO war entweder erfolgreich oder nicht erfolgreich (nur bei Versuchspersonen, die aktiv nach REO suchten).

Wenn ein Szenario vorgegeben wurde, erhielten die Versuchspersonen zunächst nur die minimale Basisinformation zu den Alternativen. Sie konnten aber anschliessend Fragen an den Versuchsleiter richten, um mehr Information zu erhalten (Method of Active Information Search, vgl. zum Beispiel Huber, Huber, Schulte-Mecklenbeck 2011). Vor den beiden relevanten Szenarien bearbeiteten die Versuchspersonen ein Trainingsszenario, um mit der Methode der Informationsvorgabe und -suche vertraut zu werden.

Das Hauptresultat des Experimentes bestätigte die Hypothese eindeutig. Aktive Risikovermeidung durch die Suche nach einem REO war deutlich häufiger im negativen Frame als im positiven. Im negativen Frame wurde in 83 Prozent der Fälle nach einem REO gesucht, im positiven Frame dagegen nur in 31 Prozent. Alle Entscheider, bei denen die REO-Suche erfolgreich war, wählten dann auch die initial riskante Alternative. Diese war natürlich nun nicht mehr riskant, nachdem ein REO gefunden worden war. Diejenigen Entscheider, welche entweder gar nicht nach einem REO suchten, oder bei denen die REO-Suche nicht erfolgreich war, konnten das Risiko nur passiv vermeiden, indem sie die initial sichere Alternative wählten. Das tat im positiven Frame eine Mehrheit von 60 Prozent, während es im negativen Frame nur 24 Prozent waren. Das Muster der Risikovermeidung ohne REO entspricht also dem klassischen Muster für passive Risikovermeidung.

Aktive Risikovermeidung durch Einführung von REOn ist also häufiger im negativen Frame als im positiven. Dies lässt sich dadurch erklären, dass die Entschärfung des Risikos einer Verschlechterung üblicherweise subjektiv dringlicher ist als die Erhöhung der Chancen einer Verbesserung. Diese Erklärung kann sich unter anderem auf Öhman and Mineka (2001) stützen, welche annehmen, dass sich in der Evolution ein Furcht-Modul entwickelt hat, das speziell auf furchterzeugende Stimuli anspricht (nicht nur genetisch fixierte) und relevante Gegenaktionen aktiviert. Die Suche nach einem risikovermeidenden REO wäre eine solche Gegenaktion.

Schlussfolgerung

In unserem Beitrag haben wir den Einfluss der Formulierung der Information über die Alternativen am Beispiel des Framing-Effektes vorgestellt und gezeigt, dass sich der Effekt unterschiedlich auswirkt, je nachdem, ob nur passive oder auch aktive Risikovermeidung möglich ist. Wenn das Risiko nur passiv durch die getroffene Wahl reduziert werden kann, wählen die meisten Menschen im positiven Frame die sichere Alternative, während sie im negativen Frame die riskante wählen. Aktiv dagegen wird das Risiko durch Suche nach einem REO wesentlich häufiger im negativen Frame vermindert als im positiven.

Dieses Resultat zeigt, wie wichtig es ist, Entscheidungssituationen zu erforschen, die nicht nach dem Glücksspielparadigma konstruiert sind. Am Rande sei erwähnt, dass wir keineswegs in allen Entscheidungssituationen das Risiko völlig eliminieren möchten. Ein guter Schachspieler könnte die Gefahr einer Niederlage praktisch ausschalten, wenn er als Gegner ausschliesslich unerfahrene Schachnovizen wählen würde. Dabei ginge aber vermutlich auch der Reiz einer Schachpartie verloren. In solchen Situationen geht es also nicht um die Eliminierung des Risikos, sondern um die Optimierung des angestrebten Risikoniveaus.

In Situationen mit passiver Risikovermeidung wird meist die Prospect-Theory als Erklärungsmodell für den Framing-Effekt herangezogen. Allerdings gibt es auch Daten, welche zwar das klassische Enscheidungsmuster in den beiden Frames zeigen, wo aber die Prospect-Theory keine Erklärung liefert. So haben Kühberger and Tanner (2010) gezeigt, dass sprachpragmatische Überlegungen für den Framingeffekt relevant sein können. Wenn zum Beispiel gesagt wird, dass 200 Personen gerettet werden, nehmen wir dann zwangsläufig an, dass 400 Personen sterben werden? Es zeigt sich, dass solche Implikationen durchaus nicht von allen Personen geteilt werden. Man könnte auch verstehen: *200, vielleicht aber auch mehr Personen überleben; 400, vielleicht aber auch mehr Personen sterben.* Wenn man die klassische Formulierung in der sicheren Option *als mindestens, vielleicht aber auch mehr* versteht, folgt sogar nach SEU, dass die sichere Option bei Gewinn und die riskante Option bei Verlust besser ist. Huber, Huber and Bär (2012) erhielten ebenfalls das klassische Muster, ohne dass die Versuchspersonen jedoch über die genauen Wahrscheinlichkeiten informiert waren. Ohne Wahrscheinlichkeiten lässt sich der Effekt jedoch nicht mit SEU oder der Prospect Theory erklären. Der Einfluss der sprachlichen Formulierung wurde auch im Zusammenhang mit Wahrscheinlichkeitsurteilen bereits recht gut untersucht. So hat zum Beispiel Teigen (Teigen 1994, Teigen, Brun 2003) in vielen Untersuchungen nachgewiesen, dass manchmal subtile Unterschiede im sprachlichen Ausdruck unsere Urteile über Unsicherheit und Wahrscheinlichkeit beeinflussen.

Der Framing-Effekt zeigt eindrücklich die Bedeutung sprachlicher Formulierung auf das Ergebnis von Entscheidungsprozessen. Damit ist nicht nur im Labor, sondern auch – wie an einigen Beispielen demonstriert – in der Praxis ein Mittel zur Manipulation des Entscheidungsverhaltens gegeben, und zwar ohne dass der Inhalt verändert werden muss. In vielen von unseren Beispielen sollen die Wahlen letztendlich in eine für den Entscheider positive Richtung gelenkt werden, was eine gewisse moralische Berechtigung beanspruchen kann. Allerdings kann das Framingkonzept auch für moralisch fragwürdige Beeinflussungen eingesetzt werden, zum Beispiel für Werbung, oder für beliebige politische Zielsetzungen. Wichtig ist, dass uns die Effekte der Formulierung normalerweise nicht bewusst werden. Wir meinen, völlig rational und frei zu entscheiden, und merken gar nicht, dass wir manipuliert werden. Jean Cocteau hat künstlerisch vorweggenommen, was wir hier wissenschaftlich begründet haben: *Ein halbleeres Glas Wein* ist zwar zugleich ein halbvolles, aber eine halbe *Lüge* mitnichten eine halbe *Wahrheit* (Korduan 2001: 69).

Literaturverzeichnis

BARON, J. 2008: Thinking and Deciding, Fourth edition. Cambridge, New York: Cambridge University Press.
BAZERMAN, M. H; MOORE, D. A. 2008: Judgment in Managerial Decision Making. New York: Wiley.
EDWARDS, W. 1961: Behavioral Decision Theory. In: Annual Review of Psychology 12: 473–498.
HASSELDINE, J.; HITE, P. A. 2003: Framing, Gender and Tax Compliance. In: Journal of Economic Psychology 24: 517–533.
HUBER, O. 2007: Behavior in Risky Decisions: Focus on Risk Defusing. In: M. Abdellaoui, R. D. Luce, M. Machina, B. Munier (eds.): Uncertainty and Risk. Berlin, New York: Springer, 291–306.
HUBER, O. 2012: Risky Decisions: Active Risk Management. In: Current Directions in Psychological Science 21: 26–30, doi: 10.1177/096372141142205.
HUBER, O.; HUBER, O. W. 2008: Gambles vs. Quasi-Realistic Scenarios: Expectations to Find Probability and Risk-Defusing Information. In: Acta Psychologica 127: 222–236.
HUBER, O.; HUBER, O. W.; BÄR, A. S. 2012: Framing of Decisions: Effect on Active and Passive Risk Avoidance. Paper submitted for publication.
HUBER, O.; HUBER, O. W.; BÄR, A. S. 2011: Information Search and Mental Representation in Risky Decision Making: The Advantages First Principle. In: Journal of Behavioral Decision Making 24: 223–248, doi: 10.1002/bdm.674.
HUBER, O.; HUBER, O. W.; SCHULTE-MECKLENBECK, M. 2011: Determining the Information Participants Need: Methods of Active Information Search. In: M. Schulte-Mecklenbeck, A. Kühberger, R. Ranyard (eds.): A Handbook of Process Tracing Methods for Decision Research. New York: Psychology Press, 65–85.
HUBER, O.; WIDER, R.; HUBER, O. W. 1997: Active Information Search and Complete Information Presentation in Naturalistic Risky Decision Tasks. In: Acta Psychologica 95: 15–29.
JUNGERMANN, H.; PFISTER, H.-R.; FISCHER, K. ²2005: Die Psychologie der Entscheidung. Heidelberg: Spektrum.
KAHNEMAN, D.; TVERSKY, A. 1979: Prospect Theory: An Analysis of Decision under Risk. In: Econometrica 47: 263–291.
KORDUAN, A. 2001: Der Gedankenspaziergang. Verlag Books on Demand.
KÜHBERGER, A. 1998: The Influence of Framing on Risky Decisions: A Meta-analysis. In: Organizational Behavior and Human Decision Processes 75: 23–55.

KÜHBERGER, A.; GRADL, P. (2013): Choice, Rating, and Ranking: Framing Effects with Different Response Modes. In: Journal of Behavioral Decision Making 26: 109–117.

KÜHBERGER, A.; TANNER, C. 2010: Risky Choice Framing: Task Versions and a Comparison of Prospect Theory and Fuzzy-Trace Theory. In: Journal of Behavioral Decision Making 23: 314–329.

MCDERMOTT, R. 2004: Prospect Theory in Political Science: Gains and Losses from the First Decade. In: Political Psychology 254: 289–312.

ÖHMAN, A.; MINEKA, S. 2001: Fears, Phobias, and Preparedness: Toward an Evolved Module of Fear and Fear Learning. In: Psychological Review 108: 483–522.

RANYARD, R.; HINKLEY, L.; WILLIAMSON, J. 2001: Risk Management in Consumers' Credit Decision Making. In: Zeitschrift für Sozialpsychologie 32: 152–161.

ROTHMAN, A. J.; SALOVEY, P. 1997: Shaping Perceptions to Motivate Healthy Behavior: The Role of Message Framing. In: Psychological Bulletin 121: 3–19.

STEVENS, S. S. 1957: On the Psychophysical Law. In: Psychological Review 64: 153–181.

TEIGEN, K. H. 1994: Variants of Subjective Probabilities: Concepts, Norms, and Biases. In: G. Wright, P. Ayton (eds.): Subjective Probability. London: Wiley, 211–238.

TEIGEN, K. H.; BRUN, W. 2003: Verbal Expressions of Uncertainty and Probability. In: D. Hardman, L. Macchi (eds.): Thinking: Psychological Perspectives on Reasoning, Judgment and Decision Making. London: Wiley, 125–145.

TVERSKY, A.; KAHNEMAN, D. 1981: The Framing of Decisions and the Psychology of Choice. In: Science 211 (4481): 453–458.

TVERSKY, A.; KAHNEMAN, D. 1992: Advances in Prospect Theory: Cumulative Representation of Uncertainty. In: Journal of Risk and Uncertainty 5: 297–323.

TYSZKA, T.; ZALEŚKIEWICZ, T. 2006: When Does Information about Probability Count in Choices under Risk? In: Risk Analysis 26: 1–14.

WILKE, M.; HAUG, H.; FUNKE, J. 2008: Risk-Specific Search for Risk-Defusing Operators. In: Swiss Journal of Psychology 67: 29–40.

# Autorinnen und Autoren

Mariano DELGADO, Dr. theol., Dr. phil., Prof. für Mittlere und Neuere Kirchengeschichte und Direktor des Instituts für das Studium der Religionen und den interreligiösen Dialog an der Universität Freiburg Schweiz. Schriftleiter der Zeitschrift für Missionswissenschaft und Religionswissenschaft, Leiter der Sektion „Religionswissenschaft, Religionsgeschichte, Ethnologie" in der Görres-Gesellschaft, Mitglied der Europäischen Akademie der Wissenschaften und Künste sowie zahlreicher wissenschaftlicher Institutionen. Publikationen: http://www.unifr.ch/skg.

Christian GIORDANO, ordentlicher Professor für Sozialanthropologie, Universität Fribourg, Dr. h.c., Universität Timișoara, Permanenter Gastprofessor an den Universitäten Bukarest, Bydgoszcz und Murcia sowie Permanent Honorary Guest Professor an der School of Social Sciences, University Sains Malaysia at Penang.

Franz GMAINER-PRANZL, Studium der Theologie und Philosophie in Linz, Innsbruck (Dr. theol. 1994) und Wien (Dr. phil. 2004), Habilitation im Fach Fundamentaltheologie (Innsbruck 2011). Seit 2009 Leiter des Zentrums Theologie Interkulturell und Studium der Religionen an der Universität Salzburg.

Aline GOHARD-RADENKOVIC is a Professor the University of Fribourg, Switzerland. Her research concerns mediation process of communication in multilingual and multicultural contexts in a socio-anthropological perspective (*Cultural Mediation in Learning and Teaching languages*, Council of Europe, 2003/04); language and migration policies, social representations, language strategies and identity shifts of the actors in situations of mobility, through a biographical approach ("Mobilities and Itineraries", *Handbook of Multilingualism and Multiculturalism*, EAC, 2008/11). Since 1999, she has been the director of *Transversales*, a plurilingual and pluridisciplinary edition by Peter Lang, Bern.

Oswald HUBER ist Professor emeritus (Allgemeine Psychologie) an der Universität Fribourg. Seine hauptsächlichen Forschungsinteressen umfassen Kognitive Psychologie und die Psychologie des Entscheidens mit Schwerpunkt auf Risikoentscheidungen.

Anton KÜHBERGER ist Professor am Fachbereich für Psychologie der Universität Salzburg. Er forscht im Bereich von Entscheiden und Urteilen unter Risiko und Unsicherheit, sowie zur Psychologie des Bewusstseins und zu allgemeinen Fragen der Forschungslogik. Er ist Mitglied in mehreren wissenschaftlichen Gesellschaften und Co-Editor von wissenschaftlichen Zeitschriften und Büchern. Gegenwärtig ist er Vizedekan der naturwissenschaftlichen Fakultät der Universität Salzburg.

Jean-Luc PATRY, ordentlicher Universitäts-Professor an der Universität Salzburg, Fachbereich Erziehungswissenschaft. Forschungsthemen: Soziale Interaktion in der Erziehung, insbesondere Situationsspezifität; Verhältnis von Theorie und Praxis, insbesondere der Pädagogische Takt; Moral- und Werterziehung, insbesondere in Kombination mit Wissenserwerb; Konstruktivistische Lehr- und Lerntheorie; Wissenschaftstheorie und Forschungsmethodologie, insbesondere Kritischer Multiplizismus.

Mirko RADENKOVIC was first specialised in Linguistics, in Computering and Natural Languages, then in Social Anthroplogy. He got an expertise in Translation and Interpretation in Roman, Anglo-Germanic, Slavic languages (and Turkish). He took part to research-projects, such as: "Rewriting the national memory through the analysis of Serbian handbooks after October 2000" under the supervision of Prof. Ch. Giordano (*Regards croisés sur l'ex-Yougoslavie*, L'Harmattan, 2005); an applied research-project under the supervision of Dr I. Rothenbühler: "'Interpreting' in the North and East of Romandie: Interaction's analysis in the health-care, social and educational services" (*Report*, FNS-DORE, 2008).

François RUEGG, Docteur d'Etat from the University Paul Valéry of Montpellier (France), is Associate Professor at the Institute of Social Anthropology of the University of Fribourg (Switzerland) and at the University of Bucharest (Romania). He is also Visiting Professor at the Universities of Timișoara and Cluj (Romania) and Astana (Kazakhstan). His present field research concerns intercultural relations in Central and Eastern Europe, most particularly Roma/Gypsies and religious syncretism.

Justin STAGL, Studium der Ethnologie, Psychologie, Linguistik und Kulturanthropologie in Wien, Münster und Leiden. 1974–2009 Professor für Soziologie an den Universitäten Bonn und Salzburg, seither Professor Emeritus. Zahlreiche Arbeiten zur Ethno- und Kultursoziologie sowie zur Geschichte und Theorie der Sozialwissenschaften.

Gerhard ZECHA, Univ.-Prof. i. R., Fachbereich Philosophie, Kultur- und Gesellschafts-wissenschaftliche Fakultät, Universität Salzburg, Franziskanergasse 1, 5020 Salzburg, Österreich; Schwerpunkte in Lehre und Forschung: Ethik; Wertphilosophie; Philosophie der Erziehung; Geschichte der Philosophie.

**Freiburger Sozialanthropologische Studien / Freiburg Studies in Social Anthropology / Etudes d'Anthropologie Sociale de l'Université de Fribourg**
hrsg. von / edited by / edité par Christian Giordano (Universität Fribourg, Schweiz) in Verbindung mit/in cooperation with/avec la collaboration de Edouard Conte (Universität Bern), Mondher Kilani (Université Lausanne), Véronique Pache Huber (Universität Fribourg, Schweiz) Klaus Roth (Universität München), François Ruegg (Universität Fribourg, Schweiz)

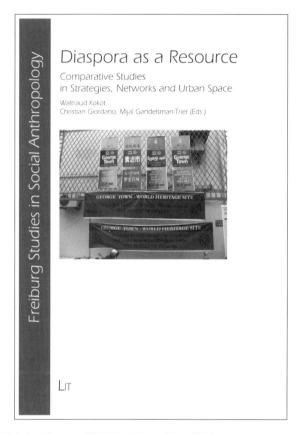

Waltraud Kokot; Christian Giordano; Mijal Gandelsman-Trier (Eds.)
**Diaspora as a Resource**
Comparative Studies in Strategies, Networks and Urban Space
Diasporas are nodes of cultural exchange, connecting different systems of values, beliefs and social organization. Throughout history and present, diasporas have provided important contributions to economies, politics and culture both for their home countries and for societies of residence.
This volume contains case studies from different disciplines, exploring diaspora as a resource both on collective and on individual levels. Common themes are the structure and use of diaspora networks, as well as relations between different diasporas ranging from co-existence to competition or strategic co-operation, and the complex interdependence between diaspora and urbanity.
vol. 36, 2013, 312 pp., 29,90 €, br., ISBN-CH 978-3-643-80145-6

**LIT** Verlag Berlin – Münster – Wien – Zürich – London
Auslieferung Deutschland / Österreich / Schweiz: siehe Impressumsseite

Flavia Cangià
**Performing the Buraku**
Narratives on Cultures and Everyday Life in Contemporary Japan
People labelled as "Buraku-min" in Japan are usually described as the descendants of pre-modern occupational groups who were engaged in socially polluting tasks like leather work, meat-packing, street entertainment, and drum-making. "Performing the Buraku" explores representations of the "buraku" issue by community and local activism in contemporary Japan, with a special focus on performances and museum exhibitions. In particular, the book is the result of an ethnographic work conducted in Kinegawa and Naniwa leather towns, respectively in Tokyo and Osaka, and with the Monkey Dance Company performers.
vol. 37, 2013, 280 pp., 39,90 €, br., ISBN-CH 978-3-643-80153-1

LIT Verlag Berlin – Münster – Wien – Zürich – London
Auslieferung Deutschland / Österreich / Schweiz: siehe Impressumsseite